다원주의, 축복인가 재앙인가

한국철학회 편

다원주의, 축복인가 재앙인가

한국철학회 편

철학과 현실사

머 리 말

한국철학회가 '드디어' 다원주의 문제를 심각하게 다루기 시작했다. 조금 늦었다. 다원주의는 오늘날 사람들이 의식하든 하지 않든 이미 널리 확산되어 있고, 종교, 도덕, 예술, 사회과학, 심지어 자연과학 방법론에 이르기까지 거의 모든 분야에서 점점 더 당연한 것으로 수용되고 있다. 시대의 정신적 변화에 무관심할 수 없는 철학이 이 문제를 심도 있게 논의해 보는 것은 하나의 의무다. 철학은 미네르바의 올빼미처럼 상황이 일어난 후에 그것에 대해서 반성하는 것이라 하지만, 그런 변명은 이제 다원주의가 허물고 있는 문화에서나 수용되는 철학관이다. 이제는 행렬이 지나간 후에 뒷북을 치다가는 무용지물이 될 위험이 있다. 철학은 훨씬 더 일찍이 이 중요한 변화에 관심을 기울였어야 했다.

다원주의에 관한 한 한국철학은 또 다른 이유에서도 한발 늦었다 할 수 있다. 그 성격상 다원주의는 서양이 아닌 다른 지역에서 시작되어야 하고 강조되어야 했다. 16세기 현대 자연과학이 발달하기 시작한 후, 특히 북유럽이 식민주의로 전 세계를 지배하기 시작한 후부터 서양문화가 우월하다는 생각(ethnocentrism)이 전 세계에서 아주 당연한 것처럼 받아들여지고 있었다. 이에 대한 도전과 비판은 당연히 서양이 아닌 다른 문화에서 제기되었어야 했다. 그런데 불행하게도 그런 비판과 도전조차도 서양에서 먼저 시작되었고, 우리는 뒤늦게 지금 이에 대해서 논의하게 되었다. 말하자면 우리의 것이 상대적으로 그렇게 열등하지 않다는 것을 서양사람들이 먼저 알려주고, 우리는 가만 앉아서 불로소득을 누리고 있는 것이다. 비록 비판적 사고가 서양에서 도입된 것이라 하더라도, 그 활용조차도 서양을 모방할 이유는 없다. 서양철학이 자기비판에 이르기까지 우리는 다른 문화도 비판하지 못하고 있었다.

모든 문화적 변화에 그랬듯이 철학은 다원주의 형성에도 크게 공헌하였다. 이 책에 수록된 논문들이 이를 잘 보여주고 있다. 절대적이고 확실하며 보편적이라고 주장되는 모든 것에 대해서 의문하며 비판함으로써 철학은 다원주의와 그에 함축되어 있는 상대주의를 생산해 낸 것이다. 그리고 마침내는 철학 자체도 그 대상이 될 수밖에 없었다. '진리', '보편성', '객관성', '확실성' 등의 관념은 비록 철학의 전유물은 아닐지라도 적어도 철학에 가장 고유한 것이었다. 그런데 다원주의는 바로 이런 관념들이 모두 공허한 것임을 함축하고 있는 것이다. 그러므로 다원주의는 철학의 종말, 혹은 철학의 위기를 뜻한다 할 수 있다. 적어도 수천 년간 이어져 온 전통적 철학은 이제 자기가 설자리를 스스로 파괴하고 만 것이다. 다원주의는 이제 철학이 완전히 사라지든지, 아니면 전혀 다른 모습으로 변신하기를 요구하고 있는 것이다.

2003년 1월

한국철학회장　손　봉　호

차 례

제 3 부 다원주의와 한국종교

제 1 부

다원주의와 실천철학

세계화와 다원주의

— 실천을 통한 타자의 인정과 공통가치의 모색 —

| 이 상 화 | 이화여대 철학과 |

1. 들어가는 말

'다원주의'는 그 개념에 대한 규정과 논의 자체가 매우 다원적이다. 다원주의는 그것이 문제가 되는 사회적·역사적 맥락에 따라 상이한 방식으로 논의될 수 있기 때문에, 다원주의를 논의할 때는 우선 어떤 영역과 맥락에서, 어떠한 다원주의를 말하고자 하는지를 분명히 밝혀야 한다. 이 논문은 '세계화'라는 우리의 현실적 맥락 속에서 다원주의를 논의하고자 한다.

우리 사회는 지금 앞을 내다볼 수 없을 만큼 빠른 속도로 진행, 확산되고 있는 세계화의 흐름에 맞서, 그것을 어떻게 파악하고 평가해야 할지, 그리고 어떠한 미래적 전망과 실천적·윤리적 지향을 수립하여야 할지를 결정해야만 하는 과제를 안고 있다. 세계화는 다원성과 획일주의의 양면성을 지니고 있다. 세계화는 신자유주의 경제체제의 지배와 전 지구적 소비문화의 확산이라는 의미에서 획일적 경제·문화 논리의 지배를 받는 흐름이라는 점을 인식할 수 있다. 그러나 세계화를 통해 각 지역은 그 획일적 논리의 일부로 흡수되기만 하는 것은 아니다. 지역은 그 지역 나름의 문화와 가치를 또한 세계화된 문화, 정보, 통신의 매개를 통해 전 지구적으로 확산할 수 있는 가능성을 획득한다. 세계화는 획일화된 경제·문화적 논리이기도 하지만, 다른 한편 다양한 삶의 방식과 문화 전통의 공존을 현실화하는 가능 조건이기도 한다. 이것은 세계화가 경제 논리의 측면에서 획일주의적 성격을 내포하지만, 더불어 세계화의 진행이 불가피하게 전 지구적인 다원성, 다양성의 공존을 인정할 수밖에 없다고 하는 사실을 보여준다. 세계화 시대의 다원주의 논의는 이러한 세계화의 양면성을 충분히 파악하지 못한다면, 실질적인 공존과 연대의 가능성을 열지 못하고 이데올로기적 논의에 그치게 될 위험이 있다.

이러한 상황에서 우리는 이 세계화 시대에 다원주의에 대한 지지 또는 반대의 입장을 선언적으로 선택하기에 앞서, 우리 사회 안에서 다원주의적 태도가 어떻게 실현되고 있는지를 반성적으로 물어보아야 한다. 세계화라는 맥락에서 한국 사회의 다원주의를 논의할 때, 우선 세계화가 우리 사회 내의 다양한 단위들에게 동일한 방식으로 경험되지 않는다는 사실을 기억해야 한다. 한국 사회에서 현재 진행되는 세계화 논의는 대부분 거시적 일반론이다. 이러한 논의 환경에서, 세계화 과정을 통해 더욱 주변화되고 빈곤화되는 예외자 집단, 고통당하는 집단, 차별받는 집단의 삶과 체험의 중요성과 특수성에 대한 고려는 불가능해 보인다. 일상 속에 비가시화된 미세한 폭력, 억압, 주변화, 착취에 대한 체계적 분석은 거시적 일반론의 밖에 남겨진다. 그러나 바로 이 보이지 않는 주변화 삶과 실천을 인정하는 바로 그곳에서, 다원주의적 원리에 대한 윤리적 반성, 세계화 시대의 실천적 지향에 대한 고민이 시작되어야 할 것이다.

우리 사회에 진행 중인 세계화의 현실에 대한 민감한 이해는, 다원주의의 문제를 세계화의 흐름 속에 존재하는 다원주의를 인정할 것이냐 말것이냐라는 거짓 문제에서 떠나게 한다. 이제 세계화 시대의 다원주의적 윤리의 문제는, 주변화된 개인과 집단의 편에 서서 차별의 현실을 변화시켜야 한다는 실천 윤리의 문제 영역으로 진입하게 된다. 이처럼 다원주의의 문제를 실천 윤리의 문제 영역에서 다룰 때 요구되는 것은, 평등권이나 인권과 같은 보편 윤리 체계의 추상적 일반론을 되풀이하는 것이 아니라, 우리 사회 현실에서 억압받는 주변의 삶을 담을 수 있는 구체적이고 실천적인 담론 형성을 모색하는 일이다.

이런 맥락에서 이 논문은 세계화의 과정에서 우리 사회에 드러나는 심각한 윤리적 문제는 다원주의가 양산해 내는 상이한 욕구들의 갈등에 있는 것이 아니라, 다양한 욕구들에 대한 인정을 거부하는 '관용적 태도의 결여'에 있다는 관점에서 출발한다. 세계화의 현실에서 한국 사회에 일차적으로 요구되는 윤리적 태도는 바로, '타자에 대한 인정'이다. 이 논문은 세계화의 현실이 한국 사회의 윤리적 상황에 어떠한 변화를 야기하는지를 정리하면서(2절), 한국 사회의 윤리적 현실이 요청하는 '타자에 대한 인정'을 가능하게 하는 다원주의적 윤리 원칙의 가능성을 모색하고자 한다(3절). 나아가 이러한 다원주의적 윤리 원칙의 가능성이 상대주의적 악순환에 빠지지 않기 위해서는 어떠한 준거점을 필요로 하는지를 비판적으로 검토하면서(4절), 그 준거점이 다시금 보편주의적 이성이라는 이념에 빠지지 않으면서 실천 윤리적 원리가 될 수 있을지를 살펴보고자 한다(5절). 이 논문은 결국 '인정의 에토스'에 입각한 '연대성의 윤리'가 '타자에 대한 인정'을 근거로 구체적 한국 사회의 현실의 문제들에 새로운 접근을 시도할 것이다(6절). 결국 구체적 실천의 장에서 타자에 대한 인정의 에토스는 이러한 현실에서 요청되는 윤리적 판단의 기반이 된다는 사실을 보여주고자 한다.[1]

2. 세계화 흐름이 한국 사회의 구체적 현실에서 어떻게 반영되고 있는가?

일반적으로 '세계화'는 경제적이고 문화적인 재화들의 흐름이 한 민족국가의 공간적 · 제도적 단위 경계를 넘어서 자유로이 유통되는 현실을 규정하는 개념으로 이해된다. 한국 사회에서는 '세계화'는 특정 정권에 의해 우리가 수용해야 할 어떤 필연적 '이념'인 것처럼 도입되었다. 그러나 세계화는 우리가 받아들여야만 할 어떤 보편적인 이념이 아니라, 단지 당대의 개인, 집단, 국가, 지역이 그로부터 벗어나기 힘들 만큼 거세게 닥쳐오는 지배적 현실이다. 이러한 세계화의 현실 지배는, 세계화가 늘 구체적인 어떠한 행위자들보다 크며('Bigger than thou'), 바로 그렇기 때문에 그 지배적 흐름을 바꿀 수 없다고 하는('There is no alternative') '신화'를 만들어내기도 한다.

그러나 우리가 '거부할 수 없는 현실'이라는 세계화의 신화를 걷어

---

1) 이 논문은 위의 논지를 진행하면서, Gewirth, Habermas, Benhabib, Frazer 등의 논의를 부분적으로 수용한다. 위의 논의들, 특히 Gewirth와 이외의 논자들은 문제제기와 출발점, 의도에서 많은 차이를 안고 있다. 그러나 본 논문의 목적이 세계화의 현실과 주변화된 타자를 인정하는 실천적 연대의 윤리를 가능하게 할 조건을 모색하는 것이기 때문에, 각 논의들이 제공할 수 있는 이론적 가능성만을 부분적으로, 거리를 두고서 수용하고자 한 것임을 밝혀두고자 한다.

내고 침착하게 현실을 바라보면 세계화는 그 안에 다른 종류의 가능성을 이미 배태하고 있다. 물론 세계화는 개인이 생활의 영역에서 행하는 구체적인 행위의 선택이 공기처럼 호흡하는 생활 문화의 영역에 작용하는 초국적 자본이나 획일화된 세계 문화의 영향에서 자유로울 수 없다고 하는 사실을 보여준다. 그러나 동시에 세계화의 흐름은 구체적인 생활세계의 영역에서 다양한 형태의 이질적이고 다원화된 요소들과의 접촉과 교류를 양산한다.

세계화를 통한 접촉과 교류의 확대는 크게 두 가지로 정리될 수 있다. 먼저 세계화는 정보 통신 기술의 발달에 근거한 비물질적 차원의 교류와 접촉을 낳는다. 또한 세계화는 초국적 자본을 통해 새로운 노동 조건에 근거한 물적·인적 차원의 교류와 접촉을 낳는다. 정보 통신 기술의 발달과 같은 비물질적 차원의 교류는 전 지구적 시·공간의 축소를 가능하게 한다. 개인은 한 공간의 한계에 매이지 않으면서 동시적으로 타지역의 개인, 집단과 소통하고 교류할 수 있는 가능성을 획득한다. 역으로 지구적 관심과 의제는 한 지역에 놓여 있는 개인의 생활세계에 동시에 현실적인 힘을 가지고 작용할 수 있다. 이러한 교류와 접촉의 확대 가능성은 개인이 자신이 현존하는 공간의 한계에서 벗어나 다양한 형태의 관심과 의제에 접근할 수 있게 한다. 다른 한편, 세계화의 흐름은 구체적으로 인적·물적 교류와 접촉을 확대한다. 세계적 자본의 동향은 국민국가의 경계에 머물지 않은 채, 필요에 따라 쉽게 이 지역에서 저 지역으로 유연한 노동을 따라 움직인다. 이에 대응하는 또 하나의 움직임은 노동력이 더 좋은 노동 조건과 임금 조건을 향해 국경과 지역을 넘어 흘러가는 것이다. 인적 자원의 국경을 넘는 자유로운 흐름은, 단순히 노동력이 한 지역을 떠나 다른 지역으로 유입되는 것을 넘어 그 인적 자원이 가지고 있는 문화적·관습적 가치들의 교류와 접촉을 확대하는 과정이라고 이해할 수 있다.

한국 사회에서의 세계화의 영향 역시 비물질적이거나 물질적인 차원 모두에서 이루어지고 있다. 우리는 전 지구적 신자유주의 경제체제로 유입되었으며 이와 동시에 '맥도날드화'라고 일컬어지는 미국 중심의 전 지구적 대중 소비 문화 지배에로 유입되었다. 이를 통해 한국 사회는 한 국민국가의 차원에서 행하거나 추진할 수 있는 경제 정치 제도적 자율성을 부분적으로 포기하면서, 노동의 주변화, 자본의 유연한 흐름에로 진입하였으며 또한 거부할 수 없는 지구적 문화의 동일한 흐름의 한 부분으로 존재할 수밖에 없게 되었다. 물론 한국 사회가 단순히 세계화의 흐름을 거부할 수 없는 외적인 압력으로 수동적으로만 받아들이고만 있는 것은 아니다. 한국의 자본도 필요에 따라 다른 국가의 자본과 결합하며, 값싼 노동력을 찾아 국경을 넘나든다. 지구적 문화의 영향도 또한 단순히 압박과 강요의 형태로만 주어지는 것은 아니며, 한국 문화의 어떠한 요소들은 필요에 따라 지구적 문화의 흐름에 편입하여 전 세계적으로 영향력을 확대하기도 한다. 따라서 세계화의 영향은 이미 앞에서 간단히 살펴보았듯이 단순히 긍정적이거나 부정적으로 평가될 수는 없다. 중요한 것은 세계화가 만들어내는 부정적 결과를 최소화하기 위한 모색이 한국 사회가 당면한 문제로 떠오르고 있다는 사실이다.

이와 같은 모색을 위해 가장 먼저 주목해야 할 것은 세계화가 한국 사회 내부의 문제들과 관심들을 변형시킨다는 점이다. 예컨대 남북간의 문제는 이제 단순히 한민족의 분쟁과 평화, 한반도를 둘러싼 몇몇 강대국의 이해라고 하는 문맥을 떠나, 세계적인 분쟁 지역으로서의 의미를 획득한다.[2] 또한 한국 사회 내의 여성 지위와 평등권의 문제도 전 세계적인 신자유주의 경제 정책의 흐름으로부터 자유로울 수 없으며, 그것이 단순히 한국 사회의 제도적 장치라고 하는 보호를 넘어서 전 지구적 자본의 흐름을 고려하지 않을 수 없다는 점을 보여주었다.[3] 더불어 한국 사회에 늘어나는 이주 노동력은 노동운동의 조건과 의제를 변화시킬 뿐 아니라, 생활세계의 영역에서 이질적인 문화와 관습, 가치에 대해 한국 사회에 어떠한 입장과 태도를 가져야 할 것인가를 묻게 한다. 이처럼 세계화는 우리에게 생활세계의 영역에서 만들어지는 새로운 조건에서, 이 조건을 어떻게 이해하고 분석, 비판할 것인가, 그리고 어떻게 행위하고 대응할 것인가를 고민해야 할 새로운 과제로 제시한다. 이제 우리는 세계화를 통해 우리 사회에서 야기된 것으로 언급된 다양한 문제들에 대해 합리적으로 대처할 수 있도록 하는 행위와 판단의 가치 기준을 실천적인 맥락에서 좀더 구체적으로 모색해 보아야 한다.

3. 다원성을 인정하는 규범적 가치 기준의 설정 가능성

세계화로 인한 접촉과 교류의 확대는 한 개인이나 집단이 자신의 정체성의 구축을 위해 근거하던 동질성의 문화적 조건을 넘어서, 다양한 서로 다른 정체성들과 부딪히게 한다. 이는 단순히 하나의 동질성이 다른 이질성들과 만나는 것만을 의미하지 않는다. 세계화는 이질성의

---

2) 부시의 '악의 축' 발언은 단순히 한반도의 문제가 한 지역 내의 문제가 아니라 전 지구적인 분쟁과 평화 문제의 일부임을 여실히 보여주었다.

3) 구조조정을 통한 여성 노동력에 대한 차별과 비정규직, 비공식 부문의 여성 노동력의 확대, 사회복지 축소로 인한 여성의 지위 약화 등의 문제는 단순히 한국 사회 여성 문제에 대한 논의와 대안이 한국 정부에 대한 제도적 개선 요구에 머물 수 없음을 인식하게 한다.

요소들이 한 개인, 집단의 동질성 안에도 이질적이고 다양한 요소들을 유입하게 하며, 정체성이 단일한 동질성의 형태로 머물 수 없도록 하는 조건을 만들어낸다.

근대적 가치와 이념에 대한 비판은, 근대적 가치와 이념이 '보편성'에 근거하여, 실질적인 차이들을 도외시함으로써, 결과적으로 획일적 지배와 억압을 결과했다는 점에 착안했다. 차이에 대한 민감성은 획일적 보편성의 이념에 반대하면서, 문화적 · 시대적 · 지역적 차이들이 고려될 수 있는 새로운 형태의 '다원성의 이념'을 제출한다. 이들은 '거대 담론'의 폭력성에 대항하여, 각각의 집단들, 각각의 개인들의 성향과 관심에 근거한 '담론들'이 공존할 수 있어야 한다고 강조한다.

'다원성의 이념'은 어떠한 출발점을 갖는가? 한마디로 다원주의는 획일적 보편주의, 절대주의와의 비판적 거리 두기에 근거한다고 할 수 있을 것이다. 그리고 비판적 거리 두기란 현실의 다양한 사태들을 비판적으로 고려할 수 있도록 한다.

알렌 기워스(Alan Gewirth)는 자신의 논문4)에서 우리 세계의 현재 모습이 다양성, 그 중에서도 특히 인종, 계급, 젠더, 민족성, 종교, 이데올로기 등의 문화의 다양성으로 나타난다고 말한다. 이런 맥락에서 기워스는 다원주의적 현실을 '문화적 다원주의'라 칭한다. 사실 기워스에게 있어 문화란 한 집단의 삶의 방식을 의미하며, 이런 점에서 그 집단의 경험 실재, 신념, 사회적 관례, 실제의 도덕 등을 모두 아우르는 것이다. 따라서 기워스가 말하는 문화적 다원주의와 통상 이야기되는 다원주의는 크게 다르지 않다고 볼 수 있을 것이다. 그는 이러한

---

4) Alan Gewirth, "Is cultural pluralism relevant to moral knowledge?", *Cultural Pluralism and Moral Knowledge*, edited by Ellen Frankel Paul etc., Cambridge Univ. Press, 1994.

문화적 다원주의에서 특히 윤리적 상대주의의 문제를 지적해 낸다.

다원주의적 현실, 또는 문화적 다원주의에서는 각 집단마다 그 도덕적·윤리적인 필요조건이 다르다. 이때 도덕적 정당성은 각각의 집단 안에서만 성립함으로써 윤리적 상대주의에 빠지게 된다. 이러한 윤리적 상대주의에서는 나치즘과 같은 가공할 폭력을 그저 시인할 뿐이거나 또는 다른 집단의 문화 또는 도덕을 합리적으로 비판할 수 있는 규범적 근거를 갖지 못한다. 이런 맥락에서 기워스는 윤리적 상대주의를 극복할 수 있는, 즉 문화적 다원주의에 일관적으로 적용할 수 있는 보편적인 지고의 도덕 원리, 규범을 모색하고자 한다. 사실 그의 작업 의도는 보편 윤리나 통합적 가치를 모색하는 기존 작업의 의도와 다를 바가 없다. 그렇지만 보편적인 도덕 원리의 성립 근거를 인간의 행위를 통해 찾는다는 점에서 기존의 논의와는 차별적인 내용을 갖는다.

기워스에 따르면, 인간의 행위는 본래적으로 합리적이고 보편적인 지고의 도덕 원리가 성립할 수 있는 기반이다. 왜냐하면 행위 또는 활동은 수많은 집단의 다양한 경험 실재들의 보편적이고 필연적인 맥락이기 때문이다. 즉 인간이라면 누구나 다 행위하기 때문이다.

"[도덕 원리에 대한] 논의는, 행위가 모든 도덕들 그리고 더 나아가 모든 경험 실재들의 보편적이고 필연적인 내용이라는 것을 인식하는 데 달려 있다. … 모든 사람들은 현실의, 미래의 또는 잠재적인 행위자로서, 아마도 스스로 자살할 경우를 제외하고는, 자기 혼자서 행위 작용의 전체적인 맥락을 거부할 수 없을 것이다. 그래도 자살이라는 그 목적을 이루기 위해 행위자가 밟아나가는 단계들 역시 그 자체로 행위가 된다. 따라서 행위의 일반적인 맥락은 수많은 실제의 문화들과 도덕들의 차이를 뛰어넘는 것이 된다."5)

<hr />

5) 앞의 책, p.27.

인간의 행위가 문화 또는 도덕의 광대한 다양성들을 뛰어넘는 보편적 지평을 이야기할 수 있게 하는 일반적 맥락이라는 점에 착안하면서, 이제 기워스는 인간의 행위가 가질 수밖에 없는 일반적인 특성을 이야기한다. 그가 행위의 일반적인 특성으로 제시하는 것은 바로 자유와 행복(well-being)이다.

자유는 행위 작용의 전 과정에 걸쳐서 드러나는 일반적인 특성이다. 이러한 특성은 바로 행위자의 자발적인 선택에 의한 행동에서 나타난다. 행복은 행위의 일반적인 특성의 실질적인 내용을 이룬다. 즉 행복은 생활과 건강에서부터 재산과 교육에 이르기까지, 행위자들의 갖가지 다양한 목적들을 성취하는 데 필요한 능력과 조건을 갖추는 것을 말한다.

이와 같은 인간 행위의 일반적인 특성인 자유와 행복은 동시에 행위자가 자신의 활동에 있어서의 목적을 실현하는 데 가장 필수적인 조건이기도 하다. 그렇다면 행위자는 어떤 사회, 집단, 공동체에 속해 있든지 누구나 다 자유와 행복을 누려야 한다. 그리고 이와 같은 의미의 '해야 한다', 즉 의무는 청구권과 밀접하게 상호 연관되어 있다. 따라서 이런 맥락에서 기워스는 인간 행위의 일반적인 특성인 자유와 행복을 행위자의 일반적인 권리로 제시한다. 그럼으로써 기워스는 다원주의적 현실 속에서 인간의 행위를 일관적으로 결정하고 판단할 수 있는 규범적인 가치 기준을 지고의 도덕 원리로서 이끌어내는 것이다.

기워스는 이러한 도덕 원리를 PGC, 즉 일반적인 일관성의 원리(the Principle of Generic Consistency)라고 한다. 이 PGC의 테제는 다음과 같다.

① 현재의 또는 미래의 모든 행위자들은 성공적으로 행위하기 위한

일반적인 특성이자 필수적인 조건인 자유와 행복을 누릴 권리를 갖는다는 사실을 논리적으로 인정해야 한다.

② 행위자는 다른 모든 현재의 또는 미래의 행위자들 또한 자신과 마찬가지로 자유와 행복을 누릴 권리를 갖는다는 사실을 논리적으로 인정해야 한다.[6]

그런데 이러한 행위자의 권리는 '인간의 권리'라는 관념하에서가 아니라, 개인의 권리로 이해되어야 한다고 기워스는 말한다. 왜냐하면 인간의 권리라는 관념은 각 사회 집단의 이데올로기적 차이, 문화적 차이에 따라 다르게 성립하는 것이기 때문이다. 더욱이 이러한 인간의 권리는 그 집단 안에서 절대적인 교리가 됨으로써 그 집단에 속한 개인들의 상이한 삶의 방식, 문화적 맥락의 풍부한 다양성을 무시하고 억압하기까지 한다는 것이다. 이런 맥락에서 그는 행위자는 결국 개인임을 강조하는 동시에 인간 권리에 있어서 가장 중요한 점을 상기시킨다. 즉 인간의 권리란 개인이 자신이 속한 공동체가 자신의 자유와 행복을 부당하게 위협할 때 그것을 막을 수 있어야 한다는 것이다.[7]

개인들이 수행하는 활동은 매우 다양하다. 즉 다원적이다. 하지만 개인들은 행위한다는 점에서 어떤 보편적인 맥락 안에 함께 있을 수 있다. 그리고 개별성을 초월하는 이 맥락, 즉 행위에서 일반적인 규범적 가치를 찾아낼 수 있는 것이다. 기워스는 인간 행위의 일반적인 특성을 자유와 행복으로 규정하고, 이 자유와 행복에서 도덕적 가치를 끌어낸다. 즉 인간은 행위하기 위해서 자유와 행복을 가져야 한다. 따

---

6) 앞의 책, pp.27~28 참조.
7) 앞의 책, p.35 참조.

라서 인간은 자유와 행복을 가질 권리를 갖는다. 자유와 행복을 누릴 이러한 권리가 기워스가 제시한 도덕적 규범, 즉 PGC의 중심축이 된다. 흥미롭게도 PGC는 나의 권리와 마찬가지로 타인의 권리를 이야기한다. 더 나아가 PGC는 타인의 권리를 나의 권리와 마찬가지로 인정할 것을 요구한다.

인간 행위의 전체적인 맥락으로부터 개인의 권리라는 가치를 도출시켜 형성한 규범이자 도덕 원리, 즉 PGC는 다원주의적 현실 속의 다양한 개념들, 관념들을 도덕적으로 평가하는 데 적용된다. 기워스에 따르면, PGC의 적용은 우선 강제적이고 부정적으로 이뤄져야 한다. 이는 수많은 사회, 집단, 공동체 등이 도덕적으로 부당한 경험 실재와 제도를 가질 수밖에 없는 현실에 기인한다. 기워스의 주장은 이러한 부당함을 금지하기 위해 PGC가 강제적이고 규범적으로 적용되어야 한다는 것이다. 이러한 PGC의 규범적인 적용은 모든 잠재적인 행위자들의 자유와 행복을 근본적으로 보호하는 방식으로 이루어진다고 한다. 이와 같은 보호는 한편으로는 해악적인 제도를 금지하는 것으로, 다른 한편으로는 민주적 제도·복지 규정 등을 수호하는 것으로 나타난다. 이런 방식으로 PGC는 개인들의 자유와 행복을 누릴 권리를 훼손시키지 않을 수 있다는 것이다.

PGC는 또한 관용적이고 긍정적으로 적용된다고 한다. 무엇보다도 PGC의 기본적인 요구를 거스르지 않는 경험 실재와 제도들은 도덕적으로 허용되기 때문에 PGC의 적용은 관용적이다. 그리고 이때 문화와 도덕, 즉 다양한 관념이나 제도 또는 경험 실재들 사이의 차이를 인정하는 주의 깊은 의식이 필요하다는 기워스의 주장이다. 물론 이러한 관용이 윤리적 상대주의로 보일 수도 있다. 그렇지만 PGC의 제약을 받는 상대주의는 개인의 권리에 대한 침해나 도덕적 비판의 불가능성

등의 결과를 초래하지 않는다. 이러한 상대주의는, 기워스에 따르면, 제한된 상대주의이다. 이러한 제한된 상대주의에서는 개인의 권리에 대한 침해 여부에 따라 제도와 경험 실재 등의 해악이 도덕적으로 평가될 수 있다. 더욱이 이와 같은 평가와 함께 각기 다른 관념, 제도, 경험 실재 등을 갖는 다양한 집단들의 차이가 그 자체로 인정될 수 있는 것이다.

PGC의 긍정적인 적용은 자유와 복지를 누릴 권리를 규범적으로 보호하는, PGC의 강제적인 적용과 밀접하게 연관되어 있다. 그런데 이때의 보호는 강제적인 적용에서처럼 문화적 집단들 내의 개인들을 위한 것이 아니라, 국가 또는 사회 안의 다양한 문화적 집단들을 위한 것이다. 즉 하나의 국가 내지 사회 안에 지배적인 집단과 주변적인 집단이 있을 경우, 이 주변적인 집단이 정치, 경제, 교육 등 여타의 제도적 측면에서 받아야 하는 차별 대우에 적용된다. 그럼으로써 지배적인 집단 내의 다양한 하위 집단의 구성원들의 요구가 모두 인정되며, 점차로 그 요구들이 충족되는 방향으로 나아가게 되는 것이다. 그럼으로써 다양성과 차이가 긍정적으로 지켜지게 된다. 이러한 PGC의 긍정적인 적용에 있어서도 개인, 즉 다양한 억압받는 집단의 구성원으로서의 개인의 권리가 근본적임은 물론이다.

특수한 다양성과 차이가 공존하는 다원주의의 현실, 즉 문화적 다원주의에 있어서 보편적 규범의 존재와 역할을 기워스는 다음과 같이 정리한다.

"부정적으로, 도덕적 보편주의는 문화적 다원주의의 다양한 경험 실재의 정당성에 외적인 한계를 설정한다."
"긍정적으로, 이러한 한계 안에서 도덕적 보편주의는 문화적 다원주의의 다른 경험 실재, 즉 가치와 삶의 방식의 측면에서의 인간들의 차이를 조장하며 지지한다."8)

행위라는 보편적 맥락에서 이끌어낸 규범적 가치 기준으로서의 PGC는 타인의 권리에 대한 인정, 사회적 약자에 대한 보호, 다양성과 차이에 대한 주의 깊고도 비판적인 통찰 등의 태도를 우리에게 요구한다. 그럼으로써 PGC는 수없이 다양한 관념들과 가치들이 서로 공존하면서 충돌하는 다원주의적 현실에 일관적으로 적용될 수 있는 윤리적 규범이 된다. 이러한 PGC가 우리에게 요구하는 윤리적·실천적 태도를 한마디로 표현한다면, 바로 '타인에 대한 인정, 타자에 대한 인정'이라고 할 수 있겠다. 이런 맥락에서 우리는 PGC가 자체 안에 함의하는 이 '타인에 대한 인정, 관용'이라는 태도를 다원주의적 현실에 필요한 일종의 규범적 가치 기준으로 삼을 수 있을 것이다.

4. 타자의 관점을 도입한 의사소통적 윤리학

그러나 기워스의 논의는 여전히 '개인주의적 윤리', '윤리적 행위의 근거로서의 개인의 자유'라는 출발점으로부터 자유롭지 않다. 이 '개인'이라는 출발점은 원리로서의 윤리적 가치가 요청하는 '공통성의 기반'을 지지하고 구축하는 데 한계적이다. 다원주의가 흔히 상대주의적 윤리관으로 여겨지는 이유도, 바로 이러한 '공통성의 기반'을 어떻게 확보할 것인가라는 물음에 직면하여 어떠한 대답을 내놓기 어렵다는 점에 있다.

---

8) 앞의 책, p.42.

따라서 다원주의가 실제 현실에서 야기하는 혼란을 극복하기 위해, 또 다른 논의 전통 안에서는 수많은 담론들이 다시금 보편윤리, 통합적 가치를 모색해 왔다. 그런데 이러한 담론들은 기존의 보편윤리나 통합적 가치를 무익하게 되풀이하거나 다원주의와는 또 다른 방식의 문제점을 산출해 낸다. 그렇다면 다원주의가 문제가 있기에 보편주의를 선택해야 한다는 단순논리는 문제의 해결에 도움을 주지 않는다. 오히려 다원주의의 출발점을 다시 검토하고 세계화라는 배경하에서 다원주의의 규범적 가치 기준이 요청되거나 적절하게 작용할 수 있는 구체적이고 실천적인 맥락을 찾아보는 것이 더욱 의미있는 일일 것이다. 이제 여기서 다원주의와 보편주의의 긴장 속에서 작업을 수행해 온 철학자의 이론을 살펴봄으로써 또 다른 가능성을 탐색해 보고자 한다.

다원주의와 보편주의 사이에서 다소 위태로워 보이기는 하지만 비교적 가치있는 이론적 성과를 낸 것으로 평가받는 하버마스의 논의는 '세계화와 다원주의 윤리'를 고민하는 본 논문에 중요한 시사점을 준다. 하버마스 논의의 성과는 다원주의 대 보편주의라는 논쟁을 끝낼 수 있는 하나의 답을 제공하였다고 하는 데 있는 것이 아니라, 그 논쟁의 주제들을 축약적으로 보여주며 여러 가지 고민의 여지를 남겨준다는 점에 있다.

이미 앞에서 다원성의 이념이 수립되는 과정을 살피면서 밝혀졌듯이 기존의 보편주의적 사유는 많은 문제점을 노정해 왔다. 그 중 가장 심각한 문제로 제기되는 것은 인간이 구체적인 삶의 맥락 속에서, 그리고 타자와의 관계 속에서 살아가는 존재라는 사실을 보편주의가 간과하고 있다는 점이다. 하버마스는 다원론자들처럼 이런 보편주의의 편향성을 거부하는 데서 출발한다. 항상 타자가 배제되거나 혹은 부차적인 지위를 차지하는 주관철학의 패러다임 속에는 심각한 문제가 존재한다. 이 패러다임 속에서 주체는 항상 타자와 관계맺기 전에 이미 근원으로서 존재하는 것이며 타자는 독립적이고 권능적 성격을 지닌 주체의 표상행위 혹은 대상화 작용을 통해 나타나는 것으로 규정된다. 이러한 이론적 설정은 현실적 사회관계 속에서는 특정한 부류의 인간을 주체의 위치에 세우고 그 부류에 속하지 않는 다른 인간과 다른 모든 존재들을 배제하는 방식으로 나타난다.

그러나 하버마스는 보편주의의 문제점에 대한 비판에서 바로 다원주의에 대한 무조건적 수용으로 넘어가지 않는다. 하버마스에 의하면, 윤리의 문제는 서로 상반되는 이해와 관심을 가진 타자와의 상호인격적 갈등을 조정하는 문제이기 때문에, 상호주관성의 차원에서 고찰되어야 한다. 여기에는 도덕적 규범은 형식주의적이고 보편주의적인 성격을 띨 수밖에 없다는 전제가 감추어져 있다. 그러나 하버마스는 보편주의적 윤리의 문제점을 인식하기에 이러한 윤리의 설정 기반으로 '자기 입법자'로서의 주체 대신에 '상호주관성'을 대체함으로써, 주체 중심적 도덕철학의 보편주의를 극복하려고 한다. 그럼에도 불구하고 그의 의사소통적 담론 윤리학은 '보편화된 타자'의 관점에서 도덕적 관점을 정초하기 때문에, 여전히 기존의 보편윤리학과 마찬가지로 동일성의 논리를 따름으로써 실천적인 문제해결에 아무런 도움을 주지 못한다는 비판을 받는다. '보편화된 타자' 역시 상이한 경험을 가진 윤리주체들의 추상화된 동일성을 상정하기 때문에, 그 동일성과는 모순되는 경험적 개인의 다수성, 그리고 사회적 적대관계 사이의 괴리를 해소하기는 힘들다는 것이다. 특히 벤하빕과 같은 페미니스트 이론가들은 '보편화된 타자'란 개념이 구체적인 타자들이 이루는 욕구와 연대의 공동체에 대해 충분히 고려하지 않는다는 점을 날카롭게 지적하고 있다.9)

벱하빕은 하버마스의 이러한 감추어진 '보편주의적 전제'의 한계를 비판한다. 그에 의하면 하버마스가 상정하는 이상적 담론에는 현대의 규범적 이성 이념에서와 유사한 동일성의 논리가 함축되어 있다. 하버마스가 말하는 담론은 언어적 규칙에 따라 수행되는 합리적이고 논리적인 논의나 논변을 통해 합의를 지향하는 의사소통적 언어행위로 성립된다. 다양한 표현의 양식과 언어행위의 이질적이고 기호학적인 측면은 말하는 사람이나 듣는 사람 모두에게 영향을 미침에도 불구하고, 언어학적 규칙에 따라 수행되는 담론 속에서는 몸의 구체성이나 감정과 같은 삶의 구체적인 측면과 관계하는 언어행위의 다양성이 들어 설 자리가 없다고 벤하빕은 비판한다. 따라서 언어적 의사소통 행위에 담겨져 있는 의미들이 지니는 육체적 차원과 감정적 측면을 포괄할 수 있는 이성 개념이 필요하다고 본다.

벤하빕은 '타자의 관점'이라는 개념을 차용하여 하버마스의 의사소통적 윤리학의 기본 전제들을 수용하면서도, 이상에서 언급한 한계를 보완할 수 있는 대안을 제시한다.[10] 그는 '보편화된 타자'와 '구체적 타자'의 관점을 구분하고, 이 둘을 상호배타적이지 않은 것으로 보는 시각의 전환이 필요하다고 주장한다. '보편화된 타자'의 관점에서 타자는 인류의 한 구성원으로 규정되며 '구체적 타자'의 관점에서는 인간적 개체로 규정된다. '보편화된 타자'의 관점은 우리에게 다른 모든 사람

---

9) 이에 대한 자세한 논의는 다음을 참조: 이상화, 「이성과 실천 — 현대철학에 있어서의 이성비판을 중심으로」, 철학연구회, 『철학연구』, 1992년 가을호, 105쪽 이하; Seyla Benhabib, *Kritik, Norm und Utopie*, Frankfurt/M, 1992, S. 218ff.

10) Seyla Benhabib, "The Generalized and Concrete Other", *Situating the Self: Gender, Community and Postmodernism in Contemporary Ethics*, Routledge, 1992.

들 역시 자신이 원하는 바와 동일한 권리와 의무를 가질 자격을 부여받은 존재로서 볼 것을 요구한다. 따라서 '보편화된 타자'의 관점을 취하게 되면, 타자의 개인성과 구체성을 도외시하게 된다 '구체적 타자의 관점'은 그와는 반대로 타자를 각각 구체적인 역사, 정체성, 감성적 구조를 가진 개인으로 볼 것을 요구한다. 이때 우리는 타자의 욕구를 이해하려고 노력하고, 그의 동기가 무엇이며, 그가 추구하려는 것이 무엇인지를 이해하려고 한다.

'보편화된 타자'의 관점에서 타자에 대한 우리의 관계를 지배하는 규범은 우리가 타자로부터 기대하고 가정하는 바를 타인도 우리에게 기대하고 가정할 수 있는 권리와 자격을 갖는다는 상호성의 규범 즉 형식적 동일성의 규범이다. 그러나 '구체적 타자의 관점'에서 타자에 대한 우리의 관계를 지배하는 규범은 공평성과 상호보완성이다. 즉 각자가 타자로부터 구체적이고 특수한 욕구와 재능 및 능력을 가진 개별적 존재로서 인정받고 확인 받는다는 것을 느낄 수 있는 행동방식을 기대하고 가정할 자격을 갖는다. 이러한 경우 우리와 타자의 관계는 상호배타적인 것이 아니라, 상호보완적인 것이 된다. 이러한 보완적 상호성의 규범은 연대성, 우정, 배려, 사랑과 같이 일상적인 삶의 장에서 지향되고 실천되는 것이다. 다시 말해 상호작용의 규범은 일상적이며, 비록 항상 사적인 것은 아니라 할지라도, 비제도적인 것이다. '보편화된 타자'의 관점에서 상호성의 규범은 일차적으로 공적이고 제도적인 규범이 된다. 이러한 상호작용을 수반하는 도덕적 범주는 권리, 책무, 자격과 같은 범주이며, 그에 상응하는 도덕적 감정은 존경, 의무감, 정당함, 존엄성과 같은 감정이다.

윤리적 이상과 이에 상응하는 도덕적 감정은 윤리적 사유와 정치철학에서 엄연히 구별되어 왔다. 공적인 것과 사적인 것의 구분, 즉 정의의 영역인 공적 영역과 친밀성의 영역인 사적 영역의 분리는 보편적 원칙에 근거한 윤리적 관점과 연대성과 배려에 근거한 윤리적 관점이 서로 합치할 수 없게 만들었다. 따라서 도덕적·정치적 자율성의 이상은 '보편화된 타자'의 관점에 국한되고, '구체적 타자'의 관점은 이러한 전통 속에서는 간과되거나 억압되기조차 하였다. 칸트의 도덕철학은 공적인 원칙의 윤리가 인간의 내적 자연, 감성과 욕구를 도덕이론으로부터 배제하였다는 것을 보여준다. 정의에 대한 보편주의적 원리는 인간의 욕구와 소망과 감정에 대해서 침묵하거나 도외시할 수밖에 없기 때문에 인간의 내적 자연을 억압하는 대가를 치르고서야 지탱될 수 있다고 벤하빕은 주장한다.

이제까지의 보편주의적 윤리학 속에서는 도덕적 발전의 더 높은 단계는 상호인격적인 책임감, 배려, 사랑, 연대감보다는 제도적 정의 속에 있다고 간주되어 왔다. 권리와 의무를 존중하는 것이 타인들의 욕구에 대한 배려나 관심보다 우선적이고 우월한 것으로 간주되고, 도덕적 인식이 인간의 감정보다 더 우위를 차지하게 되는 결과를 가지고 온다. 이것은 이제까지 서구 역사와 철학을 지배해 온 이분법을 다시 되풀이하는 것일 뿐이다. 이와 같은 이분법이야말로 정신을 육체의 주인으로 만들고, 감성에 대한 '이성의 독재', 자연에 대한 문화의 지배를 정당화하며, 감성적인 존재로 규정된 '여성'에 대한 '이성적 남성'의 억압을 재생산해 온 것이다.

따라서 보편화된 인간적 존엄성을 인정하는 것과 마찬가지로 구체적 타자의 특수성을 인정하는 것이 중요하다. 보편적 타자의 관점이 정의에 대한 약속을 담지하고 있다고 한다면, 구체적 타자의 관계 속에는 행복과 연대성의 계기가 존재한다고 할 수 있다. 이처럼 '구체적 타자'의 관점과 연대성의 공동체에 착안하는 벤하빕의 의사소통적 윤리학의 모델은 하버마스의 담론 윤리학이 갖는 단점을 보완할 수 있을 뿐만 아니라 공동체적 연대성이라는 방법론적 규범에 대한 이론적 단초를 마련할 수 있는 것이다.

하버마스는 페미니스트 이론가들의 비판을 수용하면서, 자신의 논의를 확대한다. 하버마스는 자신의 담론 윤리학이 동일성의 윤리학과는 커다란 변별점을 지니고 있음을 보이기 위해 『타자에 대한 고찰』[11]에서 인정을 위한 투쟁과 더불어 동일성의 윤리학과는 대립되는 자신의 입장들을 다시 한번 확인하고 있다. 자신을 이해시킬 수 있는 담론이 가능하고 또 그러한 담론을 촉진하는 의사소통적 구조를 갖춘 공공성이 존재하는 사회의 민주적 과정 속에는, 서로 다른 집단들과 문화적 삶의 형태들이 평등한 권리를 누리며 공존하는 것까지 포함된다고 그는 주장한다. 또한 자신이 동일성의 윤리학이 근거하고 있는 토대주의적인 세계상을 거부하고 비토대주의적인 세계상에 기반하여 담론윤리학과 정치학을 전개하고 있음을 밝힌다.

하버마스에 따르면 토대주의적인 세계상은 낯선 세계상에 대한 관계를 반성해 볼 여지를 허용하지 않는다. 토대주의자들은 상이한 세계상을 지닌 사람들과의 담론에서 경쟁적인 타당성 요구에 대하여 자신들의 타당성 요구를 논변하려는 반성적인 태도의 여지를 배제하기 때문이다. 반면에 비토대주의적 세계상은 자기 자신의 타당성 요구를 포기하지 않고도, 낯선 세계상을 논쟁의 상대자로 인정하고, 그들과 함께 진정한 진리에 대한 논쟁을 할 수 있는 여지를 훨씬 더 많이 허용한다. 다문화적 사회에서 법치국가적 헌법은 비토대주의적 전통을 수단으로 해서 자신을 명료히 하는 삶의 형태만을 관용할 수 있다. 왜냐하면 상

---

11) Jürgen Habermas, *Die Einbeziehung des Anderen: Studien zur politischen Theorie*, Frankfurt/M., 1996.

이한 여러 삶의 형태가 평등한 권리를 가지고 공존하기 위해서는 상이한 문화에 소속되어 있는 상이한 개인과 집단들의 소속성을 상호인정해야 하기 때문이다.

5. 연대성의 윤리

이상에서 우리는 하버마스와 벤하빕의 타자의 관점을 도입한 의사소통적 윤리학의 가능성에 대한 논의를 살펴보았다. 한 사회에서 지배적인 집단은 그것이 계급집단이건 인종집단이건 성별집단이건 간에 해석과 의사소통의 '사회문화적 수단'이라고 부를 수 있는 것과 특권적인 관계를 갖는다.[12] 만일 해석과 의사소통의 이러한 문화적 수단들 대부분이 사회의 지배집단의 관점을 표현한다면, 우리가 물려받은 지배적인 도덕적 어휘와 정치적 어휘들은 그들의 관점을 표현하고 있는 것이다. 이러한 어휘들은 합리적이며 자기 이익에 관심을 갖는 자율적인 단자로서의 보편적인 주체 혹은 자아를 전제한다.

이러한 규범적 이성의 보편적 자아의 관점을 비판하면서, 프레이저는 '구체적 타자의 관점'에 대한 이론을 보다 더 정교화시키기 위해,

---

12) '사회문화적 수단'에는 다음과 같은 것들이 포함된다: 한 사람이 자기 주장을 할 때에 사용하는 공식적으로 인정되는 어휘들, 자신의 욕구를 해석하고 의사소통하는 데에 사용할 수 있는 숙어들, 사회적 정체성을 구성하고 개인적이고 집단적인 역사를 구성하는 데에 사용할 수 있는 이미 확립된 언설의 관습들, 서로 갈등하는 주장들을 조정하는 데 권위를 갖는 것으로 승인된 논변의 패러다임, 다양한 담론이 특수한 종류의 대상으로 설정한 주제를 구성하는 방식들, 수사적 기교의 레퍼토리, 기존 사회에서 권위와 확신을 불러일으키는 언설이나 몸짓 등.

구체적 타자의 관점을 윤리적인 상호작용의 내용에 있어 다음과 같은
두 가지 방식으로 구분할 것을 제안한다.[13)]

1) 개인화된 구체적 타자의 관점 : 이 관점은 정체성에 관한 관계적
이론 안에서 개인성에 초점을 맞춘다. 구체적 타자의 관점을 채용하는
것은 고유한 감정적-감성적 소질과 삶의 역사를 가진 개인의 특수성에
주목하는 것이다. 이러한 관점을 채용하게 되면서 생겨나는 도덕적 요
구는 한 사람의 개인성의 확인에 대한 요구이다. 이 관점으로부터 수
행되는 상호작용을 지배하는 규범과 감정은 사랑과 배려 및 우정이다.
2) 집단적 구체적 타자의 관점 : '개인화된 구체적 타자의 관점'은
상호작용의 규범과 감정을 사적이고 비제도적인 것들로 국한시킬 수
있다는 맹점을 가지고 있다. 이러한 맹점을 극복하는 다른 하나의 가
능성은 '집단적 구체적 타자의 관점'을 설계해 보는 것이다. '집단적 타
자의 관점'이란 집단적 차원에 초점을 두어 집단의 특수성을 강조하면
서 정체성에 관한 관계적 이론을 전개하는 것을 말한다. 여기서는 한
개인을 항상 특정한 사회적 집단의 일원으로서 보며, 그 일원들은 서
로 연결되어 있음을 강조한다.

집단적 구체적 타자의 관점에서는 개인적 정체성과 집단적 정체성
사이의 긴장과 균형을 조심스럽게 유지하면서 정체성의 개념을 다음과
같이 규정한다. 즉 자아는 어떠한 사물이나 실체가 아니라, 문화적으로
특수한 서사적 자원으로부터 구성된 삶의 이야기의 주인공이다. 자아
란 관계의 망 속에 연관되어 있기 때문에 자아의 경험, 감정 그리고

---

13) Nancy Fraser, *Justice Interruptus: Critical Reflections on "Postsocialist"
Condition*, New York, 1997.

욕구와 동기 및 욕망은 단순히 사적이고 내적이고 개인적인 것이 아니라, 한 개인이 관계하고 있는 집단성의 역사와 문화에 얽혀 있는 것으로 이해되어야 한다.

이 관점에서는 개인과 집단이 서로 만나게 되는 상황을 정의하고 그들의 욕구를 해석하는 데에 쓰이는 어휘들의 특수성에 주목한다. 여기서 중요한 것은 개인의 삶의 이야기가 구성되고 집단 정체성과 연대성이 구성될 때 사용되는 언설적 자원의 문화적 특수성이다. 물론 이 관점에서는 공유되는 문화적 어휘들과 언설의 형식을 강조한다. 그러나 이것은 '보편적 타자의 관점'과는 다르다. 보편적 타자의 관점은 시·공간과 문화의 제약을 받지 않는 보편적 인간성을 전제로 한다. 반면 집단적 구체적 타자의 관점은 특수성을 차단하지 않기 때문에, 어떠한 욕구나 동기, 욕망도 배제하지 않으며, 감정에 대하여 관용적이며 융통성이 있고 비억압적이다.

여기서는 실제적 타자와의 대화적 상호작용이 문제가 되며, 단지 타자는 고유한 개인으로서보다는 문화적으로 특수한 정체성과 연대와 삶의 방식을 가진 집단의 구성원으로 만나게 된다. 즉 한 사람이 다른 사람과 관계할 때, 그 사람들은 특수한 문화, 역사, 사회적 실천, 가치관습, 생활형식, 자기 해석의 어휘와 서사의 전통을 가진 사회적 집단의 구성원으로서 관계하는 것이다. 따라서 이 관점은 형식적 보편주의가 아니라 맥락적이며 해석학적이다.

개인적 구체적 타자의 관점이 배려와 책임의 윤리로 귀착되는 것과 달리, 집단적 구체적 타자의 관점은 '연대성의 윤리'에로 나아간다. 이 관점을 취할 경우, 사람들간의 상호작용을 지배하게 되는 규범은 사랑과 배려와 같은 친밀성의 규범이나, 권리와 자격과 같은 형식적 제도의 규범이 아니라, '집단적 연대성'이라는 규범이다. 이렇게 되면 사회적 집단은 보편적 인간성이라는 공허한 추상성을 넘어설 뿐만 아니라 고유한 개인성이라는 파편성에 매몰되는 위험으로부터도 벗어나, 집단 정체성의 매개적 지대를 형성할 수 있게 된다. 집단적 연대성의 규범은 공유되는 것이기는 하지만 형식적 보편주의를 탈피한 사회적 실천으로 나아간다고 할 수 있다.

특히 이 윤리적 관점을 가지게 되면 도덕적 사고나 정치적 협의를 하는 데에 있어 자율성의 의미가 달라지게 된다. 즉 자율성을 가진다는 것은 다른 집단에 속한 사람들과 동등한 참여를 하기에 충분한 정도의 의사소통과 해석의 수단을 자기 스스로 가지는 것을 의미하게 된다. 여기서 자율적이라 함은 자기 자신의 목소리로 말하고 자기의 귀로 들으며, 자기 자신의 삶의 역사를 이야기하고 자신의 주장을 세우며, 자기의 관점을 표현할 수 있다는 것을 의미한다.

연대성의 윤리학은 그들 자신이 해석한 욕구를 표현하기에 적합한 서사적 자원과 어휘들을 만들어내기 위해서 투쟁하는 사회운동의 활동에 조율된 윤리학이다. 다시 말해, 그 윤리학은 지배집단의 서사형식이나 어휘들을 해체해서, 그것들이 모든 사람들에게 공유되는 것이 아니라 편파적인 것임을 밝히고, 종속된 집단들이 그들의 욕구와 희망의 소리를 낼 능력이 있음을 보여주는 집단적 투쟁과 노력에 조율되어 있다. 연대성이 윤리학이 문화적·인종적·민족적·계급적 정체성의 차이와 특수성을 가진 주변적 집단들을 포함하는 실질적인 실천을 가능하게 하기 위해서는, 각 집단들은 스스로의 목소리를 낼 수 있는 새로운 어휘와 서사 형태들을 만들어낼 수 있어야 한다. 연대성은 존재적으로 주어지는 것이 아니라, 지난한 대화와 갈등의 과정을 통해 정치적으로 획득되어야 하는 구체적 실천의 과정이기 때문이다.

6. 인정의 에토스: 세계화된 한국 사회 현실에서 요청되는 인정의 태도

이상의 논의에서 우리는 보편주의 윤리의 문제점을 극복하여 구체적 타자의 관점을 인정하면서도 공통의 연대를 가능하게 할 실천적 가치 기준을 설정할 가능성을 모색하였다. 그리고 이러한 모색의 과정에서 가장 일차적으로 필요한 태도는 바로 타자에 대한 인정의 관점이라고 하는 점을 확인하였다.

우리 사회의 다원화된 현실에서 새로운 윤리의 가능성을 모색할 때에도, 일차적으로 '타자에 대한 인정'의 에토스가 요청된다. 이는 단순히 선언적이고 규범적인 요청이 아니라, 우리의 현실적 문제들을 해결하기 위해 실질적으로 요구되는 전제라고 할 수 있다. 그렇다면 우리 사회는 어떤 맥락에서 '타자에 대한 인정'을 필요로 할까? 우리가 고려해야 하는 중요한 현실적 사안들로는 남북 분단 문제, 여성의 지위 문제, 외국인 노동자의 문제를 꼽을 수 있다.

남북 분단과 한반도 평화의 문제는 단순히 한민족 통일이라고 하는 차원에서 출발할 수 없는 지점에 놓여 있다. 그것은 남북 분단의 문제가 단순히 한반도의 남북 두 당사자간의 관계 개선이라고 하는 척도로는 해결할 수 없는, 그리고 한민족이라고 하는 정체성에 근거한 당위의 차원에서 논의되는 '통일'의 문제로만은 볼 수 없는, 세계적 분쟁의 역학관계 안에 놓여 있음을 의미한다. 이와 같은 상황에서 예전과 같이 북한을 무화하거나 극복해야 할 대상으로 규정하는 태도로는 한반도의 평화정착이 불가능하다. 우리에게는 새로운 형태의 '인정과 공존'의 자세가 필요하다. 우리가 북한을 우리와 동등한 상대자로 인정하고 함께 협력해 나아가겠다는 태도를 가질 때만 평화라고 하는 보편적인 가치론적 이념이 단순히 '전쟁이 없는 상태'의 유지라고 하는 막연한 추상성을 넘어설 수 있게 될 것이다.

한국 사회에서의 여성의 지위 문제 역시 단순히 남녀평등이라고 하는 보편 이념만으로는 구체적인 정책이나 제도를 획득할 수 없는 조건에 놓여 있다. 한국 사회가 신자유주의의 흐름에서 자유로울 수 없다고 한다면, 그리고 세계화된 자본의 흐름 안에서 신자유주의의 논리를 단순히 수용하거나 거부할 수 없는 조건에 놓여 있다는 것을 인정한다면, 여성 노동권의 인정에 대한 접근도 새로운 근거를 필요로 한다고 보여진다.

현재 여성 노동력은 여전히 부차적인 노동으로 인식되면서, 노동 시장의 공식 부문에서 밀려나 점차 비공식, 비정규 부문으로의 유입을 확대하고 있다. 그리고 세계화된 자본의 흐름은 이 비공식, 비정규 노동을 단순히 임시적이고 주변적인 형태로서가 아니라 부정할 수 없는 하나의 축으로 유지하고 있다. 이러한 상황에서 발생하는 문제들을 해결하기 위해서는 먼저 비공식, 비정규 노동 부문에 종사하는 여성들의 존재에 대한 인정이 전제되어야 한다. 노동 문제를 단순히 고용의 문제로 보면, 여성들의 비공식 부분으로의 노동 시장 유입은 주변화된 것으로 그 실체를 드러내지 못하는 경우가 대부분이다.

이처럼 한국 사회에서 여성의 독특한 지위에 대한 인정이 결여되었던 이유는, 한국의 금융 위기 이래로 경제적 위협이 어떤 특정한 집단이나 계층에 한정된 것이 아니었으며, 그러한 차원에서 주변적인 집단으로 인식되는 여성이 특정한 고려의 대상으로 보이지 않았다고 하는 점에서 찾을 수 있다. 우리가 만일 이 부문에서의 여성 노동 그 자체의 가치와 의미를 인정하는 태도를 가진다면, 이러한 태도는 여성 노동력을 보호하고 그들의 현실을 개선하는 데에 중요한 축이 될 것이다. 비정규부문의 여성 노동자 보호라는 문제뿐만 아니라 여러 가지 방식으로 한국 사회에서 여성 지위와 평등권의 문제가 제기될 때도 가장 우선적으로 생각되어야 할 지점은, 바로 보이지 않는 주변적 존재로 집단화되었던 여성들의 존재 양식, 생활의 조건, 구체적인 의지와 욕구에 대한 인정과 고려이다.

마지막으로 한국 사회에 점차로 확대되는 이주 노동자의 문제는, 이전에는 존재하지 않았던, 그리고 세계화의 흐름이 우리의 생활세계에 침투한 가장 대표적인 새로운 현상으로 이해할 수 있다. 세계화는 국경을 넘는 자유로운 자본의 흐름과 더불어, 부를 향한 노동 인구의 이주를 확대한다. 이들은 많은 경우 더 나은 삶의 조건을 획득하기 위해 자신이 뿌리내리고 있던 생활공간을 떠나 새로운 지역으로 유입된다.14) 우리는 우리 사회가 오랫동안 경제적으로나 정치적으로 불안정한 상태에 있다고 하는 역사적 인식을 가지고 있으며 정치적 이데올로기 조작을 통해 주입된 '단일민족'이라고 하는 정체성으로부터도 자유롭지 않다. 이러한 인식과 태도는 유입되는 이주 노동자들에 대해, 그리고 그들의 문화적 이질성에 대해 배타성과 편견을 표현하는 태도로 이어진다. 이는 또한 단순한 배타성과 편견이라고 하는 인식적 차원을 넘어 생활 속에서의 차별과 억압이라고 하는 부정적 결과를 만들어낸다.15)

---

14) 이주의 또 다른 축은 '난민'이다. 한국 사회에서는 북한의 경제적 · 정치적 조건의 악화로 인한 '탈북자' 집단의 유입이 새로운 사회 문제로 등장하고 있다. 아직까지는 이들을 어떻게 인식하고, 이 문제를 어떠한 근거와 입장을 가지고 접근할 것인지에 대한 충분한 고민과 논의가 없었다고 보인다. 이것 또한 앞으로 한국 사회가 해결해야 할 중요한 과제의 하나임이 분명하다.

15) 본 연구자는 한국 사회에서 이주 노동자들의 문화에 대한 배타성보다는 경제적 · 법적 지위의 열악함이 더 일차적인 문제가 아니냐는 물음이 가능하리라고

따라서 이주 노동자의 유입이 단순히 우리가 가지고 있는 경제적 부와 문화적 동질성에 대한 위협이 아니라, 세계화의 흐름에 의한 불가피한 요소라는 인식, 그리고 이들의 존재와 문화, 관습과 가치에 대한 인정이 전제되어야, 이들이 우리 사회 안에서 갖게 되는 고통과 억압을 해소할 수 있다. 더불어 한국 사회에서의 이들의 존재가 단순히 '청하지 않은 손님'이 아니라 사회의 건강한 존립을 위해 필수적인 요소임을 인정하기 위해서는, 이들을 단순히 노동의 공백을 메우는 '일회용품'으로 보는 태도를 지양하고 그들의 문화와 존재가 우리와 교류하고 접촉하고 있음을 인정할 수 있어야 한다.

지금까지 살펴본 바와 같이 세계화는 한국 사회에 새로운 형태의 문제들을 제출하고 있다. 동시에 세계화는 그 문제들에 접근할 수 있는 방식 또한 전혀 새로운 것으로 만든다. 세계화가 초래한 다원주의적 현실에 요청되는 윤리적 규범이란 획일적이고 형식적인 보편 윤리가 아닌, 나와 다른 개인 또는 집단에 대한 인정이라는 태도에 근거하는 것이어야 한다는 점은 분명하다. 그렇지 않을 경우 윤리적 규범은 획일성과 동일성에 근거한 폭력적인 이념으로 작용하면서, 필연적으로 그 안에 존재하는 수없이 다양한 서로 다른 집단들의 관심과 요구를 무시하고 억압하게 될 것이기 때문이다.

본다. 그러나 한국 사회에서 이들에 대한 배타적 태도를 더 극명하게 보여주는 것은, 바로 이들이 단순히 불법 체류하는 노동력이라고 보는 시선이 있다고 본다. 다시 말해, 그들은 한국 사회에서 하나의 삶의 주체로, 문화의 담지자로 생활을 영위하고 있다고 하는 사실에 대한 고려가 없이는, 그들에 대한 배타적인 인식의 태도를 바꿀 수 없으며, 그들의 존재를 그 자체로 인정하는 일이 불가능하다고 보는 것이다.

7. 결론: 인정의 에토스와 가치의 문제, 그리고 실천에의 요청

세계화를 통하여 우리 사회는 다양한 이질적 흐름들이 교차하는 다원주의적 현실에 직면하고 있다. 이러한 현실은 추상적인 규범체계에 의해 강제적으로 해소되어야만 하는 혼란상이 아니다. 우리에게 지금 필요한 것은 다원주의적 현실이 우리 사회 내부의 문제지점들과 관심의 성격을 크게 변형시켰다는 인식, 그리고 이 새롭게 변화된 현실적 지형에 능동적으로 대처하는 것을 가능케 하는 다원주의적 에토스를 모색해야 한다는 통찰이다.

'타자에 대한 인정'이라는 윤리적 태도에 근거한 다원주의는 추상적 일반론의 폭력성을 피해 가면서도 다원주의적 현실에서 규범적 가치기준이 부재할 경우 발생하는 문제들을 해결할 수 있다. 우리가 성공적으로 행위하기 위해 자유와 행복을 누릴 권리를 갖는다는 사실을 논리적으로 인정해야 하듯이 현재와 미래의 다른 행위자들 역시 그러한 개인적 권리를 갖는다는 사실을 인정해야 한다. 이와 같은 타인의 개인적 권리에 대한 인정은 이 권리가 침해당하는 상황에 대해 규범적 개입을 가능케 하면서 동시에 다원성 자체를 보장한다.

그러나 이러한 다원성의 보장을 위해서는 어떠한 윤리적 실천의 '공통성'의 기반이 또한 필요하다. 그러나 이것이 곧 다시금 '보편적 윤리규범'이라는 형식성으로 환원될 수 없음 또한 분명하다. '연대의 윤리학'은 그러한 의미에서, 다원성에 기반하면서도 실천의 영역에서 각 집단들의 실질적 연대의 모색을 가능하게 하는 데에 하나의 시사점을 준다. 사회적으로 주변화된 집단, 억압받는 집단에게는 우선적으로 그들의 의사와 욕구를 말할 수 있고, 표현할 수 있는 가능성을 열어주어야 하며, 구체적 타자로서의 개인들을 그 자체로 인정할 수 있는 윤리적 에토스가 필요하다.

'타자에 대한 인정'은 추상적, 형식적 윤리원칙이 아닌 하나의 에토스이다. 이는 '타자에 대한 인정'이 모두가 수긍할 만한 원칙이라는 차원에서가 아니라 구체적 실천의 차원에서 이루어져야 함을 의미한다. 단순히 원리적 차원에서 추상화된 의미의 타자를 인정하는 것에 그치지 않고 현실 속에서 그 존재가 배제당하고 무시된 타자들을 찾아내서 우리 삶의 맥락을 함께 구성하는 동등한 행위자로서 적극적으로 인정하는 과정 자체에 우리의 실천이 개입해야 한다. 이 과정에서 발생하는 다양한 갈등과 문제의 지점들은 보편타당성을 갖는 규범에 의해서가 아니라 국지적이고 한시적인 문제의식을 공유하며 특정한 실천양식에 동의하는 이들의 연대를 통해서 해결될 수 있다. 실천의 장에서 갈등은 피해야 할 악이 아니라, 윤리적 실천이 필요로 하는 반성과 자기비판의 중요한 요소임을 기억해야 한다.

Barbara L. Marshall(1994), *Engendering Modernity: Feminism, Social Theory and Social Change*, Polity Press.

Calvin O. Scharg(1997), *The Self After Postmodernity*, Yale University Press.

Christoph Bonger(1990), *Die Versohnung der mit sich selber zerfallenen Moderne*, Tuduv Studie.

Craig Calhoun(1996), *Habermas and the Public Sphere*, The MIT Press.

Ellen Frankel Paul(ed.)(1994), *Cultural Pluralism and Moral Knowledge*, Cambridge University Press.

Iris Marion Young(1990), *Justice and the Politics of Difference*, Princeton University Press.

Johanna Meehan(1995), *Feminists Read Habermas: Gendering the Subject of Discourse*, Routledge.

Jürgen Habermas(1996), *Die Einbeziehung des Anderen*, Suhrkamp.

_____(1983), *Moral Consciousness and Communicative Action*, The MIT Press.

_____(1985), *Die Neue Unübersichtlichkeit*, Suhrkamp.

_____(1987), *The Philosophical Discourse of Modernity*, Polity Press.

_____(1989), *Vorstudien und Ergänzung zur Theorie des kommunikativen Handelns*, Suhrkamp.

_____(1989), *Nachmetaphysisches Denken*, Suhrkamp.

_____(1981), *Theorie des kommunikativen Handelns: Zur Kritik der Funktionalistischen Uernunft*, Bd.2, Frankfurt.

Linda Nicholson(1995), *Feminist Contentions: A Philosophical Exchange*,

Routledge.

Maeve Cooke(1997), *Language and Reason: A Study of Habermas's Pragmatics*, Massachusetts Institute of Technology.

Nancy Fraser(1997), *Justice Interrutus, critical Reflections on the "Postsocialist" Condition*, New York. 1997.

Seyla Benhabib(1992), *Situating the Self: Gender, Community and Postmodernism in Contemporary Ethics*, Routledge.

_____(1992), *Kritik, Norm und Utopie: Die normativen Grundlagen der Kritischen Theorie*, Fischer Taschenbuch.

Seyla Benhabib & Drucilla Cornell(eds.,)(1987), *Feminism as Critique: Essays on the Politics of Gender in Late-Capitalist Societies*, Polity Press.

Thomas McCarthy(1993), *Ideals and Illusions: On Reconstruction in Contemporary Critical Theory*, Massachusetts Institute of Technology.

Vincent Descombes(1993), *The Barometer of Modern Reason*, Oxford University Press.

Paul Kirkbridge(ed.)(2001), *Globalization, the Internal Dynamics*, Chichester.

Paul Kirkbridge & Karen Ward(ed.), *Globalization, the External Pressures*, Chichester.

David Held, *A Globalizing World, Culture Economics, Politics*, Polity Press, London.

John Tomlinson(1999), *Globalization and Culture*, Polity Press, Cambridge.

다원주의 윤리와 윤리 다원주의의 경계에서

| 허 라 금 | 이화여대 여성학과 |

1. 들어가는 글

다원성을 특징으로 하는 사회에서 요청되는 작동 가능한 윤리는 어떤 것인가? 후기 산업시대, 세계화 시대라 일컬어지는 오늘날의 가장 뚜렷한 특징으로 우리는 무엇보다 모든 부분에서 발견되는 다원성을 들 수 있다. 절대적 진리라 믿었던 것, 보편적 당위로 추구했던 삶의 방식 등등이 서로 다른 문화들이 갖고 있는 믿음의 체계나 실행들과 만나면서, 그 다원성은 누구도 부정할 수 없는 것이 사실이 되고 있다. 절대 이성에 근거한 인식적 토대주의를 서구 근대 문화 속에서 역사적으로 우연히 형성된 하나의 신념에 불과한 것으로 해체하는 탈근대론의 논의들이 이들 다원적 현상의 의미를 대변해 주고 있다.

1970년대 과학적 지식에 대한 쿤의 사회사적 접근이 인식적 다원주

다원주의 윤리와 윤리 다원주의의 경계에서 45

의의 문을 연 이래 1980, 90년대 로티나 료타르 등, 근대 이성에 대한 탈근대론자들의 메타 철학적 분석으로 이어지면서, 이에 영향받은 우리 학계가 비교적 활발하게 이 문제를 다루어온 데 비해, 윤리적 다원주의는 토론의 주제로 다루어진 기억이 없다. 인식적 다원주의 논의 결과가 윤리적 다원주의에 그대로 적용된다고 보았기 때문일까? 아니면 실천 이성의 보편적 합리성이 비교적 견고하기 때문일까? 혹, 윤리적 규범의 정당성에 관한 논의는 이미 정서주의(emotivism)라는 메타 윤리적 분석에 의해 종결되었다고 보기 때문인가? 윤리는 실천적 영역에서의 행위를 목표한다는 점에서 이론적 인식의 범위를 넘어선다. 행위가 구체적 맥락을 떠나 자신의 의미를 가질 수 없기에 실천 이성은 결코 메타적 관점에만 머무를 수 없는 데서 분명해지듯, 인식론적 논의가 윤리 문제에 그대로 적용될 수 없을 것이다. 또한 윤리적 언명에 대한 메타 분석이 실제 행위의 규범적 사실 자체를 부정하지는 못한다.

이 글은 윤리의 기능이 행위를 지도하는 데 있다고 보는 데서 출발한다. 그리고 이미 그 기능을 발휘할 윤리의 맥락이 근대적 윤리관을 통해 제시된 것과는 상당히 달라졌다고 보는 데서 출발한다. 현대 사회에서 출현한 새로운 형태의 섹슈얼리티 문제, 생명 과학 발전에 따른 생명 윤리의 문제 등등, 실질적인 문제들에 대해 윤리학이 행위 지도적 기능을 충분히 발휘하지 못하고 있는 현실이 그것을 확인해 준다. 본 논의는 윤리학적 진단과 처방을 요구하는 많은 문제들이 가치 다원주의의 맥락에서 발생한다는 점을 주목하고, 이런 맥락에 적합한 윤리 이해와 접근을 모색하고자 한다.

논의는 가치의 다원성을 인정하는 맥락에서 규범적 정당성의 기초 발견하려는 시도들로부터 출발한다. 여기에는 롤즈의 정의의 윤리학이나 하버마스의 담론 윤리학이 해당될 것이다. 이들 다원주의 윤리학이 실질적인 쟁점들에 효과적인 지도를 하는 최선의 접근을 보장하는지를 살펴보고, 그것의 한계를 점검할 것이다. 더 나아가서, 그 한계를 배태하고 있는 이들의 윤리학에 대한 기본 이해를 문제삼고, 이들 기본 이해가 어떻게 구체적인 삶의 문제들을 윤리학 밖으로 내쳐버리게 됨으로써 실질적인 행위 지도적 기능을 제한하게 되는지를 분석할 것이다. 다음으로 이들 다원적 가치의 맥락에서 생성되는 다양한 윤리적 실행들을 수용할 수 있는 대안으로 덕 윤리를 고려할 것이다. 끝으로, 덕 윤리가 가치 다원주의의 실천적 규범으로 제시되는 것에 대해 제기되는 주요 비판들에 과연 어떻게 답할 수 있는지를 살펴보고, 윤리 다원주의의 실행에서 요청하는 덕이 무엇인지를 여성주의 논의에서 찾아볼 것이다.

2. 현대 다원주의의 윤리학

다원주의는 단순히 다양성이 있음을 인정하는 데서 성립하지 않는다. 인식적 활동에 지각, 감각, 인식, 평가 등의 다양한 층위가 있음을 인정하는 것 자체로 인식적 다원주의가 성립하는 것이 아니듯, 윤리적 다원주의 역시 실천적 활동에 다양한 층위가 있음을 인정하는 것만으로는 성립하지 않는다. 인식적 다원주의는 이들 인지적 활동들간에 차이가 있음을 인정할 뿐 거기에 어떤 인지적 가치의 우열을 매길 수 없다고 주장하는 데서 성립한다. 마찬가지로 윤리적 다원주의는 다양한 실천적 이상 및 가치의 상이한 평가 방식이 존재함을 긍정하는 데서 더 나아가 이들 간의 윤리적 가치의 우열을 가늠할 궁극 원리나 목적이 있을 수 없음을 받아들이는 데서 성립한다.

필자가 윤리적 다원주의를 불가피한 윤리적 선택으로 만드는 것으로 보고 있는 바, 가치 다원주의란 그 구체적 정의를 일원화할 수 없지만 기본적으로, 보편적으로 인정되는 삶의 궁극적 이상, 예컨대, 자유, 평등, 행복 등등이 하나 이상이라는 것, 또한 친밀성, 애정, 명예, 공정성 등등 인간의 삶을 좋게 하는 데 기여하는 가치들(그것이 보편화가능한 것이든 아니든)이 다수라는 것, 그리고 이들 이상이나 가치들을 통약가능하게 해줄 보편적 기준이나 근거는 없다는 것, 더 나아가서 이들은 구체적 상황에서 서로 근본적 갈등을 야기할 수 있다는 것을 긍정하는 입장이다.[1]

삶의 다원적 가치를 인정하고, 서로 다른 가치를 추구하는 이들 누구도 부인할 수 없는 규범적 정당성의 기초를 마련함으로써 객관적이고 보편타당한 윤리학을 체계화하려는 시도를 가치 다원주의와 공존하기 위해 근대 윤리학이 취한 한 가지 방법이다. 따라서 이것을 일종의 다원주의 윤리(ethics of pluralism)로 분류할 수 있다. 그것은 궁극적인 삶의 목적, 또는 인간다운 삶의 모습을 단 한 가지로 규정하고 그에 부합되는 행위나 판단만을 윤리적인 것이라 간주했던 일원주의 윤리학과 구별된다. 이들 역시 삶의 다원적 가치, 명예, 건강, 부 등등을 인정하지만 이들은 이들 가치들이 삶에서 어떤 위치를 차지하여야 하는가를 분명히 한정함으로써 규범적인 삶의 이상을 단일화하고 있다. 이런 가치의 단일성은 대개 전근대적인 윤리들을 관통하는 특징이다. 그 대표적인 경우가 유교 윤리나 아리스토텔레스적 윤리라고 할 것이

---

1) cf. 졸고(2001), 「도덕적 갈등과 다원주의」, 『철학』, 제68호; Ruth Chang ed. (1997), *Incommensurability, Incomparability, and Practical Reason*, Harvard University Press; George Crowder(2001), *Liberalism & Value Pluralism, Continuum* 등등.

다. 반면, 이들 전자의 윤리는 이들 다원적 가치들을 한 가지 방식으로 질서 지울 수 없다는 점을 인정한다는 점에서 비로소 다원주의 윤리학을 구성한다. 계약론적 전통 위에서 전개된 정의의 윤리학을 비롯하여, 이상적 담화 조건에서 도출된 타당한 상호주관적 규범들과 행위 규칙들에 의해 윤리학을 정초하려는 하버마스의 윤리학을 들 수 있다.

이들 다원주의 윤리학은 근본적으로 동의 또는 상호주관성을 바탕으로 서로 이질적인 인생관이나 가치관을 갖는 이들 모두에게 받아들여질 수 있는 보편적 규범의 확립을 목표하고 있다. 여기에는 누구도 침해할 수 없는 권리를 지닌 자유한 존재라는 근대의 소위 독립적이고 자율적인 인간관이 전제되어 있다. 타당한 이유 없이 강제되어서는 안될 자율적 존재들, 이들 개인들의 선택을 규제하고 강제해야 할 정당성을 이들은 상호주관성 내지 합리적 의사 선택에 의한 합의를 통해 마련하고자 하는 것이다. 각인이 동의한 규율에 의해 강제하는 것은 외부의 강제가 아니라 자발적 통치에 해당하는 것이므로, 이 경우 강제와 자율은 모순되지 않는다. 합의의 모델이 강제와 자율을 양립가능하게 하는 자율적 인간의 윤리로서 채택된 것이다.

그러나 이들 양립가능성을 보장해 줄 합의의 도출은 어떤 삶을 살아야 하는지, 어떤 가치를 어떻게 고려하는 것이 바람직한 것인지 등등, 소위 좋은 삶이 무엇인가에 대한 논의를 윤리학의 중심에서 분리시키는 것을 통해 이루어졌음을 알 수 있다. 즉, 가치의 문제를 각인의 주관에 달린 소위 자율의 영역에 속한 것으로 윤리적 논의로부터 배제하거나 2차적인 문제로 주변화하면서, 오직 합의가능한 것의 영역에다 윤리적 논의를 제한하는 것이다.

자율적 인간을 강제하는 것의 정당화가 시급했던 시점에서 그 정당화의 기초에 대한 열망이 합의될 수 있는 것에만 윤리적 접근의 정당성을 인정하는 길을 택하도록 함으로써 어떻게 살아야 하는가와 같은 전통적으로 윤리에 중심에 속했던 논의들이 이들 논의로부터 제거된 것이다. 실질적 가치의 채택 문제를 자율에 맡김으로써 문자 그대로 자유주의 윤리가 성립한 것이다.

강제적 규범의 집행을 정당화해 줄 명분을 발견하고자 하는 이들의 열망이 우선적으로 합의될 수 있는 영역에 행위 지도적 윤리학의 기능을 제한하는 방향을 택하게 한 것이다. 일반적으로 도덕적 갈등에 대한 가장 일반적인 자유주의적인 해결의 단초가 어떤 정책을 정치적 의제로부터 제외할 것인가를 결정해 줄 상위원리에 관해 시민들이 합의할 수 있다는 데 있음에서도 그 열망은 확인된다. 그들은 구체적인 정책들에 대한 불일치를 초월하는 중립성 또는 공평성과 같은 원리를 상위원리로 도입함으로서 해결을 시도하는 것이다. 이런 원리들에 의해 어떤 쟁점들이 윤리적으로 강제가 정당화될 만한 것이고 그렇지 못한 것인지를 판가름해 준다고 본다.

보편화가능한 주관적 가치들에 대한 고려를 윤리적 사유 속에 포괄하는 칸트주의자 네이글조차도, 삶의 가치들이 충돌할 경우 그 해결을 개인적인 사고의 위치에서 벗어나 더 보편적이고 몰개인적인 관점으로 나가 발견되는 상위원칙을 통해 모색한다.[2] 같은 전통에 서는 롤즈의 경우도, 행위자 자신의 사적 정보를 적절히 통제해 주는 무지의 베일을 쓰고 있는 상태에서 그 원리를 찾기는 마찬가지이다. 공평하고 중립적인 지점에서 이루어진 판단이나 합의는 객관적이고 보편타당한 것으로서 윤리적 정당성을 갖는 반면, 그런 지점에서 합의를 찾을 수 없는 문제의 경우, 그것은 정의와는 무관한 것으로서 각자의 가치관의

---

2) Thomas Nagel(1987), "Moral conflict and political legitimacy", *Philosophy & Public Affairs*.

기초 위에서 행위 할 자유를 각자에게 남겨 둔다는 것이다. 종교적 신앙이라든가, 임신중절, 섹슈얼리티 등등에 대해 입장들간의 대립적 갈등은 이런 객관적인 지점에서의 합의를 찾을 수 없으며, 따라서 이런 쟁점에 국가는 개입하지 말아야 하며, 양 입장을 자유의 원칙에 의해 허용해야 한다는 것이다.3)

이상의 논의로부터 우리는 그들이 채택하고 있는 윤리관을 정리할 수 있다. 그것은 윤리란 옳고 그름의 판단의 대상이 되며, 그런 판단을 통해 찬양과 처벌을 판결하는 문제라는 것, 더 나아가서 그것은 행위자들을 통제하고 강제하는 것이라는 것, 따라서 그것은 공적이고 객관적인 기준의 마련이 가능한 주제들에 한정하여 윤리학은 탐구되어야 한다는 것으로 요약된다.4) 이것이 윤리학의 보편적 타당성과 삶의 다원적 가치를 이원화시킴으로써 자유주의적 윤리가 이룩한 다원주의 윤리학이다.

다원주의 윤리학이 취한 이 같은 이원화가 과연 강제와 자율, 정당성과 다원성을 합치시킨 절묘한 선택인지 여부는 면밀한 검토가 필요하다. 다른 것은 제쳐두고라도, 이런 강제가 정당한 공적 윤리와 자유의 원리가 강조되는 사적 윤리로 그 영역을 분리시키는 것은 우리가

---

3) 졸고(2001), 「도덕적 갈등과 다원주의」, 『철학』, 제68집 참고. 자유주의적 방식이 추구하는 목표는 이렇다. 동료 인간들에 의해 자신에게, 또는 그 역으로 자신이 다른 동료들에게, 부가해도 좋은 것이 무엇인가를 결정하는 데 있어서, 각자가 결단한 실질적인 가치관보다 우선하는 최대한 공평한 옳음의 기준(a maximally impartial standard of right)을 마련하려는 데 있다는 것이다. ibid., p.239.

4) 그것은 취향처럼 전적으로 주관성이 중심이 되는 문제로 분류되곤 한다. 윤리학적 주제가 되기에는 지나치게 사적 감정이 개입되기 때문인가? 아니면 그것은 어떤 삶을 살기로 하는가와 관련된 개인적 선택의 문제로 보기 때문인가? 섹슈얼리티는 사적인 문제, 자율의 영역에 속하는 문제로 취급된다.

경험하는 도덕성을 대변하는 일상적 윤리관과는 상당한 차이가 있는 것처럼 보인다는 것이다. 적어도 상식적 관점에서 임신중절, 섹슈얼리티의 여러 쟁점들이 윤리적 고려의 대상이 될 수 없다는 것은 이상하기 때문이다.[5]

좋은 삶의 문제와 도덕의 문제를 분리시키는 데 대해 하버마스를 비판하는 벤하빕은 '도덕적인' 것과 '개인적인' 것을 대비하여 개념화하는 그의 주장을 매우 '이상한 것'이라고 평가한다. 그것은 "보살핌의 사려를 이끌어내는 사랑, 우정, 친애, 섹스의 영역들은 보통 결혼이나 이혼의 문제 같은 개인적인 의사 결정 영역으로 이해되어야 한다"는 주장만큼이나 우리의 도덕적 직관과 어긋난다는 것이다.[6] 소위 탈주술화된 현대 사회에서조차, 우리를 차지하거나 우리에게 가장 깊이 연관되어 있는 도덕적 쟁점들은 합의의 윤리가 중심 과제로 삼아온 경제적 정책적 정의의 문제에서만이 아니라, "혈연, 사랑, 우정, 성의 영역"에서 타인과 갖는 관계의 질로부터 오는 것이 사실이기 때문이다. 그녀는 다음과 같이 말한다.

---

5) 이 같은 이원화가 결과적으로 윤리학을 상식적 윤리관 또는 현실의 문제들로부터 동떨어지게 만든 것처럼 보인다.

6) 예컨대, 싱어(Peter Singer)는 자신의 윤리관을 밝히는 부분에서 성을 윤리적인 논의의 대상이 될 수 있는 첫 번째 것으로 제시하고 있다. "성은 전혀 특별한 문제를 일으키지 않는다. 성과 관련된 문제를 다룰 때 정직성, 타인에의 배려, 사리분별 등이 고려사항이 된다. 그러나 이러한 점에 있어서 성에는 아무런 특별한 것이 없다. 왜냐하면 똑같은 것이 자동차 운전과 관련된 문제를 다룰 때에도 해당되기 때문이다. 사실 자동차 운전이 야기하는 도덕적 문제들이, 환경적인 관점에서든 안전의 관점에서든 성행위가 일으키는 문제들보다 더욱 심각하다. 따라서 이 책은 성 도덕에 대해서는 논의하지 않는다." 황경식 역, 『실천윤리학』, 철학과현실사, 1997.

"우리는 시민으로서의 우리의 정치적 삶의 초라함을 비탄해 마지않고 보다 약동하고 추진력 있는 공민적 삶을 열망할지 모른다. 또한 우리의 경제적 분배 제도들이 지구상의 일백만 인구의 기본적 필요조차 만족시키지 못할 만큼 매우 부정의하고 부도덕하다는 사실에 강력히 저항할지 모른다. 그러나 이 어떤 것도 민주 시민이며 경제적 행위자인 그들을 가장 깊숙한 데서부터 건드리는 도덕적 이슈들은 개인적인 영역에서 일어난다는 사실을 외면하게 하지는 못한다."7)

비판의 핵심은 좋은 삶에 대한 평가 문제로부터 도덕적 쟁점으로서의 정의의 문제를 구분하는 논변들이 성공적이지 못함을 지적하는 데 있다.

뿐만 아니라, 일상 속에서 심각한 갈등을 생산하는 이들 쟁점들이 윤리학적 탐구에서 제거될 때, 다시 말해 이들이 생산하는 실질적 갈등을 개인의 자율과 정치적 중립이라는 이름으로 남겨둘 때, 그 현실적 효과가 갈등 당사자들에게 결코 동일하지 않다는 점이다. 이런 실천적 상황에서 갈등을 합의의 원칙에 따라 단지 허용하기만 하는 것은 문제를 방기하는 것으로서, 해결이 될 수 없음이 분명하다. 따라서, 중립성이라는 이름으로 개입하지 않는 것은 현실 속에서 관련 당사자들에게 결코 중립적이지 않은 결과들을 가져온다는 사실에 좀더 주목할 필요가 있다.

예컨대, 성 매매, 포르노그라피 등등의 성의 상품화를 두고 대립 갈등하는 입장들에 대해 국가가 중립성을 지킨다는 것은 무엇을 뜻하는가? 그것은 곧 이들 성의 상품화를 허용한다는 것을 의미한다. 결과적으로 그것에 반대하는 이들의 가치관, 삶의 이상 등을 무시하고 있는 것이다. 인공중절이나 장기매매 등등의 경우도 마찬가지이다. 그렇다

---

7) Seyla Benhabib(1992), *Situating the Self*, Polity Press.

고 이것이 그런 쟁점에서 금지를 강제해야 한다는 주장으로 오해될 필요는 없다. 이들 근본적 가치나 실질적 가치 등이 경합하는 구체적 상황에서 어떤 선택도 중립적 지점에 남아 있을 수 없으며, 의지하든 의지하지 않든, 실질적인 어느 한 쪽을 선택하는 효과를 갖는다는 점에 주목해야 한다는 것을 말하고 있을 뿐이다. 그리고 이것은 윤리학이 이들 문제들을 다루어야 하며, 그것이 실질적 가치의 갈등의 맥락에서 어떻게 다루어져야 하는가를 결코 외면할 수 없다는 것을 함의한다.

이상의 지점들을 고려할 때, 합의적 절차의 공정성에 규범적 정당성을 기초 지우려는 시도들은 실제로 다원주의를 인정하는 입장이라고 보기 힘들다. 컥스(John Kekes)가 자유주의와 다원주의는 양립 불가능하다고 주장하는 까닭도 여기에 있다.8) 다원주의는 다른 가치들보다 우선함이 정당화될 수 있는 어떤 특별한 가치도 없다는 입장에 개입하는 데 반해, 자유주의는 특정 가치들간에 갈등이 있을 경우 자유주의자가 선호하는 특정 가치, 예컨대, 공평성, 객관성, 중립성 등의 가치가 다른 가치에 대해 우선한다는 입장을 취한다는 것이다. 결국, 다원주의 윤리학을 정립하기 위해 이들이 평가의 문제와 규범의 문제를 분리를 주장했지만, 실은 공정하고 무사적이며 비관계적인 덕을 중심으로 하는 특정한 삶의 방식에 헌신(commit)하고 있음이 드러난다.9) 실천적 맥락에서 자유주의는 같은 삶의 방식에 들어오지 않는 이들을 수용할 수 없다는 점에서 억압적일 수 있다.

---

8) John Kekes(1993), *The Morality of Pluralis*m, Princeton University Press, p.199.

9) 이 문맥과는 반대로, 어떤 이들은 이 점을 오히려 좋은 삶에 대해 이야기할 수 없다는 공동체주의로부터 제기되는 비판에 대해 자유주의 윤리가 반박할 수 있는 지점으로 사용하기도 한다. 참고 권용혁(2001), 「열린 공동체주의를 향하여」, 『철학연구』, 제55집.

3. 합의의 윤리와 그 도덕적 한계: 배제, 소외, 주변화

합의가 결코 규범적 정당성을 보장하는 기초가 될 수 없다고 주장하는 레셔(Rescher)는 그의 저서 『다원주의』에서 이상(ideals)과 이상화(idealization)의 개념 구분을 통해 이를 논증하고 있다. 이상이란 그 실현이 긍정적으로 평가될 수 있는 것, 또는 바람직한 것으로 여겨지는 어떤 것이라 정의할 수 있다. 예컨대, '자유', '평등', '우애' 등이 그것이다. 그것은 실천적 영역에 속하는 가치로서, 우리의 실제 행위의 방향을 인도한다. 이상을 추구하는 실천적 활동에 의해 그 이상이 실현되었을 때 그 사태는 분명히 '좋은 것'이다. 다시 말해, 올바르게 사유하는 사람이라면 누구나가 그 실현을 열망하고 추구해야 할 본래적으로 좋은 어떤 것들이라는 말이다. 이와 달리, 이상화는 실제의 어떤 한계 혹은 결점이 제거된(예를 들어, 예민하고 정직한 사람들로만 이루어진 유토피아) 일종의 가상적 투사(the projection of a hypathesis)이다. 따라서 이상화는 추구되어야 할 실천적 가치가 아니라, 일종의 사유의 도구이다. 즉 현실화되는 것은 실제로 전혀 가능하지 않지만, 그런 식으로 생각해 보는 것이 유익할지도 모를 가상적 사태인 것이다.

요약하자면, 이상은 가치이나 이상화는 특정한 사유를 위한 도구이다. 때문에 행위는 이상을 추구해야 하지만, 이상화가 행위를 인도해야 할 근거는 없다는 말이다. "영원히 봄이 지속되는 세상은 우리가 그런 세상을 얻을 수 있다면 살기에 좋을 것이지만, 그런 방향으로 노력과 에너지를 사용하는 것은 의미가 없는 것이다." 이 때문에 레셔는 "적극적으로 평가된 이상화가 필연적으로 정당한 이상을 구성하는 것도 아니다"라고 말하고 있다.

레셔의 이상과 이상화의 개념 구분이 합의의 상태나 상황에 대해서도 적용될 수 있다. 왜냐하면 모든 이들간에 이루어진 합의란, 모든 이들이 추구해야 할 이상적 가치가 아니라, 단지 이상화일 뿐이기 때문이다. 사상이나 의견의 통일을 추구하는 것이 무조건적으로 좋은 것이라는 관념, 곧 합의가 이상이라는 생각은 매우 위험한 것이다. 합의는 일반적으로 우리가 실제로 우리의 인식적 또는 실천적 사태를 진행해가는 방식을 규제해야 할 이상이 아니다.

"합의는 진리의 규준도, 가치의 기준도, 도덕적 혹은 윤리적 적당성의 지표도, 협동을 위한 예비조건도, 정의로운 사회 질서를 위한 자치공동체적 명령도, 그 자체 적당한 이상도 아니다."[10]

여기에서 한걸음 더 나아가, 이상화된 절차를 통해 도출된 원칙에 우리의 행위가 따라야 할 필연적 이유가 없다고 말할 수 있다. 이상화가 일종의 사유의 한 방식이라고 언급한 데서 시사하듯, 이상화는 여러 가지 내용으로 구성될 수 있기 때문이다. 영원히 봄이 지속되는 것에 대해 그 지루함을 견딜 수 없어하는 이가 있을 수 있듯이, 무엇을 이상적인 것으로 보아야 하는지가 선험적으로 주어져 있는 것은 아니다. 또한 영원히 지속되는 봄을 상정하는 데서 도출된 삶의 방식이 실천적 규범으로서 작동가능할지가 문제되며, 작동가능하다 하더라도 그것이 문제스러울 가능성은 얼마든지 있다.[11]

---

10) Nicholas Rescher(1993), *Pluralism: Aganist the Demand for Consensus*, Clarendon Press Oxford, p.199.
11) 합의에 기초한 정의의 원리가 기본적 인간 삶의 필요를 보장하는 실질적인 복지 문제에 있어 최선이라는 정의론자들의 주장에 대해서도 레셔는 다른 견해를 주장한다. "여러 맥락에서 공동체의 이익은 그 안의 분파들이 갖고 있는 파편

근본적 가치의 다원성을 갈등의 원천으로 보고 이의 해결을 윤리학의 목표해야 한다는 견해는 근대 윤리학에서 뿐만 아니라 윤리학사 전체를 관통하고 있는 것이 사실이다. 앞절에서 이미 검토했듯이, 개개인의 자율성을 보장하기 위해 마련된 합의의 장치, 공정성을 보장하는 절차가 오히려 어떤 이들에게는 억압적 명령일 수 있음을 부인하기 어렵다. 무지의 베일을 쓰고 원초적 입장에서 합의한 기본적 가치들의 분배 원리에 의해 운영되는 사회에서 여전히 남게될 배제와 소외, 주변화와 무기력의 문제가 같은 정의론의 맥락에서 정교하게 탐색되고 있다.12) 여기에서 아이리스 영의 논의는 주목할 만하다. 합의할 수 있는 원칙이 정의의 기초가 되었을 때 그것은 차이를 중요하게 고려하지 않는 결과를 갖기 때문이다. 그 한 가지 결과는 윤리적 전유, 도덕성의 전유에 의해 일어난다.

길리건은 그녀의 논문에서 형태심리학에서 흔히 사용되는 이중 그림과 유비해서 도덕성의 전유를 설명한다.13) 이중그림이란 어떻게 보

화된 믿음과 가치들에 의해 가장 잘 제공된다. 예를 들어, 어떤 그룹의 사회복지는, 통상 서로 다른 정치적 하위-단위들이, 다른 정책을 추구하고 다른 프로그램들을 채택함에도 불구하고, 대안적인 평가를 시험할 수 있는 근거들을 제공할 수 있을 때 가장 효과적으로 조달된다. 그리고 (그것은) 한 그룹의 자치적인 복지는 일반적으로, 다른 종교 또는 문화적 '분파'나 '사상 학파'가 다른 개인적 필요나 성향을 갖고 있는 개인들에게 그들의 뜻에 맞는 안식처(시설)를 제공할 수 있을 때, 보다 더 효과적으로 제공된다(는 사실에서도 확인된다). 합의는 따분함, 복지부동, 정체, 자기 만족의 원인일 수 있다. 다양성을 거대 통일성으로 대치하는 합의가 오히려 지평의 협소화를 초래하고 선택의 폭을 축소시켜 일을 파괴적으로 망쳐놓을 수 있다." ibid., p.197.

12) Iris M. Young, *Justice and the Politics of Difference*, Princeton University Press.

13) Carol Gilligan(1987), "Moral Orientation and Moral Development", Eva Feder Kittay & Diana T. Meyers, *Feminist Ethics*, Rowman & Littlefield.

면 토끼로 보이지만 다르게 보면 오리로 보이는 그림과 같은 경우이
다. 이 그림 속에는 토끼도 오리도 있다. 단 그것을 오리로 보는 경향
이 더 강한 일군의 사람들이 있는 반면, 토끼로 보는 경향이 강한 또
다른 일군의 사람들이 있다. 이들간에 그림을 두고 토끼인지 오리인지
의 논쟁은 무의미하다. 그런데도 불구하고, 그림에 대해 말할 수 있는
자격을 갖춘 이가 있고 그렇지 못한 이가 있다는 조건이 들어오면, 문
제는 달라진다. 누가 그 자격을 갖춘 자인가? 오리로 그 그림을 파악
하는 자만이 그 그림에 대해 말할 자격을 갖는다고 정해지면, 이제 그
그림은 오갈 데 없이 오리그림이 된다. 오리그림으로 보는 것이 옳으
며, 토끼로 보는 것은 틀린 것이거나 기껏해야 그림을 보는 눈이 발달
하지 못한 미성숙으로 평가된다.

　돌봄의 관점을 취하는 것이 도덕적인가 정의의 관점을 취하는 것이
도덕적인가의 논쟁도 마찬가지이다. 모든 학문의 영역이 그래왔듯이,
윤리학의 영역에서 말할 자격을 갖춘 이들이 있었으며, 그들의 태도가
갖는 경향성이 곧 도덕적인 것으로 공식화되었다. 주어진 그림 속에서
무엇을 볼 것인가에 대해 일치된 동의가 있어야 한다고 믿는다면, 어
차피 그곳에는 거기에서 다른 것을 보는 또는 보고자 하는 이들의 지
각과 의지는 묻혀질 수밖에 없다. '무엇'에의 일치된 합의는 도덕에 대
한 일방적 전유의 위험 속에 필연적으로 노출된다. 그것은 다르게 보
는 이들의 존재를 무화하는 방식 속에서만 가능하며, 따라서 관계를
없애는 방식으로서 일방적인 지배의 논리이다.

　여기에서 도덕이란 그림에서 그것을 보는 이들간에 적어도 하나의
일치된 합의가 필요하다면, 그것은 무엇을 보아야 하는가에 대한 합의
가 아니라 그 그림을 보고 있는 이들 사이에 관계를 어떻게 이해할 것
인가에 대한 합의이다. 보고 있는 이들 사이에 차이가 있을 수 있다는

사실을 받아들이면서, 다른 그림을 보고 있는 이들 사이에 서로 공유되지 않는 기질과 성품과 지각의 차이를 인정하면서, 서로를 충분히 알 수는 없지만, 그들 역시 나와 같은 인간이며 자신에게 충실하고자 하는 이들이라는 신뢰가 전제되는 관계가 필요함을 인정하는 합의이다. 그것은 각자의 시각의 차이에서 비롯된, 불가피하지만 그리고 합법적인 갈등으로 방치하는 것이 아니라, 이들간의 관계에 대한 윤리가 필요하다는 것이다.[14]

어떤 관계를 가질 것인가를 중심으로 볼 때, 어떤 사안(그림)에서 돌봄의 가치를 우선적으로 볼 것인가 정의의 가치를 우선적으로 볼 것인가의 문제가 가장 우선적으로 해결해야 할 과제로 등장하지 않는다. 대신, 다르게 보는 이들에 대한 상호이해가 어떻게 가능한가가 가장 우선적 과제가 된다.[15]

4. 조밀한 개념으로서의 윤리학

실제로 우리는 (도덕이란) 그림에서 무엇을 보아야 하는가를 논하기 이전에 이미 그것을 나름대로 보고 있다. 어떤 것을 소중해 하는 것, 즉 가치로운 것으로 여기는 것은 그것이 그럴만하다고 판단하는 것이 아니다. 판단 이전의 경험이다. 우리는 어떤 것에 대한 평가적 경험을

---

14) 졸고, 「도덕적 갈등과 다원주의」, cf. Amy Gutmann and Dennis Thompson (1990), "Moral Conflict and Political Consensus", *Ethics*, Vol.101, No.1, October 1990, pp.64-88. 이들은 그 원리로서 수용의 원리(principles of accommodation)를 제안한다.

15) 졸고(1998), 「여성주의 윤리학의 개념화: 민주적 관계를 향하여」, 『한국여성학』, 14권 2호.

하고 있는 것이다. 또한 어떤 것을 해야 한다거나 할 수 없다는 경험 역시 마찬가지이다. 이것은 윤리학이 출발 지점으로 삼아야 할 도덕적 사실이다.

우리의 평가적 경험에는 칸트식으로 사용(use)과 존중(respect)의 두 가지 축 위에서만은 설명할 수 없는 훨씬 복잡한 층위(사랑, 존경, 감사 …)들이 태도들이 존재하며, 각 다른 층위들은 반성(reflection)과는 다른 방식의 지각, 고려, 숙고 등의 다양한 사유 및 경험의 방식들과 연결된다.16) 이를 부정하려 할 때, 그 윤리학이 처방하는 요청과 행위자의 도덕적 경험 사이에는 심각한 균열이 발생한다. 그로부터, 심각한 자기 부정의 경험을 강요하는 도덕적 요구가 일어난다. 합의를 중심으로 하는 사회가 개념화하는 윤리 속에서는 심각한 도덕적 쟁점들이 방치되거나, 아니면 윤리적 자기 정합성(integrity)을 부정해야 하는 경우들을 피할 수 없는 것이다.

우리가 추구하는 통약불가능한 이상들이 있으며, 우리의 평가적 태도 역시 다양하며, 그것을 개념화하는 방식이나 사회적 실행 또한 다양하다는 것을 인정하는 한, 합의의 관점과는 다른 지점에서 접근하는 다원주의 윤리학을 발전시킬 것이 요구된다. 그것은 합리적으로 해결이나 해소가 불가능한 실질적인 도덕적 갈등들이 있음을 인정하는 방식이다. 더 나아가서 이들 불일치를 해결하거나 제거해야 할 갈등으로 볼 것이 아니라, 차이의 문제로 보는 방식이다. 합의나 진리에 의해 판결되는 통일된 체계가 윤리적 최선이어야 할 까닭이 없다면, 그것을 차이로 보는 관점에서 취하게 될 윤리의 다원성을 승인하는 것 (pluralism of ethics)이다.

---

16) Elizabeth Anderson(1993), *Value in Ethics and Economics*, Havard University Press.

어떤 특정한 원리 아래 이들 다원성을 위계적으로 체계화하는 것이 아니라, 행위자들의 진정성을 중요하게 취급하는 윤리학을 대안으로 생각해 볼 수 있다. 그리고 그 진정성의 윤리는 좋은 삶과 정당성의 규범이 분리되지 않는 맥락 속에서 구성된 조밀한 개념들로 짜여진 덕윤리의 접근 방식을 채택하게 될 것이다. 그리하여 구체적인 행위자의 의지나 의도, 성품, 덕목이 형성되는 사회 문화적 상황에 주목할 것이다.

핵심은 죄의식, 회한, 수치, 분노, 자긍심 등의 정서적 상태로 구체화되는 일상의 도덕 경험을 합리성/정당성의 차원에서 재해석하고 옳고 그름의 판단으로 환원시켜 버리는 것이 아니라 그것을 도덕성의 기본 자원으로 삼아야 한다는 말이다. 우리가 도덕적인 것으로 경험하는 것들을 통해, 어떻게 판단하고 생각해야 하는가를 탐구해야 한다. 이것은 윤리학이 일상의 도덕 경험과 만나야 한다는 것을 의미하는 것이기도 하다. 그런 만남의 지점에서 출발하여, 윤리학은 이런 경험들을 말이 되게 하는 작업으로 이해되어야 한다.

이 같은 맥락에서, 맥도웰이나 윌리암스는[17] 윤리학에서 공허하고 형식적일 수밖에 없는 '옳음', '그름', '선', '악'과 같은 성긴(thin) 개념들 대신 실질적인 내용을 갖는 '용기', '절제' 등의 조밀한(thick) 덕 개념들을 보다 더 기본 개념들이라 여긴다.[18] 이들 개념들은 우리들이

---

17) John McDowell, "Virtue and Reason", *The Monist*, 62; Bernard Williams (1985), *Ethics and the Limit of Philosophy*, Harvard University Press.

18) B. Williams는 '도덕성'(morality)과 '윤리'(ethics)를 구분해서 사용하고 있다. 그는 '도덕성'은 모든 도덕적 행위에 보편적으로 적용가능한 도덕적 근본 원리들과 규칙들을 정식화하고자하는 시도라고 정의한다. 이런 시도는 행위 그 자체 혹은 행위의 결과를 중요하게 취급하면서, 보편적 관점에서 이들 행위나 행위의 결과를 정당화해 줄 원리를 찾고자 하는 것이다. 이런 의미의 도덕성은

왜라는 물음이 더 이상 필요치 않은 자명하다고 생각하는 것들, 그리고 왜 그것이 그렇게 자명한 것인지 해명한다는 것 자체가 무의미한 것들, 이런 것들을 공유하는 삶의 공동체 안에서 비로소 그 의미를 갖는다. 이때 덕 개념은 정의(define)되는 개념이 아니다. 정의를 통해 주어진 개념을 이해하려는 시도는 덕의 본질을 상정하는 데서 비롯된다. 그러나 덕은 이미 결정되어 있는 본질을 갖는 것이 아니다. 무엇이 덕인가는 상황 속에서 분별되기 때문에 우리는 '덕'이라는 용어가 사용되고 있는 구체적 맥락을 통해 그것이 무엇인지를 파악한다. 제대로 된 사용과 잘못된 사용을 구분해 줄 일반화되고 보편화된 어떤 기준이 선제하지 않는다. 그것은 그 개념을 사용한 판단에 반응하는 공동체에 의존한다. 이런 점에서, 어떤 사회에서 사용되는 덕 개념을 파악할 수 있다는 것은 곧 그 개념이 사용되는 삶의 형식을 파악한다는 의미이다. 그것은 그 삶의 형식을 공감하고 공유한다는 뜻이기도 하다. 왜냐하면, 그 삶의 형식은 그 삶 바깥에서는 결코 원리적으로 설명되거나 이해될 수 없는 것으로서 그 삶 안의 관점에서만이 가늠되는 것이기 때문이다.[19] (덕을 기본으로 하는) 도덕이란 구체적인 삶의 조건이나

플라톤의 주지주의적 전통에서 비롯하는, 정당화를 추구하는 근대 도덕 이론 체계들을 가리킨다. 반면 윤리는, 'ethos'에서 기원하는 'ethics'라는 말 자체가 시사하듯이, 행위자의 성품, 혹은 행위자의 인격의 문제를 중심으로 한다. 이때 행위자는 문화적으로 전통적으로 체화된 존재로 취급한다. '윤리'에서 핵심적 개념은 '덕' 혹은 '성품적 탁월성'이며 그것은 개인적 헌신, 신념, 애착 등을 중요한 고려사항으로 삼는다는 점에서, 도덕성보다 훨씬 포괄적인 개념이다. 그러나 이 논문에서는 이들 개념을 구분하지 않고 통상적 용례에 따라 같은 의미로 사용하였다. B. Williams(1972), *Morality: An Introduction to Ethics*, Harper Trochbooks.

19) John McDowell(1981), "Non-Cognitivism and Rule-Following", *Wittgenstein: To Follow a Rule*, eds., Steven H. Holtzman and Christopher M. Leich, Routledge & Kegan Paul, pp.141-162.

내용들을 추상한 일반 원리로부터 개별적인 상황에 적용되는 것이 아니라, 구체적인 삶의 경험들을 통해 그 경험들 속에서 그 모습을 드러내는 것이다.

'옳음', '그름', '선', '악'을 기본 개념으로 삼는 윤리 이론에서는 그 구분의 기준이나 원리가 무엇인가에 학문적 논의가 집중되는 반면, 덕 개념을 기본으로 하는 윤리 이론들은 어떤 상황적 맥락에서 그 개념들이 사용되는가가 논의의 중심이 된다. 전자가 구체적 상황을 초월한 보편적 맥락에서 발견되는 논리를 발견하고자 하는 반면, 후자는 구체적 맥락과 분리될 수 없는 행위 규범을 파악하려 하는 것이다. 여기에서 개인적인 것과 공적인 것, 삶의 가치와 규범적 정당성은 서로 분리될 수 있는 것이 아니라 상호 구성적 관계이다. 따라서 이들을 이분화하는 경계를 상정하는 것은 무의미하다.

이상의 덕 윤리는 다양한 윤리 개념의 길을 열어놓는 것처럼 보인다. 서로 다른 삶의 경험들과 삶의 전통들이 존재한다는 사실을 고려할 때, 통시간 공간적인 보편적 하나의 도덕 개념만이 진리라는 관념은 분명 거부되어야 할 것이기 때문이다. 이제, 여기에서 윤리의 다원성을 말하는 것은 실제적인 것으로 보인다. 여성들이 공유하는 삶의 형식으로부터 출현하는 여성들만의 독특한 도덕적 지각은 남성들과는 상황을 다르게 읽어낼 수 있을 인정할 수 있다. 그것은 여성이 세상을 이해하고 경험하고 평가하는 관점에서, 즉 여성의 삶의 질서를 공유하는 관점에서 바라보지 않으면 결코 이해될 수 없는 상황파악일 것이다. 여성들 고유의 상황파악은 그 상황에서 무엇이 의미 있는가, 무엇을 해야 하는가에 대한 여성들 특유의 판단에로 인도할 것이다. 이상의 논변은 소위 '여성적인' 활동을 수행하는 삶의 방식을 공유하는 이들이 갖게되는 그들만의 독특한 삶의 이상이나 사유의 방식이 있음을 승인하는 것이다.

실천적 맥락 속에서 그 의미가 밝혀지는 조밀한 개념의 윤리학이 항상 다원적인 윤리를 인정하는 것은 아니다. 아리스토텔레스의 덕 윤리나, 유교의 덕 윤리가 살아야 할 바 삶의 형식의 다원성을 받아들이지 않았듯이, 덕 윤리가 곧바로 윤리의 다원주의와 연결되는 것이 아님은 명백하다. 그러나 세계화 시대라고 말해지는 지금의 사회는 어떤 공동체도 외부와 단절되어 있는 사회가 아니라는 점에서, 전근대적인 일원주의적 덕 윤리로 전개되기는 어려우리라 보인다. 삶의 방식이 다른 타지인들과의 대면이 일상화된 상황에서 덕 윤리의 담론이 일원론적인 덕 윤리의 부활로 인도하기는 사실상 불가능하다고 생각되기 때문이다.

5. 공유하는 이해와 실천적 합리성

끝으로, 조밀한 개념들의 사용 방식에 주목하는 덕 윤리를 전개함에 있어 제기될 비판들을 살펴보자. 중요한 비판은 그것이 비민주적 정치 질서를 합법화할 위험이 있으며, 도덕적 보수주의로 나갈 가능성이 높다는 비판이다.

셰플러는 『인간적인 도덕성』에서 현대 윤리학에 대한 덕 윤리론자들의 비판은 부당한 것이라고 반론한다. 그는 옳음의 근본 원리를 통해 실천적 상황에 접근하려는 원칙중심적 윤리학이 갖는 중요한 두 가지 점을 지적한다. 그가 지적하는 한 가지는 사회적이고 정치적인 삶에서 도덕 원리들의 기능과 관련된 것이다.

"사회 안에서 도덕 원리들에 대해 토론하고 명료화한다는 것은 기존의 권력과 특권의 전체 배치에 대한, 좀더 일반적으로 말해서 기존의 사회제도와 관행들에 대한 도전을 공식화하고 판결하기 위한 하나의 공유하는 거점을 제공한다. 이상적으로, 그것은 모든 이가 이해할 수 있는(access), 그리고 그로부터 아무도 제외되지 않는 공적인 해명의 표준을 제공한다. 아무리 가난하거나, 힘이 없거나 사회적으로 주변적인 사람이라 하더라도, 아무리 영향력과 특권의 중심부에서 멀리 떨어져 있는 사람이라 하더라도, 도덕 원리들을 끌어들임으로써(invoke), 아무리 부자이고 힘있는 사람이라 하더라도 무관함을 주장할 수 없는 도덕 원리의 체계들의 언어로 불만을 표현하거나 문제를 지적할 수 있다."20)

오히려 이런 점을 볼 때, 덕 중심 윤리학이 갖는 사회·정치적인 함축들이 더 위험스럽다는 것이다. 현실 공동체 안에서 체득되는 덕 개념을 기본 개념으로 하는 윤리학은 자칫 구체적인 판단 능력을 갖춘 자들의 판단에 의존하는 엘리트주의로 나가거나 도덕적 판단을 각자에게 일임하는 실천적 지혜의 사물화(privatization)를 초래할 위험이 있다는 것이다.21) 이상의 그의 지적의 타당성을 일면 인정하면서도, 우리는 덕 윤리론자들 역시 여기에 대해 할 말이 있음을 지적해 두어야 할 것이다. 먼저 앞의 비판에 대해서는 셰플러가 덕 중심 윤리학자들이 말하는 실천적 지각, 실천적 합리성이라는 것에 대한 오해를 하고 있다고 말할 수 있다. 덕 윤리에서 언급되는 감각이니 지각은 결코 그

---

20) Samuel Scheffler(1992), *Human Morality*, Oxford University Press, p.12.

21) 같은 책에서 그는 다음과 같이 말한다. "이런 방식으로, 그런 원리들의 공적인 명료화는 도덕적 관점의 자유주의적 특성을 반영하며, 도덕을 사물화하려는 시도들, 즉 도덕적 관념이나 도덕적 진리에 접근할 수 있는 특권을 가졌다고 엘리트들에 의해 주장되는 그 주장이 갖는 비합법성을 폭로한다. 도덕 원리들이 이들 기능을 가질 수 있다는 생각은 합리성에 관한 혼란에 근거해 있지 않다. 그것은 도덕적 사유 안에서의 개인적인 감각, 판단 및 지각의 불가결한 역할들에 대한 전적인 인식과는 어떤 식으로도 양립불가능하다."

들이 의미하는 바 '개인적'인 것도 '주관적'인 것도 아니다. 그것은 삶의 공동체 안에서 시행착오의 과정을 거쳐 획득된 능력으로서 결코 사적인 성격의 것이 아니다. 그것은 성문화될 수는 없지만 공유하는 감각과 판단과 지각 위에서 (원칙 중심 윤리학자들이 제시하는 원칙들이 하는) 기능을 할 수 있다. 어차피 덕 중심 논의에서는 개인과 사회, 주관과 객관의 이분법이 원칙 중심 윤리에서 상정하는 것처럼 그렇게 명백하다고 보지 않는다.

그러나 이상의 논변은 셰플러의 우려에 대처하기에 충분한가?. 그것이 엘리트주의나 실천적 지혜의 사유화에 대한 우려를 불식시키기에는 충분할지 모르나, 덕 윤리가 인습주의적(conventionalism) 윤리관을 대변하는 보수주의 윤리란 비판에 대응하지 못했다고 볼지도 모른다. 인습주의라는 비난에 대해서는 다음과 같이 말할 수 있다.

인습주의란 "사회에 만연해 있는 규범이라면 무엇이든간에 그것에 따르는 행위가 적절한 행위라고 주장"하는 입장이다. 그러나 이 글이 제시한 덕 윤리는, 윤리적 개념을 사용하는 데서 현존하는 사회적 규범들을 무조건적으로 따를 것을 요구하지 않는다. 반대로 사회 구성원들의 진정성을 언어화해 내지 못하는 사회적 질서에 대해 비판할 수 있다. (길리건의 이중 그림의 경우를 상기해 보라.) 따라서, 공유하는 삶의 이해를 덕 윤리가 강조하는 것은 인습주의를 반영하는 것이라기보다, 실천적 합리성의 반개인주의적(anti-individualism) 성격을 반영하는 것으로 해석해야 한다. 개인이 실천적 합리성의 자족적 담지자가 될 수 없음을 말하고 있는 것이다.

실천적 합리성은 행위자가 자신의 태도를 행위를 통해 적합하게 그리고 소통가능하게 표현할 사회적 규범의 맥락을 요구하며, 타인들이 파악할 수 있는 방식으로 그것을 표현할 사회적 규범의 맥락을 요구한다.[22] 한 사회가 그 구성원의 반성적으로 승인된 가치평가들을 적합하게 표현하는 데 요구되는 사회적 규범들을 결하고 있다면, 그런 규범을 제안하고 제도화하는 것 역시 가능하다. 이 가능성이 덕 윤리에서 부정될 이유가 없다. 공유하는 이해의 강조가 그것의 무조건성을 주장하는 것으로 해석되는 것이 잘못이다. 공유하는 이해 위에서 말이 되는 진정성 역시 그 자체 본래적 가치를 갖는다거나 합리적 비판으로부터 완전히 면제된 윤리적 가치를 갖는다고 것도 아니다. 공유하는 이해가 실천적 영역에서의 비판적 사유 능력을 무기력하게 만들 만큼 절대적이지도 결정적이지도 않기 때문이다.[23]

공유하는 이해를 떠나서는 말이 될 수 없는 그런 개념들을 사용하면서도 그 사용의 비일관성이나 의미들간의 비정합성을 문제삼을 수 있다. 공유하는 이해와 비판적 사유의 방법은 길항 관계에 놓이며, 그 관계 속에서 공유하는 이해의 부분들 자체가 변화해 갈 수 있다.[24] 공유하는 이해는 고정되고 확정된 것이 아니라 변화 속에 있는 과정적인 것이기 때문이다.

---

22) "한 행위의 합리성 여부는 행위자가 참여하는 해석 공동체에서 상호주관적으로만 평가될 수 있다. 순수하게 행위자 '나름대로의' 합리적 판단도 없고 어떤 유형의 행위는 언제나 합리적이라고 확정해 놓을 수도 없다. … 합리적 행위란 참여자의 상호주관적인 관점에서 충분한 이유에 의해 뒷받침된 행위이다."(장춘익(2002), 「실천적 합리성은 목적 합리성과 다른 독자적인 지위를 갖는가」, 『철학연구』, 제56집, pp.316-8.)
23) 공유하는 이해 속에서 윤리적 의미들이 구성된다고 보는 입장이, 정합성 비판이나 반성적 평형, 성찰적 자기 비판과 같은 인간의 비판적 사유 능력을 부인한다고 볼 하등의 근거가 없다.
24) 노이라트의 배의 비유를 여기에도 사용할 수 있다. 배의 수선(변화)은 부분적으로(점진적으로) 이루어질 수밖에 없지만, 어느 시점에 이르렀을 때 그 배는 과거 어느 시점의 배와는 전혀 다른 배일 수 있듯이, 공유하는 이해의 변화 역시 같은 식으로 설명할 수 있다.

실천적 영역에서 반성적 비판에 의해 마련된 성긴 개념을 기본으로 하는 규범적 정당화가 더 인습적 부정의를 다루는 데 더 우선적이라는 셰플러의 논의만 하더라도 그렇다. 정당화의 규범만 하더라도, 정당화의 근거 문제가 무한히 제기되는 것이 아니다. 정당화는 더 이상 논증이 불필요한 지점, 즉 공유하는 이해의 지점에서 완성된다. 이것은 정당화가 정확히 우리가 끝내고 싶어하는 곳에서 항상 끝난다고 말하려는 것이 아니다. 정당화되지 못할 것은 아무 것도 없다는 뜻도 역시 아니다. 정당화의 과정에서 요구되는 비판 사고가 사회 변화의 중요한 도구였으며, 정당화 작업은 계속해서 부정의하고 비인간적인 정책들, 관행들, 및 제도들에 대항하는 중요한 압력의 수단이 될 수 있음을 부정하는 것도 아니다.25) 단지, 공유하는 이해와 정당화의 관행이 서로 배타적이지 않음을 주장하는 것이다. 공유하는 이해 없이는 정당화의 실천적 기능은 발휘될 수 없음을 말하는 것이다. 그리하여, 실천적 규범의 정당성은 이상화된 조건에서 도출되는 합의보다 훨씬 느슨한 "공유하는 이해" 위에서 구성된다는 것을 재확인하는 것이다.26)

이밖에도 우리는 우리에게 익숙한 덕 윤리를 더 객관화하기 위해, 다른 탐구의 방법들과 제휴할 필요가 있다. 거기에는 현재 사용되고 있는 개념들의 기원을 밝혀줄 개념사적 연구(최현덕),27) 악의적이고

---

25) cf. Samuel Scheffler(2001), *Boundaries and Allegiances*, Oxford University Press.

26) 그것은 윤리적 상식에 호소하여 그 정당성을 확보하곤 한다. 이때, "공유하는 이해"란 인식적 실재라기보다 실천적 실재이다. 때문에 인식적 차원에서 접근되어야 할 것이 아니라, 오히려 실행으로 접근되어야 할 어떤 것이다. 그것은 맥락적이며, 사회 역사적이며, 인습적이라는 점에서 보편적이라기보다 국지적이다. 이들 국지적인 실행들로 구성(constitute)된다.

27) 최현덕(2001), 「너희가 성평등 담론의 기원을 아느냐」, 『철학과 현실』, 2001 가을호.

자기 기만적 동기가 어떻게 개념의 비정합성을 은폐하고 승인해 왔는지를 밝힘으로써 현재 우리가 공유하는 이해가 얼마나 모순적인 것인가를 드러내줄 계보학적 방법(푸코),[28] 실행가능한 대안을 제공해 줄 다른 문화권의 도덕적 실행들에 대한 인류학적 조사 연구, 여전히 사용되고 있지만 이미 그 개념을 의미 있게 해주던 사회적 조건이 사라져 버렸음을 보여줄 사회이론(맥킨타이어)[29] 등등이 포함될 것이다.[30]

6. 나가는 글

이상의 논의는, 이성이 명령하는 오직 한 가지 가능한 해결책만을 받아들여야 되는 것으로 실천적 문제들을 해석하는 전통적인 합리주의나, 모든 종류의 입장을 개인적인 이익, '취향의 문제', 정치적 권력 등등의 다른 여러 비합리적 요인들로 환원하거나 해소해 버리는 포스트모던 상대주의 둘 다를 피하면서 그 사이에서 전개되었다. 그것은 합의가 중심이 되는 다원주의 윤리를 넘어서면서도, 자신과 다른 입장들과의 대면에서 자신의 입장에 정합한 선택을 할 수 있는 윤리를 모색하기 위한 것이었다.

다원적 가치를 긍정하는 맥락에서 필요한 윤리는 도덕적 갈등을 합리적 해결에 의한 제거의 문제로 보도록 만드는 것보다는, 상대 입장

---

28) cf. 미셸 푸코(1990), 『성의 역사』(1-3권), 나남출판.

29) 알래스데어 맥킨타이어, 이진우 역(1997), 『덕의 상실』, 문예출판사.

30) 다소 다른 맥락에서 이들 방법들을 고려하고 있는 Elizabeth Anderson(1993)은 이밖에도 과학이 인과적 지식과 양립할 수 없는 규범적 편견들을 제거하고, 실현될 수 없는 실천적 이상들이 무엇인가를 밝혀주는 역할을 할 수 있다고 말하고 있다.

의 이해가능성을 부정하지 않으면서 자신의 입장을 견지하도록 해줄 관점을 우선적으로 제안한다. 나와 반대되는 상대방의 입장도 합당할 수 있다는 것을 인정하면서도 나의 입장을 견지시킬 수 있는 능력은 윤리 다원주의가 도덕 행위자에게 요구하는 기본 능력이다. 그것은 갈등을 옳고 그름의 구도에서 파악하는 것이 아니라, 서로가 처지가 다른 데서 비롯되는 차이의 문제로 그 상황을 바라볼 수 있는 능력을 요구한다. 자신과 상대를 객관화해 보는 것은 자신의 입장에 대한 회의주의를 함의한다고 주장되곤 하지만, 그것은 사실이 아니기 때문이다. 그것은 나와 다른 입장에 상대방이 설 수 있다는 것을 받아들이고 그 차이를 인정하는 것이 곧 무조건적으로 그의 입장을 지지한다는 것을 뜻하지 않는다.

갈등을 차이로 보는 관점이, 상대주의에 빠지지 않기 위해서는, 상대와 나에 관한 보다 더 많은 정보와 지식들이 필요하다. 단지 옳고 그름의 판단 문제로 접근하는 데서는 시비를 가려줄 도덕 원칙이나 기준만으로 충분했겠으나, 차이의 관점은 상대와 나의, 진정성과 같은, 실천적 맥락에서 주어지는 근본적 경험들을 의미있게(make sense) 해주는 맥락, 즉 사회, 문화, 역사 등등 삶의 다차원적 맥락들에 대한 다양한 탐구를 필요로 하기 때문이다. 이런 탐구 활동은 상대를 구체적 행위자로 존중하는 그 자체 하나의 실행이며, 동시에 그것이 윤리 다원주의의 가능조건이다. 동시에 이런 접근은 상대의 진정성이 차이의 맥락에서 이해할 만한 가치가 있는지를 가늠해 줄 한계를 가늠케 해줄 것이다.

실제로 우리의 일상적인 삶에서 다른 사람들과 도덕적인 갈등을 빚으며, 우리는 그에 대해 나름대로의 대처를 하고 있는 것이 사실이다. 그 대처는 단지 관계를 악화시키지 않으려는 방편적 수단으로 채택되는 것으로만 볼 수 없는 측면들을 갖는다. 또한 그것은 단지 권력관계로 환원해 설명할 수 없는 부분들 역시 포함한다. 그 부분의 핵심에는 "상대가 나와 같은 인간이며 동시에 나와 다른 구체적 인간"이라는 현대의 삶의 맥락에서 체화된 지각이 들어 있다. 이런 대처를 실천하는 과정에서 자신을 타인의 시각에서 객관화 볼 기회를 갖기도 한다.

차이의 관점에서 우선적으로 필요한 덕목은 풍부한 기지(resource-fulness)와 사태를 새롭게 보려는 창조적 개방성이며,[31] 더불어, 상대의 처지에 공감할 수 있는 감정이입(empathy)의 능력이 될 것이다.[32] 감정이입의 능력은 실천적 영역에서 나와 다른 타인의 태도나 관점을 수용하는 데 관찰자적 관점에서 얻게 되는 지식이나 정보만으로는 부족하기 때문에 중요하다. 타인의 수용은 타인의 태도나 관점을 합리적이게 만드는 맥락들을 파악할 때 비로소 가능해지며, 타자를 그 맥락 속에서 상황화되어 있는 구체적 존재로 인지하고, 그 타자와의 감정이입을 통해 가능해지는 것이다. 그것은 일반화된 타자에 대한 존중을 넘어 구체화된 타자에 대한 존중(care-respect)이다. 필자는 이것을 여성주의 윤리학에서 제시되는 보살핌을 수행하는 데 함양되는 탁월성이라 생각한다. 그 탁월성은 타자를 일반적 관점에서 존중되어야 할 타자로 보는 데서 나아가 한계 지워진 구체적 타자로 관계하는 능력이

---

31) 왕(David Wang)은 풍부한 기지(resourcefulness)와 창조력의 덕목들이 필요하다고 제안하기도 한다. 반대편에 있는 사람들과의 불가피한 관계 훼손을 최소화하면서 자신의 도덕적 입장에 따라 행위할 수 있는 능력에서 뿐만 아니라 자신의 윤리적 체계와 갈등하는 체계가 갖는 어떤 요소를 나의 체계와 융합할 수 있는 능력을 위해서도 기지적인 탁월성과 창조적 탁월성이 필수적이라는 것이다. David B. Wong(1992), "Coping with Moral Conflict and Ambiguity", *Ethics*, 102, July 1992, pp.768-773.

32) cf. Virginia Held(1993), *Feminist Morality*, The University of Chicago Press, etc.

다. 그리고 우리는 이 타자의 구체성을 어린 아이들이 그 안에서 사회화되는, 의존적이고 보살핌의, 공유하고 상호성의, 인간관계들을 상기함으로써 인지할 수 있다.

이런 덕목들은 현실 속에 쟁점이 되고 있는 다양한 문제들, 성 윤리의 문제, 생명의 문제 등등에 대해 다른 이야기들을 가능하게 해줄 수 있을 것이다.[33] 우선 그것은 문제의 관련 당사자들의 다른 목소리를 그들이 처해 있는 서로 다른 맥락 속에서 파악하고자 할 것이기 때문이다. 또한 이들 중 누구의 목소리가 들리지 않는가를 살피고, 그 소리가 들리도록 할 방법에 관심을 가지고 활동할 것이기 때문이다. 그리하여, 적어도 그것은 자율적 선택의 문제라는 이유로 쟁점을 사소화해 버리지도, 본질주의적 생명 철학이나 성 철학에 기반하여 도덕적 시비를 가리고자 시도하지도 않을 것이기 때문이다.

차이를 존중할 줄 아는 이들 능력이 삶의 중심적 가치가 되는 윤리가 가치 다원주의를 중요하게 고려하는 진정한 의미의 다원주의 윤리의 모색이라 보는 것이다. 차이의 윤리학은 서로 다른 맥락에서 보게 되는 것들을 사소화하지 않는 관계의 모색이 필요하며 그 관계는 이들 덕을 필요로 하는 것이다.

"공평성은 기껏해야 도덕적 정당화의 부분적 이상이며, 다른 도덕적 능력과 자원에 의해 보충되어야 할 필요가 있는 것이다. 또한 최악의 경우에는 도달하기 힘든 그래서 완전히 잘못된 방향으로 향하는 이상인 것이다. 공평성을 획득가능한 것으로 여기는 사람들의 논의는 그것이 몰개인적인 관계의 도덕 영역에 제한되는 것인지, 혹은 보살핌의 관계, 가족생활, 젠더 관계에 가지 확장되는 것인지에 따라 그 방향이 달라진다. 그러나 공평한 추론을 하

---

33) Linda LeMoncheck(1997), *Loose Women, Lechrous Men: A Feminist Philosophy of Sex*, Oxford University Press.

는 방법은 종종 인간적으로 불가능한 사고(주관적인 것의 배제, 완전한 지식 등과 같은)를 요구한다. 이는 유한 존재인 인간이 현실 세계의 도덕적 정당화를 이루는 데 필요한, 감정의 공유, 대화 능력과 같은, 다른 도덕적 능력과 자원의 역할을 모호하게 한다."[34)

---

34) Marilyn Friedman(1998), "Impartiality", *A Companion to Feminist Philosophy*, ed., Alison Jagger and Iris Marion Young, Blackwell.

문화다원주의와 보편주의

| 장 은 주 | 영산대 교양학부 |

그 동안 고삐 풀린 망아지처럼 맹렬한 기세로 전 세계를 하나로 묶어내는 것처럼 보였던 '세계화'의 과정이 다른 한편에서는 또한 이 세계의 수많은 사람들에게 풀릴 수 없는 원한의 응어리를 만들어내면서 그 과정에 등을 돌려 담을 쌓게 하는 '국지화'의 과정이기도 했다는 것은 아마도 20세기가 만들어낸 가장 큰 역설 중의 하나일 것이다. 그리고 아마도 지난 9·11 테러는 21세기 역시 그 큰 역설에서 자유로울 수 없다는 것을, 아니 21세기는 어쩌면 바로 그 역설에 의해 지배될지도 모른다는 것을 전 세계인들이 함께 깨닫도록 해준 초유의 트라우마로 기억될 것이다. 그 점을 확인하기 위해서 우리는 그 이후 지금껏 진행되고 있는 '반-테러 전쟁'이라는 이상한 이름의 전쟁만을 떠올려 보면 된다.

그런 혼란스런 테러와 반-테러의 악순환은 어떤 '문화적 홉스주의'의 시나리오에 의해 지배되고 있는 것처럼 보인다. 이에 따르면 이 세계의 모든 문화는 자신과는 다른 모든 문화들과 처절한 생존투쟁의 상태에 존재한다. 그리고 문화들간의 대화나 신뢰는 원칙적으로 불가능할 뿐만 아니라 상대의 의도는 철저하게 베일에 가려져 있기 때문에, 각자는 먼저 상대를 치고 자기 힘을 월등하도록 키우고 그 키운 힘을 굳건히 함으로써만 자신의 '생존'을 보장받을 수 있다. 빈 라덴의 근본주의적 테러리즘이 그런 전제에서 출발할 것이고, 부시가 이끄는 반-테러 전쟁의 기저에 깔려 있는 인식도 크게 달라 보이지 않는다.

'문화다원주의'(Multiculturalism: Cultural Pluralism)는 아마도 그와 같은 문화적 홉스주의의 세계 질서 인식과는 정반대 방향의 세계 질서를 지향하는 하나의 규범적 이상으로 이해될 수 있을 것이다. 여기서는 문화의 다양성과 문화적 차이에 대한 존중과 관용이 출발점이다. 그 이념에 따르면 모든 문화는 저마다의 가치와 나름의 합리성을 지니고 있으며 우리는 그러한 가정 위에서만 다양한 문화들간의 평화로운 공존과 공동의 번영을 기대할 수 있다. 그러한 사정은 세계 전체의 수준에서만 타당한 것이 아니다. 이제 미국과 같은 이민 국가에서 뿐만 아니라 세계화의 효과로서 이민과 이주의 물결로부터 자유로울 수 없는 이 지구상의 거의 모든 국가에서, 그리고 우리와 같은 전통적 단일문화 국가에서도 다양한 문화의 혼재는 이미 돌이킬 수 없는 '사실'이다. 그렇다면 우리는 세계적 수준에서나 일국적 수준 모두에서 그 문화의 다양성을 보호하고 문화적 차이를 존중하고 다른 문화를 관용하는 공존의 틀을 만듦으로써만 제대로 그 사실을 감당해 낼 수 있다는 것이다. 아마도 이런 이념에서 보면 9·11 테러는 이러한 문화다원주의에 의해 인도되는 세계 질서의 필연성과 당위성을 웅변해 주고 있을 뿐이다.

그러나 이 문화다원주의의 규범적 성격과 내용이 언제나 분명한 것만은 아니다. 우리는 아마도 어떤 문화다원주의를 내세우며 예컨대 서양인들에게 개는 '애완동물'이지만 우리 한국 사람들에게는 전통적으로 소나 돼지와 같은 '가축'이며 따라서 개고기를 먹는 일은 '문화적 차이'의 문제이지 문명과 야만의 문제는 아니라고 브리짓 바르도를 힐난할 수 있다.

또 우리는 어떤 문화다원주의의 관점에서 테러리즘이 이슬람의 기본 정신과는 무관하며 오히려 이슬람이야말로 세계에서 가장 관용적인 종교의 하나임을 보여주면서 할리우드 영화 식의 이슬람에 대한 시각을 벗어날 수 있을 것이다. 그러나 우리는 예컨대 '남자는 하늘, 여자는 땅'이라는 성리학적 세계상으로 뒷받침된 우리의 가부장주의를 '문화적 차이'를 들어 옹호하고, 또 중국이 개인의 권리에 앞서 집단의 생존권을 더 우선적인 것으로 본다는 '아시아적 가치'를 내세우며 정치적 이단자들을 고문하고 감금하며 독립을 외치는 소수 민족들을 무자비하게 탄압하는 것을 문화다원주의의 이름으로 방어할 수 있을 것인가? 또 예컨대 에티오피아의 어떤 원칙적 이슬람주의자가 순결한 여인은 쾌락을 즐겨서는 안 된다는 이유로 어린 여아들의 클리토리스를 절단하는 것도 문화다원주의의 이름으로 옹호할 수 있을 것인가? '문화적 차이'와 '문화의 다양성'을 존중하고 관용하자는 이념은 예컨대 이런 유의 문제들에 대해 그것만으로는 결코 분명한 답을 제시해 줄 수 있는 것처럼 보이지는 않는다.1)

---

1) 그래서 굿맨(Gutmann)처럼 '문화다원주의'를 "서로 중요한 방식으로 상호작용하는 많은 문화들이 있는 한 사회나 세계의 상태"라고 그 가치평가에 대해 중립적으로 정의하는 것이, 그래서 문화다원주의는 그 자체로서는 좋을 것도 나쁠 것도 없다고 보는 것이 그에 함축된 많은 논란거리가 될 규범적 문제들을

이런 사정은 우리에게 문화다원주의에 함축된 규범적 요구를 좀더 면밀하게 검토해 볼 것을 요구한다. 문화적 차이와 다양성을 존중하라는 요구가 보편주의적 도덕의 규범적 지평을 떠나려 할 경우 자칫 감당하기 힘든 문화상대주의의 늪에 빠져 차이와 특수성과 개별성의 존중과 인정에 대한 요구가 전제하는 상호주관적 관계의 보편주의적 요구를 놓쳐버릴 우려가 있다는 것이 내 생각이다. 제대로 이해된 문화다원주의의 규범적 요구는 이런 위험한 경향을 따르지 않으면서도 문화적 차이와 다양성을 존중하라는 정당한 요구를 수용할 수 있는 그런 긴장을 감당할 수 있는 방식으로 표현되어야 한다.

나는 우선 문화다원주의의 규범적 지평을 명확하게 하기 위해서 '인정'이라는 규범적 범주의 현실적 맥락을 '문화적 식민주의'의 극복의 문제와 연관지어 간단하게 해명할 것이다(1절). 그러나 나는 또한 그와 같은 과제의 해결을 기치로 내건 '차이의 정치'가 문화적 차이의 존중에 대한 문화상대주의적인 호소에 만족하거나 무턱대고 '보편적 존엄의 정치'의 지반을 떠나려 해서는 결코 필요한 규범적 지반을 확보할 수 없음을 찰스 테일러의 문화다원주의 논의에 대한 비판적 고찰을 통해 보여줄 것이다(2절). 이러한 고찰의 토대 위에서 나는 '인권의 보편주의'와 같이 제대로 차이에 민감한 보편주의만이 문화다원주의에 함축된 규범적 요구를 더 잘, 충분히 그리고 오해의 여지없이 포착해서 담아낼 수 있음을 짧게나마 논증해 보고자 한다(3절).

.

일단 덮어 둘 수 있다는 점에서 더 나은 출발점이 될 수도 있다. 참고: Gutmann, A.(1995), "Das Problem des Multikulturalismus in der politischen Ethik", in: *Deutsche Zeitschrift für Philosophie*, H.2., 272-3쪽.

1. ·

9·11 테러가 우리 모두에게 충격적이었던 것은 단지 그 파괴 정도
의 가공할 극단성 때문만은 아니었다. 우리는 또한 그토록 극단적인
파괴와 무수한 인명의 살상을 자살의 형식으로 이끌어낸 테러리스트들
의 "정체성의 도착"[2]을 확인하면서 놀라지 않을 수 없었다. 그러나 우
리가 그것을 단순한 종교적 광신의 문제로만 접근한다면 곤란할 것이
다. 그 테러리스트들을 그러한 언어도단의 인간성 파괴로 몰고 갔던
것은 또한 그 동안의 미국 중심의 세계질서가 아랍인들에게 심어 놓았
던 역시 형언할 수 없을 절망과 분노이기도 했다는 것 또한 너무도 분
명하다.

우리는 그들의 그 절망과 분노가 아마도 부분적으로는 우리도 공유
하고 있을 어떤 근원적인 인간적-도덕적 경험과 연관되어 있음을 어렵
지 않게 추정할 수 있다. 그들의 깊은 절망과 분노의 바탕에는 무엇보
다도 서구 중심적으로 진행된 제국주의적 세계화와 근대화의 과정에서
그리고 서방 기독교 세력 중심의 세계 질서의 구축 과정에서 이슬람이
라는 주변적 종교를 지닌 약소민족으로서 느껴야 했을 모멸감, 고유한
전통적 삶의 양식과 문화가 부정당하고 무시당하는 데서 오는 분노,
자기-존중의 믿음이 깊이 손상된 데 대한 처절한 아픔, 아마 이런 것들
이 깔려 있었을 것이다. 이런 집단적-심리적인 상처의 깊이와 의미를

---

2) 테일러는 "전체 자기 이해를 강렬한 복수심으로만 가득 채우고 복수가 자신에
게 달렸다는 강렬한 느낌을 갖고 있는" 많은 아랍인들의 자기 이해를 두고 이
렇게 표현했다. Taylor, Ch.(2002), "Tocqueville statt Marx. Über Identität,
Entfremdung und die Konsequenzen des 11. September, Interviewt von H.
Rosa und A. Laitinen", in: *Deutsche Zeitschrift für Philosophie*, H.1, 129쪽.

이해하기 위해서는 우리는 다시 '인정'과 '무시'의 경험이 우리 인간의 도덕적 삶에서 차지하는 근원성을 이해할 수 있어야 한다. 간단하게만 살펴보자.3)

사람들 사이의 상호주관적 관계가 개인의 자기 이해와 관련하여 가지는 의미에서 출발해 보자. 인간의 자기 이해는 상호주관적 관계를 통해서만 가능하다. 어떤 개인의 '나는 누구인가', '나의 인간으로서의 삶의 가치는 어디에 있는가'에 대한 자기 정체성의 확인은 어떤 고립된 개인의 주관적 자기 평가나 환상의 산물이 아니라 적어도 그 핵심에 있어서는 언제나 그가 맺는 구체적인 타인과의 관계 속에서 그 타인과의 상호 지지와 비준과 인정의 경험을 통해 상호주관적으로 이루어진다. 그래서 인간의 '자기 실현'은 그와 같은 방식으로 자기 정체성을 형성시키는 상호주관적 맥락을 떠나서는 불가능하다고 할 수 있다. 개인은 그러한 맥락 속에서만 바로 자신의 삶의 고유한 의미와 가치를 확인받고 그럼으로써 긍정적인 자기 관계를 이루어낼 수 있는 것이다. 이러한 긍정적인 자기 관계를 우리는 '자기-존중'(self-respect)이라고 부를 수 있을 것이고, 그리고 그런 '자기-존중'의 바탕 위에서만 인간은 '존엄한' 존재가 된다고 할 수 있다.4) '자기-존중'은 그 핵심에서 타

---

3) 이에 대한 체계적인 논의는 다음을 참고: 악셀 호네트, 문성훈·이현재 역 (1996), 『인정투쟁』, 동녘.

4) '자기-존중'과 인간의 '존엄성'(dignity)의 관계에 대한 이러한 이해는 마갈릿에게서 얻었다. 마갈릿은 롤즈의 '정의로운 사회'와 대비하여 자신이 추구하는 '품위 있는 사회'(the decent society)를 한 사회의 '제도들'이 그 안에서 살고 있는 사람들을 '모욕'(humiliate)하지 않는 사회라고 규정하는데, 여기서 '모욕한다'는 것은 어떤 사람이 아주 정당한 이유로 자신의 '자기-존중'이 상처를 입었다고 볼 수 있게 하는 모든 제도적·의사소통적 관계들을 지칭하는 말이다. 그런 모욕이 없을 때에만 사람들은 비로소 스스로에 대한 '존엄성'을 확인할 수 있다. 참고: Margalit, A.(1996), *The Decent Society*, N. Glodblum(tr.), Cam./Mass./

인과의 상호 존중 관계의 함수인 것이다.

이런 자기-존중의 요구에 대한 타인의 '인정'은 사회적 관계 속에서 살아갈 수밖에 없는 인간의 삶에서 정말 결정적인 의미를 갖는다. 그것은 단순히 어떤 '예의'의 문제 같은 것이 아니라 사람들의 근원적 필요이고,[5] 말하자면 삶의 '인간적' 가치의 본질과 연관되어 있다. 그것은 우리가 그와 같은 인정의 요구에 대한 거부, 곧 '무시'가 사람들에게 어떤 의미를 가지는지를 돌이켜보면 분명해진다. 인간의 자기 정체성은 처음부터 타인의 도움이나 긍정을 통해 형성된 실천적 자기 관계에 의존하고 있기 때문에, 인정의 거부, 곧 무시는 사람들에게 우리가 '도덕적'이라 부를 수 있는 특별한 방식으로 상처를 입힌다.[6]

무시는 그 본질에서 어떤 사람에 대한 진실을 인정해 주기를 거부하는 것이다.[7] 그것은 누군가를 존중하지 않는다는 것, 곧 그의 존재 또는 그의 상황의 어떤 측면을 모른 체한다는 것을 의미한다. 그와 같은 무시는 한 사람의 중요한 특징에 대해 어떤 상응하는 주의를 가하지 않는다는 것, 또는 그 특징을 적절하게 고려하지 않는다는 것을 의미한다. 다시 말해 그 사람은 마치 그가 그의 참 모습대로가 아닌 것처럼 다루어진다는 것을 의미한다. 그래서 그런 무시는 그의 실재성 자

Lon., Harvard Univ. Press.

5) 참고: Taylor, Ch.(1993), "Die Politik der Anerkennung", in: *Multikultralismus und die Politik der Anerkennung*, Amy Gutmann(Hg.), Frankfurt/M., 15쪽.

6) 이런 상처를 우리는 '도덕적 손상'(Moralische Verletzung)이라고 규정할 수 있을 것이다. '인정'과 연결된 '도덕적 손상'의 경험에 대한 자세한 논의는 참고: 호네트(1996), 222쪽 아래 및 Honneth, A.(2000), *Das Andere der Gerechtigkeit*, Frankfurt/M., 179쪽 아래.

7) 아래의 논의는 참고: Frankfurt, H.(1997), "Equality and Respect", in: *Social Research*, Vol.64, No.1, Spring 1997, 10쪽 아래.

체에 대한 공격으로 경험되고 그의 존재 자체의 거부인 것처럼 나타나는 것이다. 그래서 그런 무시의 경험은 때때로 격렬한 분노나 복수심과 같은 자기 보호 메커니즘을 낳는다. 9·11 테러를 일으켰던 아랍인들의 동기의 바탕에는 바로 이런 집단적 수준에서 겪은 무시의 도덕적 경험이 깔려 있다고 볼 수 있을 것이다.

이런 도덕적 경험이 단순히 특정한 개인이나 집단의 심리적 수준에 국한된 문제가 아님을 분명히 하기 위해 우리는, 호네트가 주목한 것처럼, '무시의 사회적 동학'8)을 좀더 면밀하게 살펴볼 필요가 있다. 그는 사회의 하층민들의 저항행위에 대한 무어(Moore)의 역사적-사회학적 연구를 토대로 일반적으로 하층민들의 사회적인 저항행위의 근저에는 실정적으로 정형화된 도덕 원리가 아니라 그들이 직관적으로 소유하는 정의감이 상처를 입는 경험이 깔려 있음을 확인해 낸다. 그러한 정의감의 규범적인 핵심을 이루는 것은 바로 사람들의 존엄성, 명예 혹은 불가침성의 존중과 연결되어 있는 기대다. 곧 그러한 기대가 '인정'의 방식으로 호응되지 않고 무시되었다는 사회적 경험이 사회의 하층민들로 하여금 사회적 저항에 나서게 하는 직접적인 심리적-규범적 동기라는 것이다.

우리는 노동운동이나 전통적인 사회운동들에서 뿐만 아니라 예컨대 인종차별 철폐운동이나 동성애자들의 인권운동, 여성운동 등에서 참여자들의 규범적 동기를 기본적으로 이와 같은 맥락에서 이해할 수 있을 것이다. 나아가 우리는 다민족 및 다문화 국가들에서 소수민족이나 소수문화의 생존과 자기 주장을 둘러싼 사회적 갈등이나 세계적인 수준에서 문화와 민족 간의 인정투쟁9)에서도 기본적으로 동일한 맥락을

---

8) Honneth(2000), 88쪽 아래. 아래의 논의는 또 호네트(1996) 제3장, 특히 263쪽 아래 참고.

발견할 수 있다. 사회적 집단과 민족 간의 인정과 무시의 사회적 동학은 단순한 집단적-심리적 수준의 문제를 넘어 다양한 차원에서 '사회적 갈등의 도덕적 문법'10) 자체를 규정한다고 할 수 있다.

우리 맥락에서 중요한 것은 그런 사회적 동학이 어떤 근원적인 지배와 억압의 메커니즘과 연결되어 있다는 점이다. 사회적인 지배와 억압은 단순히 어떤 물리적 힘의 강제로서만 이해되어서는 안 된다. 사회적인 지배와 억압은 일반적으로 또한 지배적인 집단이나 민족의 '문화적 제국주의' 또는 '문화적 식민주의'11)의 형식으로 이루어지기도 한다. 그것은 지배집단이나 민족이 자신들의 헤게모니적 문화에 다른 주변적인 문화들을 종속시키면서, 자신들의 문화를 '표준'이나 '규범' 그 자체로 보편화하고 그러한 '표준'과 '규범'에서 벗어나는 모든 가치지평, 사고 및 행동양식을 '이상한 것', '표준적이지 않은 것', '열등한 것', '야만적인 것' 등으로 규정하고, 어떤 때는 아예 '비인간적인 것' 등으로 폄하하고, 무시하고, 경멸하고, 배제시키는 문화 논리와 연결되어 있다. 예컨대 자본주의적인 세계화 과정에서 서양 자본주의의 중심국들은 자신들의 우월한 물질적 지위에 바탕해서 자신들의 자본주의적 가치관과 합리주의, 생산주의적-공리주의적 세계관, 능력 이데올로기, 사회다원주의적 관점 등을 그와 같은 방식으로 주변국들에게 전파하게 된다. 여기서 주변국들의 토착문화는 온갖 경멸과 모욕과 학대를 경험하지 않을 수 없다.

---

9) 참고: Taylor, Ch.(1995), "Nationalismus und Moderne", in: *Transit*, Heft 9.

10) 호네트의 『인정투쟁』(1996)은 이런 부제(Zur moralischen Grammatik sozialer Konflikte)를 달고 있다. 번역어는 나의 것이다.

11) 이 개념에 대해서는 참고: Young, I. M.(1990), *Justice and the Politics of Difference*, Princeton University Press, 58쪽 아래.

그 과정에서 식민화당하는 문화는 그와 같은 헤게모니 문화의 논리를 심지어 내면화하고 그 보편성을 아주 당연한 것으로, '자연적인 것'으로 전제하게 된다. 문화적 식민화는 식민화된 문화의 문화적 '언어' 그 자체를 빼앗아 버린다. 여기서 식민화된 문화는 문화적 타자의 도덕적 언어, 상징, 시각 등을 내면화하면서 자신의 언어, 자신의 상징, 자신의 시각은 배제하고 심지어 저주까지 한다. 문화적 식민주의가 식민화된 문화에 남긴 가장 큰 상처는 그래서 결국 식민화의 희생자들이 스스로에 대해 지니는 자기 혐오다. 그래서 예컨대 가부장주의적 사회에서 여성들의 자기 혐오야말로 가장 큰 성평등의 장애 중의 하나가 되고 흑인들은 인종차별의 극복에 앞서 스스로 내면화한 자신들에 대한 백인들의 경멸적 시선을 극복하지 않으면 안 된다.12)

9·11 테러는 이러한 문화적 식민주의의 문제성이 얼마나 심각한지를 단적으로 보여주었다. 경멸당하기만 했던 문화적 자존심과 부정된 자기 정체성의 위엄을 다시 세우려는 그 자체로 정당해 보이는 노력이 그토록 가공한 결과를 낳을 수도 있었다는 것은 이제 세계적인 수준에서나 한 사실적인 다문화적 국가 안에서나 '문화적 차이'의 문제는 단순히 어떤 '문화주의자'들의 호사적 취미의 문제가 아니라 평화로운 세계 질서의 가능성과 민주적 법치국가의 안녕의 조건 그 자체의 문제임을 분명하게 드러내 주고 있다. 그리고 이제 '세계화'의 과정이 유도해 내고 있는 위기의 본질이 단순히 신종속이론적으로 진단되는 지구적 수준에서의 경제적 불평등의 문제이기만 한 것이 아니라 무엇보다도 우선적으로 짓밟히고 능멸당하고 그 생존을 위협당하고 있는 다양한

---

12) 이런 차원에 대한 자세한 논의는 참고: Lukes, S.(1997), "Humiliation and the Politics of Identity", in: *Social Research*, Spring 1997, 46쪽 아래. 또 Taylor (1993), 14쪽.

문화적 정체성의 문제이기도 함이 분명히 드러났다. 우리는 9·11 테러와 더불어 냉전의 참된 대체물이 무엇인지를 비로소 알게 된 것이다.

이런 맥락에서 우리는 문화다원주의의 규범적 지평을, 아마도 9·11 테러 이후에는 과거보다 훨씬 섬세해지고 주의 깊어진 규범적 감수성을 가지고, 무엇보다도 바로 그와 같은 무시의 사회적 동학과 문화적 식민주의의 극복에 대한 규범적 요구와 연관지어 이해할 수 있을 것이다. 곧, 이런 저런 방식의 문화적-집단적 정체성에 대한 지금까지의 무시의 극복과 차별 없는 인정, 그리고 나아가 바로 '차이의 존중'이 문화다원주의의 규범적 초점인 것이다.

2.

자기-존중의 요구가 상호주관적 관계에서 표현될 때 그러한 요구는 일반적으로 두 가지 방향을 갖는다. 모든 사람은 한편으로는 다름 아니라 <그가 남들과 구분되는 바로 자신인 바에 따라> 타인들이 자기를 존중해 주기를 요구하기도 하지만 다른 한편으로 그는 또한 <다른 모든 사람과 동일한 방식으로> 타인들이 자기를 존중해 주기를 요구하기도 한다. 앞의 경우 존중에 대한 요구는 어떤 사람의 특수성과 고유성에 주목하고 그에 걸맞게 대우해 줄 것을 요구하는 것이고, 뒤의 경우 존중에 대한 요구는 사람들간의 그런 특수성과 고유성이 문제되지 않을 경우 모든 사람을 똑같이 대우해 줄 것을 요구하는 것이다. 앞의 존중에 대한 요구는 그러니까 바로 인간이 상호주관적 관계에서 요구하는 타인들의 자신에 대한 적극적 배려와 관심에 대한 요구이고, 뒤의 요구는 엄격한 상호성과 공평성에 대한 요구라고 이해할 수 있다. 이 두 수준의 요구들은 인간의 상호주관적 관계의 다양한 차원과 맥락에서 표현되면서 그 상호주관적 관계를 규정한다. 큰 틀에서 그리고 '문화다원주의'라는 우리 논의의 맥락과 연관해서만 살펴보자.13)

인간의 자기-존중에 대한 요구는 무엇보다도 우선 모든 인간이 그가 단순히 '인간의 공동체'(the human commonwealth)에 속한다는 사실에 의해서 그 정당성의 근거를 얻는다.14) 사람들은 단지 그가 사람이라는 이유만으로, 그가 사람으로서 다른 모든 사람들과 똑같이 존중받을 수 있는 속성들을 지녔기 때문에, 그 '인간의 공동체'로부터 배제되어서는 안 된다. 모든 개인은 다른 모든 사람과 마찬가지로 동등한 도덕적 지위를 갖는 한 인격체로 인정되어야 한다. 모든 사람을 평등하게 대우해야 한다는 이 규범적 요구는 칸트적 도덕 철학의 전통에서 '보편적 존중'의 개념을 통해 이해되어 왔다.

이런 보편적 존중에 대한 요구는 서양의 근대에서 그 정치적 표현의 정점을 발견한다. 모든 시민들에 대해, 그들의 성(性)과 나이와 재산과 교육과 혈통과 출신이 무엇이든지 상관없이, 평등한 권리를 보장해야 한다는 이 보편주의적 정치의 요구는 서구에서 발생해서 우선적으로 발전했던 근대 민주주의의 가장 기본적인 추진력이었다. 우리의 맥락

---

13) 나는 존중에 대한 요구의 이 두 측면에 대해서는 Frankfurt(1997)로부터 시사를 얻었다. 그는 여기서 '존중'의 요구가 '평등'에 대한 도덕적 요구보다 더 근원적인 도덕적 경험임을 주장하고 있는데, 그러나 나는 그 두 계기를 하나로 묶어 이해해 보고자 한다. 또 호네트는 '사랑'과 '권리'와 '연대성'이라는 인정의 3계기를 구분하여 각각 다른 수준의 도덕적 경험과 규범적 요구를 정리하고 있는데, 나는 우리 맥락의 논의를 위해 사회적 수준에서의 '차이'에 대한 인정의 요구와 '보편적 존중'에 대한 요구 두 계기에만 논의의 초점을 맞춘다. 참고: 호네트(1996), 164쪽 아래 및 Honneth(2000), 171쪽 아래. Margalit(1996)은 또 다른 이론적 틀을 갖고 논의를 진행시킨다. 아래의 논의에서 나는 이 '인정' 및 '존중' 개념을 철학적으로 정식화하려는 다양한 시도들의 세부적인 논점의 차이는 일단 무시하고, 내 방식으로 문제를 정리해 보겠다.

14) 참고: Margalit(1996), 115 아래.

에서만 보자면, 일차적으로 이 보편적 평등의 정치가 일국적 수준에서나 세계적 수준에서나 다양한 차원의 문화다원주의적 요구도 담아낸다. 예컨대 인종차별의 종식에 대한 요구는 모든 사람의 사람으로서의 보편적 평등에 대한 이념이 바탕에 놓이지 않고는 결코 생각할 수 없을 것이고, 각 민족의 자결권에 대한 국제적 인정과 민족간의 형식적 평등에 대한 요구 또한 그와 같은 보편주의적 정치의 성과라고 할 수 있을 것이다.

그러나 또한 인간은 언제나 구체적인 인간으로서만 존엄하다. 그리고 인간은 바로 그 구체적인 존재로서 별남과 다름을 존중받고 싶어한다. 무엇보다도 우리의 맥락에서 중요한 문제와 연관지어 살펴보자면, 예컨대 사람들은 자기가 원하지는 않았을지라도 그냥 귀속하게 되는 집단들, 그러니까 종교나 민족 등에 따라 귀속하게 되는 '포괄집단' (encompassing groups)에 의해 가지게 되는 그런 속성의 별남과 차이가 존중받을 수 있을 때에만 스스로에 대한 존중을 발전시킬 수 있다.15) 왜냐하면 사람들은 그런 집단에 속함으로써만 사람이 되기 때문에 그와 같은 존중에 대한 거부는 어느 특정 집단의 사람들의 인간성 자체의 거부를 의미할 것이기 때문이다. 사람은 모두 특정하고 구체적인 민족의 일원으로서만, 예컨대 한 사람의 한국인이든지 아니면 미국인이든지 함으로써만 사람이기 때문에, 그의 '사람임'에 대한 존중은 바로 '한국인' 혹은 '미국인'으로서의 존중에 대한 요구로서 직접적으로 표현된다. 예컨대 우리나라에서도 다양한 맥락에서 표현되는 '우리 것'이나 '전통'이나 '민족'에 대한 존중의 요구는 바로 이런 맥락에서 이해될 수 있을 것이다.

---

15) 참고: Margalit(1996), 277 아래.

이러한 맥락의 '차이의 존중'에 대한 요구는 앞의 보편적 존중에 대한 요구와는 다른 규범적 초점을 갖고 있는 것처럼 보인다. 보편적 존중에 대한 요구가 모든 사람들에게 보편적으로 동일한 측면에 초점을 맞추고 있다면 차이를 인정하라는 이 요구는 우리들 모두가 남들과 구분되는 바로 그 특별함에 초점을 맞추고 있는 것처럼 보이는 것이다. 이러한 규범적 요구는 흔히 '차이의 정치'(politics of difference)라고 불리는, 보편주의적 정치와는 또 다른 '인정의 정치'(politics of recognition)[16]의 논리를 발전시켰다. 그 초점은 여성이든 흑인이든 소수민족이든 동성애자든 모든 사람이 공유하지 않는 어떤 특별한 속성을 소유한 사람들에게 그들만의 차이와 특수성을 존중하고 인정하라는 것이다.

이 '차이의 정치'가 어떠한 종류의 차이에 대한 무시도 거부한다는 점에서 그것은 일종의 보편주의적 정치의 완성으로 이해될 수도 있을 것이다. 그러나 찰스 테일러에 따르면, 보편적 평등의 요구가 일단 인정과 차이의 정치 논리의 문을 열고 난 뒤에는 두 정치 논리는 더 이상 쉽게 동화되기 힘든 갈래 길을 갈 수밖에 없다.[17] 왜냐하면 후자의 정치 논리는 바로 보편적으로 공유되지 않는 어떤 것을 인정하고 존중할 것을 요구하기 때문이다. 다시 말해 보편적 존엄성의 정치가 시민들간의 차이를 무시하면서 시민들에 대한 대우의 비차별적 형식을 위해 투쟁을 한다면, 차이의 정치는 차별 철폐를 위해서는 오히려 차이를 차등적 대우의 기초로 삼아야 한다는 요구를 내세우며 투쟁을 한다는 것이다.[18] 그러나 두 정치 논리와 그 각각의 규범적 지평을 이처럼

---

16) 참고: Taylor(1993).
17) 참고: 같은 글, 29쪽.
18) 참고: 같은 글, 30쪽. 예를 들어 여남평등의 이념이 형식적인 헌법적 지위의 평

구분되고 대립적인 것으로 보아야 하는지는 의심스럽다.

테일러에 따르면 모든 인간이 평등하게 존중받아야 한다는 생각에 기초해 있는 평등한 존엄성의 정치는 모든 인간이 가지고 있다고 가정된 보편적 잠재력에 주목한다.[19] 차이의 정치도 마찬가지로 고유한 개인적 및 문화적 정체성을 형성할 잠재력을 존중하라는 요구에서 출발하기는 한다. 그러나 그에 따르면 최소한 상호문화적 맥락에서는 더 강력한 요구가 등장하는데, 그것은 단순한 잠재력의 인정에 그치지 않고 그 잠재력의 실현태일 현실적으로 존재하는 모든 문화들을 동등하게 존중하고 또한 그 가치를 동등하게 평가해야 한다는 것이다. 예컨대 백인 주류 문화는 문화적 오만에 가득 차 주변 문화들이 자신의 수준에 이르지 못했기 때문에 제대로 평가를 할 수 없다고 보지만, 어떤 주변 문화도 그 자체의 가치를, 그것도 백인 주류 문화에 못지 않은 가치를 지닌다는 점이 인정될 수 있어야 한다.

테일러는 이런 근본적 차이의 정치를 '진정성'(authencity)의 개념을 통해 설명한다. 그에 따르면 보편적 존엄의 정치가 "각자가 스스로 좋은 삶에 관한 견해를 발전시킬 수 있는 권리"와 연관된 칸트적 '자율' 이념에 집착하는 반면,[20] 차이의 정치는 모든 개인이 독특한 정체성을 가져야만 하고 그럼으로써 "자신에게 참된", 곧 자신의 본성에 맞는 자기만의 인간적 삶의 방식을 추구해야 한다는 루소적 '진정성'의 이념

등에 머물 수 없다는 것은 분명하다. 예컨대 출산을 한다거나 월경을 할 수밖에 없는 여성이 지닌 성적 차이에 대한 배려 없이, 다시 말해 그런 '여성성'이 여성의 사회적 성취의 장애가 되지 않도록 배려하는 제도적 장치들(예컨대 유급 출산 휴가나 사회적 육아 체계 등) 없이 여남평등의 사실적 성취를 추구할 수는 없을 것이다.

19) 아래의 논의는 같은 글, 32쪽 아래 참고.
20) 참고: 같은 글, 50쪽.

과 연관되어 있다.[21]

이런 이념에서 볼 때 보편적 존엄의 정치가 문제적인 것은 그 정치가 무엇보다도 사람들을 그들의 차이를 무시하는 방식으로 다룬다는 것이다. 그 정치는 예컨대 사람들을 평등하게 대한다는 '절차주의'적 이념에 충실하기 위해 사회 전체로서는 어떤 삶이 좋은 삶인가의 문제에 대해 어떤 실체적 관점도 설정해서는 안 된다는 데에서 출발한다. 그러나 테일러에 따르면 이런 출발점은 개인이나 개별 집단의 진정성을 존중하라는 규범적 요구를 충분히 담아낼 수 없다. 왜냐하면 절차주의는 중립성에 대한 요구 때문에 다양한 개인적·집단적 가치에 대해 무차별적이어야 하기 때문이다.

그런 요구를 제대로 담아내려면 한 사회는 '좋은 삶'에 대한 특정한 정의(定意)에 따라 조직될 수 있어야 한다.[22] 그리고 그렇게 설정된 '공동선'이 공통으로 추구될 수밖에 없다면, 그것이 보편적 정치의 대상이 되는 것도 당연하다. 물론 여기서 그 정의를 공유하지 않는 사람들을 무시하지 않는 것이 중요하다. 그러나 그들의 기본권을 적절히 보장하고 다양성을 존중할 수 있기만 하다면, 뚜렷한 집단적 목표를 설정하는 사회도 충분히 자유주의적일 수 있다. 그러나 모든 종류의 차이에 냉담하고, 집합적 목표를 수상히 여기는 보편적 존엄의 정치는 문화적 소수자들의 강력한 열망, 곧 '존속'(survival)의 열망에 대해서 결코 응답할 수 없다. 그것은 진정성의 요구에 위배되는 것이다.

테일러가 여기서 궁극적으로 옹호하고자 하는 것은 모든 문화에는 비록 그 안에 버려야 할 것이 있다 할지라도 우리가 놀라워하고 존중

---

21) 이 개념에 대한 자세한 논의는 참고: 같은 글, 17쪽 아래.
22) 아래의 논의는 참고: 같은 글, 52쪽 아래.

해야 할 어떤 것이 들어 있다[23]는 문화다원주의적 직관이다. 그에 따르면 모든 종류의 차이를 무시함으로써 공평하고 중립적인 다문화의 공존의 토대를 제공할 수 있다고 믿는 절차주의적 자유주의의 정의관 역시 특정한 문화적·종교적 스펙트럼의 정치적 표현일 뿐이다. "자유주의 또한 하나의 전투적 세계해석이다."[24] 그리고 차이를 무시하고자 하는 보편적 존엄의 정치는 차이에 대해 중립적인 것이 아니라 오히려 어떤 헤게모니 문화의 반영으로서 "보편성으로 가장한 특수주의"[25]일 뿐이다. 그러나 테일러에 따르면 우리는 이제 모든 인간 문화는, 그것이 어떤 사회의 삶을 오랫동안 지배해 왔던 한에서, 모든 사람에게 무언가 중요한 것을 말해 줄 수 있다는 가정을 받아들일 필요가 있다. 그리고 그런 가정에서 출발하여 자기만을 기준으로 하는 것이 아니라 자기도 변화하는 가운데 남을 받아들이는 가다머적인 지평융합적 문화소통[26]을 추구해야 한다.

여기서 테일러가 예컨대 캐나다 퀘벡주의 분리독립 운동 등에서 보이는 바와 같은 강한 '차이의 정치'의 논리 전체를 정당하다고 보는지

---

23) 참고: 같은 글, 70쪽.
24) 같은 글, 57쪽.
25) 같은 글, 35쪽.
26) 테일러는 다른 곳에서는 롤즈의 '중첩적 합의'(overlapping consensus) 개념을 통해 이런 문화소통의 가능성을 타진한다. "즉 서로 다른 집단, 국가, 종교 공동체, 문명들은 신학, 형이상학, 인권 등에 대해 서로 양립할 수 없는 근본적인 한계를 갖지만, 인간 행동에 적용되어야 하는 규범에 대해서는 합의가 가능"하다는 것이다. 여기서 중요한 것은, 그런 규범(예컨대 인권)의 합의에도 불구하고 "그런 규범이 왜 옳은지에 대해서는 서로 의견을 달리할 수 있다"는 것이다. 참고: 찰스 테일러(1996), 「인권에 대한 비강제적 합의의 조건」, 『계간 사상』, 사회과학원, 1996 겨울호, 인용은 57쪽. '중첩적 합의'라는 역어는 내가 따로 채용한 것이다.

는 분명하지 않다.27) 그러나 어쨌든 최소한 매우 우호적으로 테일러가 재정식화해서 보여주는 강한 문화다원주의적 차이의 정치는, 비록 우리가 문화적 소수자 및 주변 문화에 대한 차이에 민감한 시각에서 비롯된 규범적 직관을 공유할 수 있을 것 같음에도 불구하고,28) 결코 논란에서 자유로울 수 없는 전제와 시각을 함축하고 있다. 핵심적인 몇 가지만 살펴보자.

1) 아무래도 우선적으로 따져보아야 할 문제는 보편적 존엄의 정치가 정말 그렇게 차이를 무시하고 차이에 냉담한가 하는 것이다. 테일러 자신의 이해대로라도 "각자가 스스로 좋은 삶에 관한 견해를 발전시킬 수 있는 권리"인 자율 개념에 기초한다는 보편적 존엄성의 정치

---

27) 그는 위에서 언급한 최근의 인터뷰에서 문화다원주의에 대한 자신의 정식화에 대한 비판을 의식해서인지 자신의 의도는 현대에서 왜 인정의 문제가 그렇게 중요한 것이 되었는가를 설명하려는 것이었지 어떤 규범적 모델을 제시하는 것이 아니었다고 한걸음 물러서는 듯이 보인다. 참고: Taylor(2002), 134쪽. 그러나 그의 애초의 글은 명백히 자신의 규범적 선호를 내비치고 있다. 예컨대 위의 글, 56쪽. 여기서 그는 집합적 목표를 추구하는 자유주의 모델을 자신이 선호한다고 표현하고 있다.

28) 예컨대 문성원은 테일러의 '인정' 개념이 "자기에서 출발하는 '보편성'의 테두리를 벗어나 '차이'를 적극적으로" 받아들인다는 점에서 그것을 높이 평가한다. 그에 따르면 테일러의 '인정' 개념은 "차이를 권리라는 (자유주의적인) 틀로 수용하는" 칸트적 '환대' 개념이나 "(역시 자유주의적인) 인권의 보편화를 통해 이 차이를 무화하고자 하는" 하버마스에 비해 "차이를 자유주의의 틀을 벗어난 타자의 자리와 함께 인정"한다는 점에서 칸트나 하버마스에 비해 훨씬 우월한 규범적 요구를 담고 있다. 참고: 문성원(2000), 『배제의 배제와 환대』, 동녘, 인용은 119쪽. 일일이 지적하기 힘들 정도의 하버마스나 인권 개념에 대한 혼란스런 곡해에도 불구하고, 그의 이런 인식은 테일러 자신의 의도는 충분히 잘 담아내고 있는 것 같다. 그의 하버마스나 인권 개념에 대한 곡해에 대해서는 아래에서 간접적인 방식으로나마 지적될 것이다.

는 결코 '차이의 획일화' 같은 것을 의미할 수 없다. 보편적 존엄성의 정치가 추구하는 '평등주의'는 '획일주의'가 아니며, 그것의 핵심은 오히려 모든 사람들이 각자가 스스로 자기만의 고유한 좋은 삶의 이해를 발전시킬 수 있는 권리에 있다. 여기서 각자는 바로 그 특별함을, 아니 바로 그 특별함 때문에 다른 사람들로부터 존중받을 권리를 지닌다.

보편적 존엄성의 정치가 따르는 보편주의가 무차별적인 획일화와 평균화를 추구한다는 식의 오해는 또한 포스트-모던 진영에서도 종종 제시되곤 하지만, 그런 오해는 제대로 이해된 보편주의의 화살의 과녁을 전혀 잘못 포착하고 있다. 모든 개인에 대한 평등한 존중의 이념은 사람마다 다 똑같은 것에 대해서가 아니라 타인의 인격, 곧 타인의 다름을 두고 적용되는 것이다.[29] 여기서 보편주의의 핵심은 결국 모든 다른 사람을 "우리 중의 한 사람"으로, 그것도 그 보편적 지향 때문에 언제나 어떤 폐쇄적 실체화에도 저항하여 그 경계를 넓히도록 압력을 받을 수밖에 없는 그런 우리 중의 한 사람으로 받아들이자는 것이다. 그런 한에서 보편주의의 구성적 원리는 어떤 실체적 보편성의 획일적 확대라기보다는 오히려 모든 차별과 고통을 없애고 모든 주변인을 상호고려의 틀 안으로 포용할 수 있어야 한다는 소극적 이념일 뿐이라고 할 수 있다.[30]

---

29) 아래의 논의는 참고: Habermas, J.(1996), *Die Einbeziehung des Anderen*, Frankfurt/M., 7쪽, 황태연 역(2000), 『이질성의 포용』, 나남출판.

30) 문성원(2000)이 "보편성 이념의 부정적 형식"으로 이해된 보편성이라고 보는 '배제의 배제'(87쪽)는 정확히 이런 것 이상의 것일 수 없을 것이다. 그러나 그는 놀랍게도 애써 그것을 인권 이념의 보편성과 다른 것으로 설명하고 있다. 아마도 그는 인권 이념의 발생적 맥락에 대한 지나친 본질주의적 이해를 떨쳐버리지 못하고 있는 듯하다(참고: 10쪽, 특히 각주3). 그러나 그런 식의 본질주의적 이해는 그가 다른 문제들과 관련해서라면 애써 무페 등의 논의를 빌어 비판했을 것이다. 참고: 81쪽 아래.

2) 같은 맥락에서 절차주의가 한 사회에서 구체적이고 특별한 좋은 삶의 다양한 이해 방식들에 대해서 거리를 두는 것은 다양한 사람들과 집단들의 특별함과 고유함을 무시하기 위해서가 아니라 특별하고 고유한 것들이 너무 많기 때문에 그 다양한 것들을 모두 평등하게 존중하기 위해서임을 확인해 두는 것도 중요하다. 전체로서의 공존의 틀이 다양한 세계상들과 가치관들에 대해 중립적이어야 한다는 이념이 특수성과 차이를 그 자체로 무시하는 것으로 받아들여지는 것은 곤란하다. 초점은 오히려 사회질서가 어떤 특정한 특수성과 차이에 대해 더 우호적이라든가 그것들을 더 선호해서는 안 된다는 **차별의 거부**이지 특수성과 차이 일반에 냉담해도 좋다는 이야기가 아니다. 그런 방식의 이해는 절차주의의 평등주의의 이념에 대한 오해다.

물론 테일러 자신이 지적하는 것처럼 어느 자유주의 사회도 완벽하게 다양한 세계상들에 대해 중립적이지 않다. 아마 쉽게 그럴 수도 없을 것이다. 그러나 바로 그런 이유 때문에라도 하나의 <목표>로 설정된 절차주의는 현존의 사회관계를 비판하고 차이가 무시되는 현실을 고발하기 위해 아주 절실하게 필요하다. 그리고 자유주의적 절차주의가 "하나의 전투적 세계해석"으로서 그 자체로 결코 중립적이지 못한 것도 사실이다. 그러나 그 비중립성은 "다원주의의 사실"이라는 조건 자체를 담아내겠다는, 말하자면 다양성을 위한 비중립성이지 테일러가 암시하듯 차이의 억압과 배제를 위한 비중립성이 아니다. 그 비중립성의 실체는 "모든 개인(개별자)의 이해관계나 차이 등에 대한 평등한 존중"일 뿐이다.

3) 테일러는 물론 자신도 부분적으로는 인정하는 듯이 보이는 그런 보편적 존엄의 정치와 "유기적으로 연결된"[31] '차이의 정치'를 **넘어서**

는 규범적 요구를 담아내고자 한다고 응수할지 모른다. 사실 그의 참된 의도는 여기에 있는 것처럼 보인다. 그에 따르면 '차이의 정치'는 모든 개별자의 보편적 잠재력에 대한 인정을 넘어설 것을 요구한다. 왜냐하면 단순한 잠재력의 인정만으로는 "너는 잠재적으로는 우리와 동등한 가치를 가졌는지는 몰라도 그것을 충분히 실현하지는 못했고 그래서 우리는 너를 충분히 인정할 수 없다"는 식의 태도가 나올 수도 있기 때문이다. 그래서 그러한 잠재력의 발현으로 이해되는 다양한 문화의 사실적인 성취 그 자체의 가치에 대한 유보 없는 인정이 요구된다는 것이다. 물론 테일러는 그것을 어떤 선험적인 차원에서 주장할 수는 없고 단지 하나의 가설적인 추정(presumption)이라고 내세우지만, 우리가 어떤 이유로 그런 추정을 받아들여야 할지를 따져보면 그것이 보편적 존중의 정치의 전제와 얼마나 다를지 의심스럽다.

테일러 자신이 분명히 하고 있듯이[32] 그렇게 우리의 모든 사실적인 독특함이 평가를 받아야 하는 이유가 '설익은 신-니체주의 이론들'이 주장하는 것처럼 모든 가치평가가 주관적이기 때문이라고 할 수는 없다. 모든 가치판단이 궁극적으로 권력구조에 의해 부과된 특정한 기준들에 기초해 있다고 보는 이런 푸코-데리다 류의 입장은 결국, 테일러 자신의 표현대로, 문제를 '존중'에 관한 것이 아니라 '편들기'에 관한 것으로 바꾸어 버린다. 그러나 그렇게 되면 결국 인정의 정치의 진짜 추동력은 사라지고 말 것이다. 그리고 그와 같은 주관주의적 상대주의의 입장에 따르면 모든 문화적·윤리적 가치판단의 근거가 주관적인 것일 것이기 때문에 윤리적 가치평가라는 것 자체가 도대체 의미 없게

---

31) Taylor(1993), 29쪽.
32) 아래의 논의는 참고: 같은 글, 67쪽 아래.

될 것이다.[33]

그러나 이런 주관주의적 상대주의가 아니라면 우리는 어떻게 모든 문화의 평등한 가치를 추정할 수 있을까? 우리가 모든 주장된 가치를 무비판적으로 긍정한다는 것은 결국 맥락초월적인 가치평가의 기준을 부정하는 주관주의에 빠진다는 것을 의미한다. 그러나 그렇다고 우리는 이 세상에 존재하는 수많은 가치관들이나 세계상들에 대해 그 모두를 초월해서 그것들의 가치를 평가할 수 있게끔 해주는 어떤 잣대를 가지고 있지도 못하다. 이런 상황에서 우리는 개인의 '자율'에 대한 존중의 요구야말로 문화적 다양성에 대한 존중의 요구를 정당화해 줄 가장 좋은 출발점이 될 수 있음을 놓쳐서는 안 된다. 왜 우리는 다양한 문화적 차이를 존중해야 하는가? 그것은 모든 사람은 자신만의 가치관과 세계상을 추구하고 발전시킬 권리를 인정받아야 하기 때문이다. 바로 그렇기 때문에 모든 사람은 자신의 정체성을 형성하는 틀이 되는 삶의 연관, 곧 자기가 속한 고유의 문화에 대해 동등한 존중을 요구할 수 있는 것이다. 그렇다면 개인의 자율에 대한 존중에서 출발해서만 테일러가 주장하는 바와 같은 모든 사실적인 문화적 성취의 가치에 대한 추정도 정당화될 수 있을 것 같다.[34]

4) 문화의 경우 다양성이 언제나 그 자체로 선은 아니다. 우리는 예컨대 사람의 목숨을 제물로 바치는 문화나 극단적 자기 부정을 선이라고 보는 문화를 다양성의 이름으로 옹호할 수는 없을 것이다. 그래서

---

33) 이 논점에 대한 자세한 논의에 대해서는 참고: Cooke M.(1997), "Authenticity and Autonomy: Taylor, Habermas, and the Politics of Recognition", in: *Political Theory*, Vol.25, No.2, April 1997, 262 아래.

34) 이 논점에 대해서는 참고: 같은 글, 266 아래.

하버마스의 지적처럼 생태학적인 '종의 보호'를 문화에 전이하는 것은 정당하지 않다.35) 어떤 문화가 그것이 단지 일정 기간 동안 힘을 갖고 존재한다는 사실만으로 가치가 있고 그래서 또 보호되어야 한다는 전제는 정당화될 수 없다. 이슬람의 여성 할례는 수천 년 동안 유지되어 왔었고 야만적인 호주제 또한 '상당한 기간 동안' 실천되어 왔다.

과거에도 그랬지만 오늘날처럼 문화들간의 교류가 활발한 이때, 어떤 특정한 상대적으로 구획 지워진 '문화'는 단지 자기 변형의 힘을 발휘함으로써만 보존될 수 있다. 다시 말해 그 성원들 스스로에 의해서 그 문화가 다른 문화들에 비추어서도 가치가 있음이 확신되고 만약 부족하다면 그런 확신을 얻을 수 있게끔 자기 변형을 끊임없이 이루어냄으로써만 보존될 수 있다. '문화다원주의'는 이런 맥락에서 그런 자기 변형의 기회를 보장한다는 것을 의미할 뿐이며, 각 문화의 성원들 모두에게 자기 문화에 대한 비판적 거리두기의 가능성을 보장하는 전제 위에서만 법적으로 표현될 수 있다. 왜냐하면 모든 문화에 대해 무조건 그 생존을 보장한다는 것은 그 "성원들에게 바로 예/아니오를 말할 수 있는 자유를 빼앗는 것이다."36) 그러한 자유의 보장, 곧 각 성원들의 인권에 대한 제약 없는 보장과 같은 전제 없이는 문화다원주의는 문화적 다양성에 대한 존중을 이유로 상대적으로 폐쇄된 문화 영역 안에서 문화적 폭력을 정당화하는 결과만 빚을 것이다.37)

---

35) Habermas, J.(1993), "Anerkennungskämpfe im demokratischen Rechtsstatt", in: Taylor(1993), 173쪽. 이 글은 이제 Habermas(1996)에도 실려 있다.
36) 같은 글, 174쪽.
37) 이 점에 대해서는 김광억도 강조하고 있다. 참고: 김광억(1998), 「다문화주의의 시각」, 한상진 편, 『현대사회와 인권』, 나남출판, 83쪽.

3.

'문화적 차이'의 존중에 대한 요구는 오늘날과 같은 세계화의 시대에 주변적이고 약소한 문화의 관점에서는 너무도 절실한 요구이다. 어떤 편에서 보면 '문화적 차이'는 시장 확대의 장애 정도로만 여겨질지는 몰라도 다른 대다수의 편에서는 절박한 '생존'의 문제다. 이런 상황에서 시장만 개방되면 문화적 차이는 아무래도 좋으며 문화의 다양성이 문제가 아니라 상품으로서 경쟁력 있는 문화가 문제라는 식의 서구 주류의 말하자면 '레쎄 페어 문화다원주의'는 문화적 약자들에게는 눈 가리고 아웅 하는 이상의 것일 수 없다. 아마도 찰스 테일러 식의 문화다원주의 논의는 그런 서구 주류의 시각에 대한 반성의 촉구로서 읽힐 수 있을지 모른다.

그러나 문화적 약자의 처지에서라도 무턱대고 문화적 차이를 방어적이고 무차별적으로 옹호하고 나설 수는 없는 사정이 있다. 그것은 그런 식의 옹호가 문화적 약자의 문화적 자기 주장의 요구가 사실은 매우 복잡하고 다층적인 요구임을 무시할 우려가 있기 때문이다. 문화적 약자인 '우리'는 서구 중심주의자들과 그 추종자들에 대해 우리의 문화적 차이를 존중하라고 요구한다. 그러나 그 '우리'는 누구인가? '우리'의 어떤 측면을 왜 존중해 달라는 것인가?

여기서 우리가 결코 놓쳐서는 안 되는 사정은 오늘날의 조건에서 모든 문화는 이미 어떤 방식으로든 그 자체로 다문화적이라는 사실이다. 순수하게 고립된 폐쇄적 문화는 <상상>일 뿐이다. 때문에 예컨대 단수로 설정된 '한국 문화'에 대해 이야기하는 것은 매우 복잡한 해석학적 과정을 거치더라도 거의 불가능하다. 어떤 방식의 이해에 대해서도 항상 일정한 해석적 잉여가 존재하지 않을 수 없다. 덧붙여 세대간의 갈등, 지역간의 갈등, 종교간의 갈등, 문화적 지향 사이의 갈등, 성윤리의 갈등 등을 생각해 보면 무턱대고 '문화의 단일성'을 주장하는 것은 매우 무모하기 짝이 없는 일이 될 것이다. 그런 의미에서 '한국 문화'의 정체성은 이미 그 자체로 다문화적이라고 해야 옳다.[38] 그리고 그런 한에서 오늘날 사람들은, 그들이 상대적으로 고립된 문화 단위의 성원들일지라도, 대부분 이미 그 자체로 다문화적 정체성을 지니고 있다. 우리는 '한국인'으로서도 언제나 다문화적 정체성을 지니고 있다.

이런 조건에서는 말하자면 어떤 '해석학적 민주주의'가 보장되지 않으면 그 어떤 공동선의 설정도 문화적 자기 주장도 '우리'에 대한 이야기도 정당할 수 없다. '우리'의 문화적 정체성의 원천은 매우 다양하고 복잡할 뿐만 아니라 또한 그 해석가능성도 마찬가지다. 이런 상황에서 단수의 '우리'나 '우리의 문화' 등을 이야기하는 것이 정당하기 위해서는 보편적인 해석학적 정의에 의해서만 비로소 보장될 정당한 절차가 확보되지 않으면 안 된다. 그것은 곧 모든 문화 주체의 평등한 자유를 보장하고, '우리'나 '우리의 문화'를 이야기하기 위한 공동의 해석학적 기획에 모두가 동등한 권리를 갖고 참여하는 것을 보장하는 것 이상의 것이 아니다. 만약 누군가가 그런 전제의 확보 없이 통일적인 '우리'와 '우리의 문화'를 이야기한다면, 그때의 '우리'는 어떤 헤게모니 집단의 '우리'일 뿐이지 모든 성원을 포괄하는 '우리'가 아닐 것이다. 예컨대 '호주제'를 '우리'의 미풍양속이라고 이야기할 때 그 '우리'는 남성 가부장주의자들의 목소리에 실린 '우리'일 뿐이다. 바로 이 지점에서 우리

---

38) 불법체류 외국인 노동자들이나 조선족 동포를 둘러싼 문제들은 '우리'의 단일성에 대한 주장이 얼마나 야만적일 수 있는지를 잘 보여주고 있고, 예를 들어 '단군상'을 둘러싼 갈등은 이미 우리의 집합적-윤리적 자기 이해의 단일성의 균열이 매우 심각함을 보여주고 있다.

는 왜 '인권'과 같은 보편주의적 요소가 '문화적 차이'의 존중에 대한 요구의 정당성을 위한 필연적 전제가 될 수밖에 없는지를 이해할 수 있다.[39]

'인권'의 규범적 요구를 개인주의적인 서구적-자유주의적 문화의 산물로만 규정하고 그 이념을 낯설어하는 다른 문화들도 그 자체로 존중해야 한다고 요구하는 것은 언뜻 비서구적이고 주변적인 문화들을 존중하는 태도에서 나온 것처럼 보일지는 모른다. 그러나 조금만 따져보면 우리는 그런 요구가 오히려 비서구적인 문화들을 모욕하는 것일 수도 있음을 놓쳐서는 안 된다. 그것은 마치 서양 문화는 '합리주의'에 기초해 있고 동양 문화는 그와는 반대로 '비합리주의적'이니까 '탈식민'을 하기 위해서는 비합리주의적인 동양 문화의 가치를 새롭게 조명하자는 식의 인식이 마치 동양 문화에는 합리주의적 전통이 없다는 것처럼, 앞으로 동양 문화는 합리적이지 않아도 된다는 것처럼 이해되어 오히려 동양 문화를 능멸할 수도 있는 것과 마찬가지다. 비서구 문화에는 계급차별이나 성차별이 운명적으로 본질적인 것이란 말인가? '우리'는 서구 사람들에게 기껏해야 '우리'의 가부장제 문화를 존중해 달라고 요구할 것인가?

여기서 인권 이념의 보편성에 대한 주장이 단순히 어떤 서구적 보편성의 무비판적 수용의 차원에서 이해되어서는 곤란하다. 오히려 그 주장은 어떤 문화든 계급차별이나 성차별 등을 더 이상 무턱대고 전통의 이름으로 자기 문화에 본질적인 것이라고 내세우는 것이 정당할 수 없게 된 '탈전통적' 맥락을 출발점으로 한다. 그런 출발점에서 보면 모든 문화에서 '사람의 사람임'에 대한 존중의 이념은, 별다른 문화적·형이

39) 참고: 장은주(2000), 「문화적 차이와 인권: 동아시아의 맥락에서」, 『철학연구』, 제49집, 2000 봄, 철학연구회.

상학적 전제 없이도, 무엇보다도 모든 개인에게 그의 사람으로서의 기본적인 신체적 자유와 인격적 자유를 보장하고 자기 삶을 자기가 원하는 방향으로 꾸릴 수 있는 자기 결정의 권리를 존중하는 것 등을 통해서 표현될 수밖에 없을 것이라고 충분히 보편적으로 주장될 수 있다.[40]

인권은 바로 사람이 사람으로 대우받고 '자기-존중'을 누리기 위해 필요한 최소한의 기본적인 사회-도덕적 장치들에 대한 상호주관적 인식과 역사적 반성이, 구체적인 공동체의 입법과정을 매개로, 보편적이고 불가침적인 '권리'의 형식으로 제도화되어 표현되는 데서 발전한 것이라고 이해되어야 한다.[41] 그런 제도화가 '서구'에서 조금 일찍 일어

---

40) 나의 이러한 이해는 투겐트하트와 호네트의 도움을 받았다. "어떤 사람을 존중한다는 것은 그를 도덕적 권리의 주체로 인정한다는 것을 의미한다." 참고: Tugendhat, E.(1993), *Vorlesungen über Ethik*, Franfkfurt/M., 363쪽 또 Tugendhat, E.(1998), "Die Kontroverse um die Menschenrechte", in: Gosepath, S. & Lohmann, G.(Hg.), *Philosophie der Menschenrechte*, Frankfurt/M., 87쪽 아래 및 호네트(1996), 188쪽 아래.

41) 약간 초점이 다르기는 해도 우리는 문성원(2000, 68쪽 아래, 105쪽 아래)이 실정적 보편성과 개인주의에 고착되었다고 이해하기 힘든 방식으로 비꼬고 있는 하버마스의 '법률주의적' 인권 이해도 기본적으로 이런 맥락에서 이해할 수 있다. 하버마스가 인권의 법제화를 강조하고 있는 것은 '사적 자율과 공적 자율의 동근원성'을 보여주려는 그의 반원자론적 인권 정초의 관심 때문이지 인권의 보편성이 실정적 보편성에 있다고 보기 때문은 아니다. 여기서 하버마스의 초점은 사회적 수준에서의 '공적 자율'의 실천 없이 개인의 '사적 자율'의 확보가 불가능함을 보여주는 것이지 문성원이 이해하는 것처럼 "개인의 권리를 토대로 해서도 사회적 가치가 옹호될 수 있음을 내세우기 위해서"(105쪽)는 아니다. 참고: Habermas, J.(1994), *Fatizität und Geltung. Beiträge zur Diskurstheorie des Rechts und des demokratischen Rechtsstaat*, 4. Auf. Frankfurt/M. 특히 제3장. 테일러에 대한 비판의 맥락에서 이 원칙의 논의는 Habermas(1993), 153쪽 아래 참고. 여기서 하버마스는 올바로 이해된 권리의 이론은 주관적 권리의 담지자가 상호주관적으로 이해된 정체성을 지닌다고 보기 때문에 결코 문화적 차이의 문제에 대해 맹목적일 수 없음을 논증하고 있다.

났을 수는 있어도 그것이 서구문화에만 특징적인 것이라고 할 수는 없다. 만약 어떤 문화다원주의자가 예컨대 이슬람 문화나 동양 문화가 이런 의미의 개인의 인권에 대한 존중을 별로 중요하게 생각하지 않을 것이라고 주장한다면, 그는 그 문화의 가치를 존중하는 것이 아니라 오히려 그것을 모욕하는 것일 것이다.

이런 문제를 생각해 보자. 중국은 지금 국가적 차원에서 예컨대 티베트인들과 같은 소수민족에 대해서 뿐만 아니라 언론자유를 제약하고 공개처형을 자행하며, 반체제 인사에 대해 혹독한 탄압을 저지르는 등 다양하고 심층적인 수준에서 심각한 인권침해를 범하고 있다. 중국 정부는 중국식의 인권 이해를 내세우며 그와 같은 인권침해에 대한 비판을 부당한 내정간섭이라고 주장한다. 그러나 과연 그런가? 그런 인권침해가 정말 '문화적 차이'의 문제란 말인가? 그리고 우리는 중국의 인권침해에 눈감음으로써 중국 문화를 존중하게 되는가?

미국 등이 이런 문제를 자국의 외교적 이해관계에 따라 자의적으로 이용하고 있는 데 대해서는 지적되어야 한다. 그러나 이런 현실정치의 자의성을 들어 인권침해에 대한 비판 자체가 제국주의적이고 정략적이며 내정간섭적이라고 주장하는 것은 잘못된 것이다. 그것은 자기 아내를 때리고 자식을 학대하는 이웃을 경찰에 고발했다고 해서 그것이 타인의 사생활을 침해하는 행위라고 주장하는 것과 마찬가지다. 우리는 여기서 매맞는 아내와 자식들의 관점에서 문제를 바라보아야지 때리는 이웃 남편의 입장에 서서는 곤란하다. 중국의 많은 반체제 인사들과 천안문 광장으로 쏟아져 나왔던 민중들과 티베트인들의 관점에서 문제를 바라보면 인권의 요구는 바로 그들 자신의 <내적> 요구이기도 한 것이다.

여기서 우리는 인권의 보편주의가 각 문화 단위들의 상대적 폐쇄성에 대한 가정 위에서 문화상대주의적으로 주장된 '문화적 차이'의 존중에 대한 요구보다 훨씬 더 세심하게 획일성을 거부하고 또 훨씬 더 민감하게 여러 종류의 '차이'에 반응할 수 있음을 확인할 수 있다. 그것은 인권의 보편주의가 바로 각 문화 단위의 그 폐쇄성 자체가 자기 문화 성원들 개개인이나 소수 집단들에게 가할 수 있는 또 다른 획일주의와 억압에 대한 비판을 함축하고 있기 때문이다. 그리고 나아가 폐쇄성에 대한 끊임없는 감시 기능 덕분에 다양한 종류의 차이에 대한 억압과 배제를 효과적으로 비판하고 극복하게끔 하는 내적 문화 메커니즘을 발전시키기 때문이다. 인권은 모든 종류의 사회적-문화적 폐쇄성에 대한 일종의 '검사기'인 것이다.[42]

인권과 같은 말하자면 정의로운 보편성이 다문화적인 조건에서도 얼마나 중요한지에 대해서 우리는 '관용'과 연관된 정치철학적 문제를 살펴보면서 좀더 분명히 확인할 수 있을 것이다. 우리는 일반적으로 다문화적인 조건에서 다른 문화와 종교와 신념체계와 가치관에 대한 관용만큼 중요한 덕목은 없다고 말할 수 있다. 이 맥락에서 관용은 '나' 또는 '우리'의 입장에서 보면 도저히 참을 수 없을 것 같고 도저히 받아들이기 힘든 잘못되거나 틀린 또는 나쁜 신념이나 관행에 대해서 요구되는 다문화적인 상황의 시민적 덕이라고 할 수 있다. 그리고 이런 맥락에서 보면 '근본주의'(fundamentalism)는 바로 이런 관용의 덕을 갖추지 못한 문화나 종교 집단 성원의 태도를 의미한다. 단군상을 숭배하는 것을 도저히 견딜 수 없는 어떤 기독교도가 폭력적인 방식으로 단군상을 철거하려고 나선다면 그는 반-관용의 태도를 보이는 것이

---

42) 참고: Wingert, L.(1998), "Unpathetisches Ideal. Über den Begriff eines bürgerschaftlichen Wir", in: Hauke Brunkhorst(Hg.), *Demokratischer Experimentalismus. Politik in der komplexen Gesellschaft*, Frankfurt/M., 36쪽.

고 따라서 우리는 그를 기독교 근본주의자라고 할 수 있다. 참을 수 있는 것을 참는 것, 나와는 다르더라도 내가 평가할 수 있는 것을 참는 것은 제대로 된 의미에서의 관용이 아니다.

그런데 우리가 이 관용을 이야기하면서 잊어서는 안 되는 것은 예컨 대 그런 근본주의는 관용의 대상이 아니라는 것이다. 어떤 근본주의자 가 있다면 그는 자신의 근본주의를 버릴 때에만 우리와 함께 관용의 질서 안에서 살 수 있다. 자신의 신념을 위해서라면 폭력의 사용도 불 사하겠다는 그런 가치체계를 우리가 관용할 수는 없다. 그것은 관용의 전제 자체를 부정하는 것이다. 우리가 부정적으로 평가하는 다른 문화 나 신념체계 등을 '관용'할 때 우리는 그것들을 비록 참되다고 받아들 일 수는 없지만 그것들이 나름의 합리성과 타당성을 갖고는 있다고 가 정한다. 그러나 근본주의는 폭력이라는 수단에 의지하는 한 그런 가정 을 부정하고 있다고 보아야 한다. 인종차별주의나 성차별주의 또는 우 리나라 같은 데서 지역주의는 그것들이 심각한 편견이나 맹목적인 증 오에 기초하고 있다는 이유 때문에 관용의 대상이 될 수 없다. 관용은 불관용에 대한 불관용인 것이다.

사실 '관용'이라는 개념은 그 자체로서 언제나 '선'이라고 할 수도 없 다. 예컨대 사회적 역관계에서 힘센 쪽이 약한 쪽을 편의상 또는 지배 전략상 용인하는 것도 '관용'이 될 수 있다. 이런 경우 '관용'은 지극히 주관적이고 전략적인 차원에서 이해될 수도 있다. 만약 관용이 무턱대 고 남을 용인하는 것을 의미한다면, 예컨대 불관용을 실천하는 근본주 의자들이 그것을 거부하거나 비판하는 세력들에 대해 자신들에 대한 관용을 요구한다고 해도 우리는 그것을 거부할 정당한 이유를 댈 수 없을 것이다. '관용'이나 '다양성'이 그 자체로서 선인 한에서는 그 어 떤 것도 용인되어야 할 것이기 때문이다.

민주주의적 관용은 모든 것을 다 용인하자는 것이 아니다. 그러나 다른 한편으로 불관용에 대한 불관용의 원칙은 매우 자의적으로 선택될 수도 있는 것이 사실이다. 그렇다면 우리는 관용과 불관용의 경계를 정할 명확한 기준을 갖고 있는가? 바로 이런 맥락에서 우리는 올바른 관용의 문화를 위해서라도 인권과 같은 보편주의적 장치가 필연적 전제임을 확인할 수 있다.

민주주의적 관용은 누구나가 다른 신념과 실천의 체계를 가진 사람들이 자신만큼 참되다고 여겨야 한다는 것을 의미하지 않는다. 아무리 덕을 갖춘 민주 시민이라도 그런 요구를 수용할 수는 없다. 민주주의적 관용이 요구하는 시민의 덕은 모든 시민이 자신과는 다른 신념과 실천의 체계를 가진 남들이 완전히 비합리적인 것은 아니라고 생각할 수 있어야 한다는 정도의 소극적 수준 이상의 것이 아니다. 예컨대 어떤 기독교도나 이슬람교도나 유교주의자가 다원주의적 형이상학과 인식론과 윤리학을 그 자체로서 받아들이기를 기대한다는 것은 불가능할 뿐만 아니라 그럴 필요도 없다. 여기서 관용은 최소한의 것, 그러니까 기독교도나 이슬람교도나 유교주의자만 이 사회 안에 살고 있는 것이 아니라 불교도도 있고 무신론자도 있고 단군 숭배자도 있다는 사실을 진정으로 인식하는 것, 곧 "다원주의의 사실"만큼은 받아들인다는 것 이상을 의미할 필요가 없다.

이 '최소한'이 중요하다. 다원주의의 사실을 받아들인다는 것, 그것은 각 당사자들이 자신들과는 다른 신념과 실천의 체계를 가진 사람들에 대해 그들의 전부를 인정하지는 않더라도 최소한 그들도 받아들일 수 있는 방식으로 자신들의 신념과 실천의 체계를 설득하러 나설 용의는 보여줄 수 있다는 것이고, 반대로 그 다른 쪽의 사람들도 마찬가지로 자신들을 설득하러 나서게끔 용인할 수 있다는 것 이상을 의미하지 않는다. 서로 다른 문화 주체들이 서로 싸우고 있는 여러 가지 근본적 문제들— 예컨대 유신론이냐 무신론이냐의 문제— 에서 설득과 합의는 원칙적으로 그리고 영원히 불가능할지 모른다. 그러나 그런 그들도 평화로운 공존의 틀만은 합의할 수 있다. 그리고 그 틀은 바로 상호의 존재에 대한 인정, 그리고 서로가 서로를 설득하려 나설 권리와 제약 없이 말하고 말걸 수 있는 권리에 대한 인정, 결국 모든 당사자에 대한 인권과 민주적 기본권의 무제약적인 상호인정을 통해서만 마련될 수 있다. 요컨대, 문화다원주의의 사실과 거기에서 제기되는 규범적 요구들은 결코 보편주의의 타자가 아니라 오히려 보편주의를 전제하고 있다.

물론 그 보편주의는 그것이 흔히 이해되는 방식의 보편주의여서는 안 된다. 예컨대 문화다원주의의 정치철학을 문화상대주의에만 기초한 것으로 보고 보편주의를 문화다원주의의 전제와 화합 불가능한 것으로 보는 박이문에 따르면 문화다원주의의 문화상대주의적인 한계를 넘어서기 위해 보편주의는 "이성적 존재로서의 인간은 문화적 감옥의 벽을 뛰어넘어 보편적인 관점에 서서 자신을 포함한 모든 것을 객관적으로 관망하고, 관찰하고, 반성하고, 평가하고, 개조할 수 있다"[43]는 데서 출발해야 한다. 그러나 문화다원주의의 핵심적인 논점의 하나는 아마도 이런 식의 보편성 주장조차도 전형적인 서구 중심적 관점일 수 있다는 것이다. 이런 식의 보편성에 대한 주장은, 롤즈가 이야기하는 것처럼, 이성이라는 어떤 보편적 "권위의 원천"을 상정한다.[44] 그러나

---

43) 참고: 박이문(2002), 「문화다원주의의 타당성과 그 한계」, 『철학과 현실』, 철학문화연구소, 2002 봄, 37쪽.

44) 참고: 존 롤즈(2000), 「만민법」, 스티븐 슈트 · 수잔 헐리 엮음, 『현대사상과 인권』, 사람생각, 57쪽 아래. 여기서는 논의의 맥락 때문에 롤즈의 '만민법'(The

그렇게 되면 예컨대 인권의 보편성은 그 권위의 근거인 이성이 보편적이기 때문에 확보되는 것으로 이해될 것이고 따라서 그런 보편성은 서구에서와 똑같은 방식으로는 이성을 문화의 중심에 두지 않고 있는 많은 비서구적인 사회들에서는 받아들이기 힘든 것일 수도 있다. 그런 식의 보편주의는 어떤 서구문화의 실체적 합리성을 전 세계에 확장시키기 위한 명분으로 이해될 수도 있다.

그러나 여기서 내가 강조하고자 하는 인권의 보편주의는 조금 다른 방식의 정당화 논리를 갖는다. 인권의 보편성 주장은 그런 실체적 보편성이 아니라 모든 차별과 배제와 억압을 끝내고 정치적이든 경제적이든 문화적이든 모든 차원에서 소수자와 소외된 자와 약자와 주변인을 평등한 상호관계의 당사자로 만들자는 끊임없는 개방성에 대한 요구로서의 보편성에 기초하고 있는 것이다.

물론 이런 보편성도 그것의 '발생'의 특수성을 완전히 벗어 던질 수는 없다. 위에서 살펴본 바와 같은 '관용' 개념 같은 것이 오랜 종교와 신념의 전쟁을 겪었던 서구와 같은 곳에서 우선적으로 제안되고 다듬어진 것은 숨길 수 없다. 그래서 이런 식으로 이해된 보편성조차도 서구 중심적인 것으로 받아들여질 수도 있다. 이런 보편성도 다른 문화들에서는 결코 자명하지만은 않을 어떤 실체성을 전제할 것이기 때문이다.[45] 그래서 이런 보편성이 다른 발생적 외부에 있는 문화들에 대해 확장될 때, 그 과정은 예컨대 근본주의나 완강한 전통주의에 대한 불가

Law of Peoples)에 대한 구체적 제안에 대해서는 논의를 이어가지 않겠다.

45) 왈쩌가 하버마스 식의 보편주의가 서구의 '두터운'(thick) 문화의 배경 위에서만 가능함을 지적하는 것도 이런 맥락에서 이해할 수 있다. 참고: Walzer, M. (1994), *Thick and Thin. Moral Argument at Home and Abroad*, University of Norte Dame Press, 12쪽 아래.

피한 배제를 행사함으로써 하나의 정치적 '비극'을 낳을 수도 있다.46)

그러나 만약 인권의 보편주의가 어떤 불가피한 실체성을 전제한다면 그것은, 위에서 살펴본 대로, 단지 '다원주의의 사실'이라는 조건의 인정에 대한 요구 이상의 것을 의미하지 않는다. 곧 문화다원성의 조건에서 근본주의는 배제되고 극복되어야만 한다는 것뿐이다. 그러한 배제와 극복의 노력이 그 당사자들에게 설사 '비극'으로 경험된다고 할지라도 말이다. 우리는 물론 지금보다는 훨씬 더 세심하고 민감하게 그런 비극에 대해 배려해야 할 것이다. 그래서 우리는 예컨대 인권 이념에 기초한 보편주의적 세계질서를 모색하면서 '인권의 제국주의'라는 시비를 일으키는 미국식의 국가 중심적 방식으로서가 아니라 — 그런 방식은 그 자체로 이미 반인권적일 수 있다 — 다양한 종류의 차이의 존중을 외치는 각 사회 내부의 시민사회적 행위자들과의 연대를 추구해야 할 것이다.47) 그러나 결코 그런 비극이 인권 이념의 보편적 '타당성'에 대한 주저의 근거가 되어서는 안 된다. 그것은 인권의 보편성이 다름 아닌 미국이나 서구의 제국주의를 고발할 수 있는 보편성이고 그들이 지금껏 배제시켜 왔던 문화적 소수자들의 목소리를 들어주겠다는 보편성이기 때문이다. 문화적 차이와 다양성을 존중하라는 요구는 바로 이런 요구가 아니었던가?

---

46) 참고: Cooke(1997), 270, 281 아래. 이 표현은 원래 도날드 문(Donald Moon)의 것인데, 그것은 사회의 모든 목소리들에 대해 개방적인 그런 정치관도 불가피하게 어떤 목소리들은 배제할 수밖에 없는 사정을 표현하고 있다. 쿡은 하버마스 식의 절차주의가 개인의 자율의 이상을 궁극적으로 받아들이는 그런 윤리적 입장들에 대해서만 중립적일 수 있음을, 곧 결코 완벽하게 모든 입장들에 대해 중립적일 수 없음을 '비극'이라고 표현한다. 그녀는 테일러의 성과가 있다면 바로 이런 '비극'에 대한 좀더 민감한 이론적 감수성일 것이라고 평가한다.

47) 참고: Honneth(2000), 279쪽.

참고문헌

김광억(1998), 「다문화주의의 시각」, 한상진 편, 『현대사회와 인권』, 나남출판.

문성원(2000), 『배제의 배제와 환대』, 동녘.

박이문(2002), 「문화다원주의의 타당성과 그 한계」, 『철학과 현실』, 철학문화연구소, 2002 봄.

장은주(2000), 「문화적 차이와 인권: 동아시아의 맥락에서」, 『철학연구』, 제49집, 철학연구회, 2000 봄.

존 롤즈(2000), 「만민법」, 스티븐 슈트 · 수잔 헐리 엮음, 『현대사상과 인권』, 사람생각.

악셀 호네트, 문성훈 · 이현재 역(1996), 『인정투쟁』, 동녘.

찰스 테일러(1996), 「인권에 대한 비강제적 합의의 조건」, 『계간 사상』, 사회과학원, 1996 겨울.

Cooke M.(1997), "Authenticity and Autonomy: Taylor, Habermas, and the Politics of Recognition", in: *Political Theory*, Vol.25, No.2, April 1997.

Frankfurt, H.(1997), "Equality and Respect", in: *Social Research*, Vol.64, No1, Spring 1997.

Gutmann, A.(1995), "Das Problem des Multikulturalismus in der politischen Ethik", in: *Deutsche Zeitschrift für Philosophie*, H.2.

Habermas, J.(1993), "Anerkennungskämpfe im demokratischen Rechtsstatt", in: Taylor, Ch.(1993).

_____(1994), *Fatizität und Geltung. Beiträge zur Diskurstheorie des Rechts und des demokratischen Rechtsstaat*, 4.Auf. Frankfurt/M.

_____(1996), *Die Einbeziehung des Anderen*, Frankfurt/M., 황태연 역

(2000), 『이질성의 포용』, 나남출판.

Honneth, A.(2000), *Das Andere der Gerechtigkeit*, Frankfurt/M.

Lukes, S.(1997), "Humiliation and the Politics of Identity", in: *Social Research*, Spring 1997.

Margalit, A.(1996), *The Decent Society*, N. Glodblum(tr.), Cam./Mass./ Lon., Harvard Univ. Press,

Taylor, Ch.(1993), "Die Politik der Anerkennung", in: *Multikultralismus und die Politik der Anerkennung*, Amy Gutmann(Hg.), Frankfurt/M.

_____(1995), "Nationalismus und Moderne", in: *Transit*, Heft 9.

_____(2002), "Tocqueville statt Marx. Über Identität, Entfremdung und die Konsequenzen des 11. September, Interviewt von H. Rosa und A. Laitinen", in: *Deutsche Zeitschrift für Philosophie*, H.1.

Tugendhat, E.(1993), *Vorlesungen über Ethik*, Franfkurt/M.

_____(1998), "Die Kontroverse um die Menschenrechte", in: Gosepath, S. & Lohmann, G.(Hg.), *Philosophie der Menschenrechte*, Frankfurt/M.

Young, I. M.(1990), *Justice and the Politics of Difference*, Princeton University Press.

Walzer, M.(1994), *Thick and Thin. Moral Argument at Home and Abroad*, University of Notre Dame Press.

제 2 부

다원주의와 현대철학

다원주의에 대한 메타 철학적 방어

| 이 상 하 | 고려대 철학과 |

음악가의 부류가 두 가지라면, 히트곡을 가진 자와 그렇지 않는 자로 나누어진다. 그러나 이 점은 음악의 질과는 아무런 상관이 없다. 비슷하게 철학도 중심부 철학과 주변부 철학 두 종류로 나누어질 수 있다. 이러한 사실 또한 철학의 우위 비교와는 아무런 상관이 없다.

§1. 왜 다원주의인가? 철학에는 항상 여러 이론이 있어 왔는데, 다원주의가 새삼스럽게 논의의 대상이 된 이유는 무엇인가? 적어도 두 이유가 언급될 수 있다. 첫째, 철학이 다루어야 하는 고유한 문제들을 골라내는 동시에 하나의 합리적인 대답으로 유도하는 토대로서 이론이 있다는 관점이다.[1) 이러한 독점주의 관점(monopoly view)은 형이상학을 둘러싼 상반된 입장과 의견의 일치가 없는 상황을 칸트가 스캔달(Skandal)로 표현한 의도를 반영한다.[2) 독점주의 관점은 또한 마흐(E. Mach)가 시점이 되는 20세기 초 실증주의(positivism) 전통 속에도 발견된다. 철학이 엄밀한 자연과학을 모방하는 가운데, 관찰(observation)

---

1) 이러한 관점은 칸트의 과학적 이성개념(szientifischer Vernunftbegriff)의 설명 속에서 잘 반영된다. *Kritik der reinen Vernunft*, A832, B860.
2) *Kritik der reinen Vernunft*, BXXXIV.

과 검증(verification)에 근거한 방법론만이 인정된다. 물 자체(Dinge an sich)와 경험을 구분하는 칸트의 이원론이 실증주의의 공격목표였지만, 독점주의 관점은 양자에 공통된 철학적 동기였다. 둘째, 독점주의 관점에 강하게 반발하여 모든 이론과 주의를 상대화하는 것이다. 특히 20세기 중반을 넘어서면서부터 상대주의와 해체주의 경향이 포스트 모더니즘이라는 구호 아래 등장하였다.

다원주의는 윤리학에서 독점주의 관점과 상대주의 양자를 중재하기 위해 주목을 받았다. 다원주의의 기본 정신은 하나의 분과 안에 다양한 이론이 그리고 하나의 문제에 대해 상반된 여러 대답이 공존할 수 있음을 인정하는 점에서 상대주의와 일치한다.[3] 그러나 어떠한 이론과 대답이 무조건 통용됨을 인정하지 않는 점에서 상대주의와 다르다.

다원주의의 가장 추상적인 형태의 옹호방식은 환경과 지성체 사이의 관계로서 경험을 재해석함에 의해 이루어진다. 경험의 각 계기는 다른 계기와 관계를 이루고, 그 관계는 환경, 인지상태(믿음과 지식), 문화 및 역사에 의해 상대화되며, 그 과정을 제한하는 외적 실재 전체는 경험 속에 한번에 완전히 반영될 수 없다.[4] 제임스 및 장자(莊子)에게서도 찾을 수 있고 또한 현대과학에 의해 지원받을 수 있는 이 형이상학은 불행히도 제 2 차 세계대전 이후 거의 주목받지 못했다. 실제 지금 과학에 등장하는 개념들 사이의 상관관계를 철저하게 분석한 철학자는 거의 없다. 진정으로 철학이 진보한다면, 이 사실은 미래에 큰

---

3) 레셔(N. Rescher)는 하나의 분과 안에서 다원화된 이론 및 주의를 인정하지만, 특정 문제에 대해서는 하나의 합리적 대답이 있어야 한다고 본다. 레셔 관점의 다원주의는 진정한 의미에서 다원주의로 파악되기 힘들다. 분과 및 특정 문제에 대한 다원주의가 옹호되면, 당연히 그렇다. N. Rescher, *Pluralism: Against the Demand for Consensus*, Oxford: Clarendon, 1993.

4) W. James, *From a Pluralistic Universe*, New York, 1990, pp.321-4.

스캔들로 남을 것이다.

다원주의의 가장 구체적인 옹호방식은 하나의 분과 안에서 특정 주제 혹은 문제와 관련된 이론을 건설하는 것이다. 자유로운 의사소통을 전제로 민주주의에 근거해 다원주의를 옹호하는 것과 같은 실천철학에서의 다원주의 이론, 전통적인 무모순성(consistency)을 탈피한 비정규 논리학(nonstandard logic), 계산주의에서의 다원주의(computational pluralism), 문화다원주의 그리고 종교다원주의 등을 열거할 수 있다.

§2. 그러나 다원주의의 구체적인 옹호방식은 윤리학, 문화, 종교 등 전반에 걸친 다층 다원주의(multi-dimensional pluralism)의 길을 가로막는다. 민주주의를 옹호하기 위해 도입된 특정 다원주의 이론은 오히려 그러한 제도가 아직 실현되지 않은 문화에 대해선 억압의 논리로 사용될 수 있다. 여기서 다층 다원주의에 대한 충분한 옹호방식은 제공될 수는 없지만, 최소한 세계를 이해하는 방식, 곧 세계관의 차이를 인정하는 것이 자연스러운 사실임을 보일 것이다.

하나의 세계관이 특정 믿음체계 속에서 반영되고, 믿음체계가 개념의 사용을 통해 얻어진다면, 다원주의에 대한 나의 옹호방식은 이렇다:

1. 그 어떠한 특정 이론에 함축된 합리성의 기준에 호소하지 않고, 믿음체계를 있는 그대로 해석함에 의해 세계관의 다양함과 차이가 자연스러운 귀결임을 보인다.

2. 다양한 믿음체계를 분석하는 가운데, 어떠한 두 세계관도 내용적인 면에서 완전히 상대화될 수 없음을 보인다.

3. 다층 다원주의에서 요구되는 합리성의 기준은 모든 가능한 믿음체계에서 발견되는 내적 성질에 근거하는 것이어야 하지, 결코 믿음체계를

수정하기 위해 이론적으로 가공된 이데올로기 혹은 규범(norms)이 되어
서는 안 된다. 최소한 실천철학과 관련해 문화와 역사 가로지르기를 허락
하는 다원주의는 그래야 한다.

4. 형이상학으로부터 탈피를 주장하는 기존 실천철학에서의 다원주의
와 다른 점을 부각시킨 후 제거되어야 할 것은 형이상학이 아님을 밝힌
다. 제거되어야 할 것은 유일한 진리로서 형이상학이 있다는 관점이다.

위 논제들의 옹호방식은 주어진 믿음체계를 있는 그대로 분석한다
는 점에서 기술적(descriptive)이다. 이러한 기술적 방법을 택함에 의해
다원주의가 어떤 이데올로기가 아닌 자연스러운 결론임이 더 잘 드러
난다. 믿음체계의 분석에서 특정 이론 및 주의를 전제하지 않고 그러
한 체계들과 이론에 대해 언급한다는 점에서 전개될 옹호방식은 다원
주의에 대한 메타 철학적 방어가 된다. 그러나 나의 방어는 약한 의미
에서 이해되어야 한다. 이를 위해 우선 도식(scheme)과 내용(contents)
을 구별한 후 다원주의에 대한 약한 의미에서 방어의 뜻을 분명히 하
고자 한다.

도식, 내용, 강한 의미와 약한 의미에서의 다원주의

§3. 알렉스(Alex)는 단순히 말을 흉내내는 아프리카 회색 앵무새가
아니라 적절히 이해하고 단어를 사용한다.[5] 첫째, 알렉스는 몇 개의

5) I. M. Pepperberg, "Kommunikation zwischen Mensch und Vogel: Eine
   Fallstudie zu den kognitiven Fahigkeiten eines Papageis", *Zeitschrift fur
   Semiotik*, Vol.15, 1993.

단어를 배운 뒤 전혀 들어본 적이 없는 문장을 구성할 수 있다. 둘째, 그는 특정 사물을 적절하게 분류할 수 있다. 셋째, 알렉스와 인간 사이를 공통적으로 관통하는 인지능력을 가정할 수 있다. 실험에 근거한 이 세 가지 경우에 각각 다음의 도식개념이 대응한다:

배열도식(arranging scheme) : 지각한 것과 언급된 것들을 특정 상위 개념들 하에 분류하는 도식으로서, '대상'(object)과 '사실'(fact)의 존재론적 구분(ontological distinction) 및 아리스토텔레스 전통의 본질주의 (essentialism)에 함축된 분류개념을 들 수 있다.

생성도식(transforming scheme) : 다양한 용어를 조합함에 의해 여러 표현을 생성하는 최소한의 규칙으로서, 촘스키의 변형생성문법 및 람다함수(λ-function)에 근거한 프로그램 언어의 도식을 들 수 있다.[6]

인지도식(cognitive scheme) : 경험을 가능케 하는 선험적 인지능력에 대한 도식으로서, 칸트의 내감(innerer Sinn)과 외감(äußerer Sinn), 로렌쯔(K. Lorenz)의 본능개념, 극단적 구성주의(radical constructivism)의 관점 및 지각경험 자체를 튜링기계(Turing machine)의 계산상태(computational state)로 파악하는 특정 이론 등이 그 실례가 된다.[7]

---

6) 프로그램 언어의 도식에 대해선 다음을 보라. G. J. Sussman and G. L. Steele Jr., "Scheme: An Interpreter for Extended Lambda Calculus", *MIT Artificial Intelligence Memo* 349, December 1975. 생성도식과 람다함수의 연관관계는 카이스트 수학과 조우진을 통해 알게 되었다.

7) K. Lorenz, *King Solomon's Ring*, London: Methuen, 1952; S. J. Schmidt (ed.), *Der Diskurs des Radikalen Konstruktivismus*, Frankfurt: Suhrkamp, 1987. 구성주의의 종류와 목적이 다양한 이유로, 마투라나(H. Maturana), 로드 (G. Rod), 글라저스펠드(E. Glasersfeld) 및 바렐라(F. J. Varela)에 의해 주장된 구성주의에 대해선 그들의 명명법에 따라 '극단적'이라는 형용사를 붙여 사용해야 한다. 지각경험을 튜링머신의 한 계산상태로 보는 관점은 일반적으로 기능주의(functionalism)와 일맥상통한다.

위 세 도식 사이의 관계를 설정하는 작업은 이 글의 범위를 벗어난다. 단지 도식이란 개념이 경험에 효과적으로 개입할 때 상위수준에서 작용하는 규칙 혹은 분류표와 같은 것으로 인식되면 된다. 도식에 의해서 절대 세상에 대한 경험적이고 구체적인 판단이 성립하지 않는다. 그러한 판단을 가능케 하기 위해 지각경험에 개입하는 개념을 내용개념(content concept)으로 부를 것이다. 별 다른 언급이 없는 경우, 개념은 내용개념을 뜻한다.

§4. 믿음체계와 관련하여 강한 의미의 다원주의란 유일한 도식이 있음을 거부하는 관점이다. 과연 앵무새 알렉스는 인간과 유사한 생성도식이 뇌에 실현되어 있어서 말을 이해하고 사용할 수 있을까? 사실과 대상의 존재론적 구분이 모든 일상언어 속에 공통적으로 박혀 있을까? 인지도식 없이는 지각경험 그 자체는 어떠한 구조도 갖지 못하는가? 이러한 문제들을 다루지 않는 한에서, 강한 의미의 다원주의는 이 글의 주제가 아니다.8)

약한 의미에서 다원주의는 믿음체계의 내용 및 그와 관련된 구조를 분석함에 의해 옹호된다. 이에 대한 동기는 크게 두 가지이다. 우선 공통된 특정 도식이 있는 경우에도 다양한 믿음체계가 가능하다. 이를

---

8) 모든 가능한 일상언어에 공통된 존재론적 구별이 있다는 신념은 서양철학에서 일반적으로 받아들여졌다. 이를 반영하는 대표적인 실례가 스트로슨(P. F. Strawson)의 다음 책이다. P. F. Strawson, *Individuals, An Essay in Descriptive Metaphysics*, London: Methuen 1987⁸ᵗʰ. 이에 대비되는 관점은 아래에서 찾아볼 수 있다. Bo Mou, "The Structure of the Chinese Language and Ontological Insight: A Collective-Noun Hypothesis", *Philosophy East & West*, Vol.49, No.1, 1999, pp.45-62; C. Hansen, *Language and Logic in Ancient China*, University of Michigan, 1983; C. Harbsmeier, *Aspects of Classical Chinese Syntax*, London: Curzon, 1981.

보이기 위해선, 특정 외부대상에 대한 경험과 직관 없이는 불가능한 개념이 있음을 보이면 된다. 우주 왕복선에 대한 개념은 직접적이든 간접적이든 실제 그것에 대한 경험이 필요하다. 인지능력이 어떤 유일한 도식에 의해 규정되는 것이 아니라 오히려 다양한 도식을 가능케 해주는 경우, 세상에 대한 해석은 더욱더 다양하고 충만해진다. 그 어떤 경우든 도식이 세상에 대한 일률적인 믿음체계로 유도한다는 근거는 없다. 따라서 도식의 존재여부와 무관하게, 믿음체계의 내용에 국한해 다원주의를 다룰 수 있다. 이러한 이유로 이 글에서 대상을 언급할 때 절대 존재론적 구분과 같은 도식을 전제하지는 않는다.

믿음체계의 내용적 구조와 정적인 다원주의

§5. 믿음체계란 어떻게 다루어질 수 있고, 그 체계가 한 세계관을 나타내는 경우는 무엇인가? 믿음체계를 다루기 위해 고려되어야 할 네 가지 요소가 있다. 믿음체계의 체계 내적 요소로서 믿음 집합(belief set)과 인식태도(epistemic attitudes), 체계 외적 요소로서 물질적 조건(material conditions)과 환경에 대한 민감성(sensibility to environment)이 고려되어야 한다. 체계 외적 요소는 믿음체계의 역동성을 다룰 때 좀더 자세히 다루어질 것이다. 우선 체계 내적인 요소부터 살펴보자.

여기선 믿음을 단순히 심리상태가 아닌 인식상태로 규정한다. 믿음이 얻어지는 심리적 배경 및 믿음이 행위에 미치는 심리적 영향은 고려하지 않겠다. 인식상태로서 믿음이란 세상에 대한 내용과 행위를 규정하는 판단과 관련된 상태임을 말한다. 동물들에게 믿음을 부여할 근거가 되는 행위패턴이 관측되는 한에서, 인식상태가 반드시 언어를 전제할 이유는 없다. 인간의 경우 믿음에 특정 진술이 명백히 대응되는 경우가 보통이므로, 믿음의 집합은 그러한 진술들의 모임으로 표현될 수 있다. 인간에게 있어서 반드시 언어를 매개로 하여 믿음이라는 인식상태가 얻어지는지는 잠정적인 문제로 남긴다.

인식태도란 믿음체계의 주인이 믿음을 갖는 태도이다. 크게 받아들임(acceptance), 거부함(rejection), 미결정(indetermination)으로 나누어진다. 받아들이는 양태(modi)는 다시 진술 중심의 관점과 주체 중심의 관점에 따라 세분화된다. 진술 중심의 관점에서 볼 때 한 진술 p는 경험적(experiential), 양상적(modal) 혹은 당위적(obligatory)으로 받아들여질 수 있다. 주체 중심의 관점에선 한 진술 p가 즉각적으로 확실한 경우와 가설적으로 확실한 경우로 나누어진다:

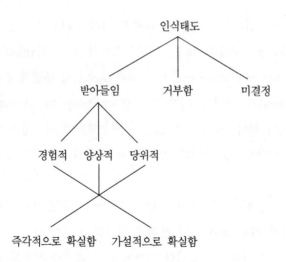

§6. 비트겐슈타인은 일상생활에서 즉각적으로 확실한 믿음을 기존의 정당화 문제가 아닌 믿음체계의 변화과정 속에서 다루었다.[9] 그러한 믿음에 '나는 안다'와 같은 표현이 일반적으로 사용되지 않는다. 이는 일상생활에서 특별한 검증이 필요 없음을 뜻한다. 이유를 갖는 합리적 의심이든 심리적으로 직접적인 의심이든, 일상생활에서 규범처럼 작용하는 믿음에 대해 의심하는 것은 자연스럽지 않다.[10]

즉각적으로 확실한 믿음의 주체가 한 개인인 경우 '나는 안다'와 같은 표현의 불필요성은 국소적(local)이며, 한 모임인 경우 상호주관적(intersubjective)인 의미에서 불필요하다.[11] 일반적으로 세계관이 나에게만 통용되는 그러한 것이 아니기에, 상호주관적 의미에서 그러한 불필요성과 관련된 확실한 믿음들이 관찰의 대상이 된다. 일상생활에서 즉각적으로 확실한 믿음들은 서로 돕는 관계 속에서 하나의 체계를 이루며 언어게임의 기술 및 행위의 규범처럼 봉사한다.[12] 언어게임을 기

----

9) L. Wittgenstein, *Über Gewißheit*, ed. by G. E. M. Anscombe & G. E. von Wright, Bibliotheka Suhrkamp, 1992.

10) 합리적인 의심이 즉각적으로 확실한 믿음에 해당하지 않음에 대해선 다음을 보라. *Über Gewißheit* 160, 341, 342, 356. 심리적으로 어느 것에 대해서나 직접적으로 의심하는 태도는 생활형태의 상호주관적인 측면에 영향을 못 미친다는 비트겐슈타인의 관점은 다음에 암시되어 있다. *Über Gewißheit* 120, 232, 450.

11) *Über Gewißheit* 58, 84, 100, 401, 462. 그러나 비트겐슈타인 스스로 즉각적으로 확실한 믿음에 대한 '나는 안다'라는 표현이 한 개인에게 사용되는 경우와 그렇지 않은 경우를 구별하여 명백히 논의하지는 않았다. 그러한 논의에 대해서는 다음을 참조하라. G. Svensson, *On Doubting the Reality of Reality*, Motala: Borgstörms Tryckerei AB, 1982, pp.82-85.

12) 그러한 믿음들이 언어게임을 기술하는 데 규범과 같은 역할을 한다는 점은 '문법적 진술'(grammatische Sätze)과 관련하여 언급되고 있다. *Über Gewißhit* 51, 137, 312, 628. 언어게임의 기술 자체를 논리로 보는 후기 비트겐슈타인의 관점에 대해선 다음을 참조하라. *Über Gewißhit* 56, 628, F. Waismann, *Ludwig Wittgenstein und der Wiener Kreis*, ed. by B. F. McGuiness, Basil

술하기 위해선 가능성과 필연성이 고려되어야 하며 행위의 규범이 당위성을 함축하기 때문에, 즉각적으로 확실한 믿음의 양태를 경험적 영역에만 국한시키는 것은 효과적이지 못하다.

비트겐슈타인은 가설적으로 확실한 믿음들의 중요한 측면을 간과했다. 그러한 믿음들의 역할은 즉각적으로 확실한 믿음에 대한 근거를 확보하는 데 있다. 왜냐하면 즉각적으로 확실한 믿음들 자체가 왜 그렇게 확실한지 스스로 설명할 수 없기 때문이다. 왜 인간이 두발로 걷는지에 대한 이유는 일상생활에서 확실한 다른 믿음들에 근거하여 결코 찾을 수 없다. 여기서 가설적이란 뜻은 결코 가추법(abductive logic)에서 말하는 가설적 성격과 다르다. 가추법에선 의외의 결과를 설명하기 위해 가설이 동원되는 반면, 가설적으로 확실한 믿음은 지극히 당연한 믿음에 대한 이유를 제공하기 위해 동원된다. 그러한 믿음들은 바로 일상경험을 통합하기 위해 가정된 것이다. 경험을 통합 설명하려는 목적을 인간이 스스로 의식할 수 있는 반면에, 인공지능의 경우 그러한 목적을 스스로 의식할 수 없다. 이 점에서 인간과 인공지능은 확연히 구별된다.

§7. 즉각적으로 확실한 믿음 집합을 K, 가설적으로 확실한 믿음 집합을 H라고 하자. 이 두 집합의 논리적 구조(logical structure)는 중요하게 다루지 않고, 다원주의 논의에 필요한 구조적 특징, 특히 합리성

Blackwell, 1967, 91f, G. Baker, *Wittgenstein, Frege & the Vienna Circle*, Basil Blackwell, 1988, pp.135-40, M. Kober, *Gewißheit als Norm*, Berlin: Walter de Gruyter, 1993. 즉각적으로 확실한 믿음들이 일상행위 속에서 하나의 체계를 형성한다는 점에 대해선 다음을 참조하라. *Über Gewißhit* 95, 134, 141, 145, 410.

의 기준(criteria of rationality)에만 초점을 맞출 것이다. 우선 두 가지 기준이 언급되어야 한다:

C1. 구획 긋기 조건(condition of demarcation) : 한 믿음을 갖는다는 것은 관련된 진술 αp에 대해 확신하는 것이고, α는 경험적·양상적·당위적 양태 중의 하나를 나타낸다. 이때 αp를 믿는 것, 곧 $B(\alpha p)$는 αp가 동일하지 않은 K와 H 중 한 곳에만 속함과 동등하다. $(B(\alpha p) \leftrightarrow ((\alpha p \in K \vee \alpha p \in H) \wedge (K \cap H = \varnothing)))$

C2. 실용주의 조건(condition of pragmatism) : 한 진술 p의 모든 논리적 귀결의 집합을 $L(p)$라고 하자. H에 속하는 어떠한 αp에 대해 $L(\alpha p)$와 K에 동시에 속하는 진술이 적어도 하나가 있다. 또한 무모순성(consistency)을 만족하면서 동시에 K 전체를 논리적으로 함축하는 유한개의 진술들은 없다:

1. $L(\alpha p) \cap K = \varnothing$

2. H의 어떠한 αp_1, αp_2, $\cdots$, αp_n에 대해서도 "αp_1, αp_2, $\cdots$, $\alpha p_n \vdash \top$"와 "$L(\alpha p_1 \wedge \alpha p_2 \wedge \cdots \wedge \alpha p_n) \supset K$"가 동시에 성립하는 경우는 없다. ($\vdash$는 논리적 추론을 뜻하고, $\top$가 메타언어에서 참(truth)을 뜻할 때 "$\vdash \top$"는 무모순성(consistency)을 뜻한다.

C1은 즉각적 혹은 가설적으로 확실한지가 불투명한 믿음들을 제거하는 역할을 한다. 실제 그러할 이유는 없다. 그렇지만 그렇게 불투명한 믿음의 역할을 고려하지 않는 한에서, C1의 도입은 효과적이다. 더욱이 K에 속하는 믿음과 H에 속하는 믿음은 그 형성의 동기와 목적에서 구분된다. 물론 믿음체계의 합리적 수정과 관련된 논리적 구조에 관심을 둔 대표적 이론인 AGM에선 믿음체계를 두 종류로 나누어 다루지 않는다.13) 그러나 AGM이 특히 인공지능 이론에서 이상적으로

여겨지는 반면, 여기선 실제 인간의 믿음체계가 관심의 대상이다. 다원주의 논의와 관련해 조건 C1의 필요성은 정적인 다원주의 논의에서 분명해질 것이다.

실용주의 조건 C2는 K를 완전히 논리적으로 함축할 수 있는 확실한 가설들을 상정하는 것은 이상일 뿐임을 말한다. 즉각적으로 확실한 믿음의 근거를 명백히 밝혀내어 일상경험을 완벽하게 통합하여 설명해 줄 체계란 현실적으로 존재하지 않는다. 가설적으로 확실한 어떠한 믿음도 K의 일부분만을 설명할 뿐이고, 심지어 그 믿음으로부터 도출된 어떤 결과는 K와 모순을 일으킬 수도 있다. 그렇기에 통상적인 의미에서 무모순성을 전제하는 엄격한 합리성 기준(strict criteria of rationality)이 믿음체계 전체에 통용될 수 없다. 이 점은 어떤 조건 하에 믿음체계가 하나의 세계관을 대표할 수 있는지에 대한 문제를 분석할 때 분명해진다. 그 전에 믿음체계의 체계 외적요소를 살펴보자.

§8. C1과 C2를 만족하는 하나의 믿음체계를 <K, H>로 표시하자. <K, H>의 첫째 외적 요소란 그 체계가 만족하는 실제 물질적 조건들의 집합인 MC(<K, H>)이다. 물질적이란 결코 가능세계가 아니라 이 세계에서 존재하고, <K, H>가 통용될 수 있는 모든 만족 수단 및 실

---

13) AGM은 다음 논문의 저자들의 이름을 줄여 부른 것에 기인한다. C. Alchourrón, P. Gärdenfors, and D. Makinson, "On the Logic of Theory Change: Partial Meet Contraction Functions and Their Associated Revision Functions", *Journal of Symbolic Logic* 50, 1985, pp.510-30. 믿음체계의 변화를 기술하는 논리적 구조에 대한 전반적인 이론에 대해선 다음을 참조하라. P. Gärdenfors, *Knowledge in Flux: Modeling the Dynamics of Epistemic States*, MIT, 1988. 이와 관련해 좀더 철학적인 논의에 대해선 다음이 권할 만하다. G. Harman, *Change in View*, MIT, 1989.

제 대상을 의미한다. 따라서 $MC(<K, H>)$의 원소들은 결코 믿음들의 진리조건으로 해석되어선 안 된다. 핸드폰에 관련된 믿음들은 핸드폰 및 관련 대상에 의해 의심되지 않는다는 점에서 만족되면 된다.

$<K, H>$를 구성하는 믿음들이 $MC(<K, H>)$를 구성하는 물질적 조건에 대한 배경지식(background knowledge)과 동일시되어선 안 된다. 명백히 그러한 지식이 결여된 경우에도 $<K, H>$에 속한 것을 확신할 수 있다. 핸드폰의 출현과정을 자세히 알고 그것을 사용하는 경우가 드문 이치다. 특히 $MC(<K, H>)$에 의해 검증 및 반증이 되지 않는 H 의 원소들은 형이상학적 가설로 취급된다. H 자체의 목적이 일상경험을 통합하는 것이기에, H의 모든 믿음들이 경험적으로 검증 혹은 반증된다고 여길 수 없다. 인간의 믿음체계에서 형이상학적 요소를 제거하는 것은 근본적으로 자연스럽지 않다:

C3. 형이상학적 측면의 조건(condition of metaphysical aspect) : $MC(<K, H>)$에 의해 검증 및 반증이 되지 않는 H의 원소가 적어도 하나가 반드시 존재한다. 다시 말해 그러한 원소를 H에서 빼도 다음이 성립한다: $\exists\, \alpha p \in H(MC(<K, H>) = MC(<K, H - \alpha p>))$

C3'. H의 모든 원소가 C3를 만족할 때 "$MC(<K, H>) = MC(<K, \varnothing>)$"가 성립한다.

믿음체계의 또 다른 외적 요소란 환경에 대한 민감성이다. 믿음체계가 고정된 것이 아니기 때문에, 환경의 변화는 그 체계의 수정을 수반한다. 이는 $MC(<K, H>)$에 속하지 않는 어떠한 요인도 잠재적으로 $<K, H>$의 변화에 대한 증거자격을 가짐을 의미한다. 증거자격의 여부는 결코 믿음체계의 내적 요인으로 다루어질 수 없다. 물론 믿음체계의 수정에 대한 입력으로서 외부자극 혹은 진술과 같은 것에 만족하는 경우, 물질적 조건에 해당하는 대상들과 증거의 문제는 제거된다. 그렇지만 인간의 실제 믿음체계를 가급적 있는 그대로 다루려고 할 때 그렇게 문제를 단순화시킬 수 없다.14) 분명히 우리가 의식하는 실제 외부대상이 믿음에 대한 증거이자 일반적으로 믿음을 만족시킨다는 점은 상식이다.

믿음체계의 내적 논리적 구조를 다루지 않는 한에서, 믿음체계의 역동성은 서로 다른 두 체계의 구조적 상관관계를 언급하는 것으로 충분하다. 이점은 동정적인 다원주의를 다룰 때 소개된다. 이제 믿음체계를 구성하는 체계 내적 요소와 체계 외적 요소를 살펴보았고, 어떤 경우에 믿음체계가 하나의 세계관을 대표할 수 있는지에 대한 기준을 마련해 보자.

§9. 믿음체계가 하나의 세계관을 표현하려면, 특정 집단에 의해 오래 받아들여져야 할 만큼 안정적이어야 한다. 하지만 하나의 세계관에 의해 특정 집단이 분류될 수 없는 다원화된 상황에서 굳이 집단의 문제가 고려될 이유는 없다. 더욱이 개인의 정체성이 집단에 귀속되지 않고 다양한 세계관과의 만남을 통해 형성된다면, 세계관의 운반자를 전제할 이유가 없다.15) 그래서 세계관을 표현하는 믿음체계의 안정성

---

14) 인공지능 이론 및 정합주의는 그렇게 문제를 단순화시켜 믿음체계를 다루고 있다. 효과적이긴 하지만, 그렇게 다루어진 믿음체계를 인간의 그것과 동일시하는 것은 명백한 잘못이며 동시에 인공지능 이론 자체의 발달을 가로막는다. 실제적인 것을 제거하여 단순화된 모델이 독단(dogma)이 될 때 진정한 진보의 가능성은 상대적으로 약해진다.

15) 다원화된 사회에서 개인의 정체성은 주어진 것이 아니라 진행과정(on-going process) 속에서 형성된다는 관점에 대해선 기든스를 보라. A. Giddens,

에 대한 내적 조건을 따져보는 것으로 충분하다.

믿음체계의 안정성은 여러 측면에서, 특히 확률 측면에서의 고찰이 가장 실용적으로 예측되지만, 여기선 무모순성 조건만을 고려한다. 실용주의 조건 C2에 의해 믿음체계 $<K, H>$ 전체에 걸쳐 무모순성을 요구할 수 없다. 이상적인 경우 무모순과 관련된 통상적인 엄격한 합리성 기준은 단지 즉각적으로 확실한 믿음들로 이루어진 K에 대해서만 예상 가능하다. 그 기준이란 K로부터 거짓($\perp$)이 도출되어선 안 되고, K로부터 추론된 것은 다시 K에 속함을 말한다.[16] 다시 말해 K는 무모순하면서 닫힌 체계(closed system)다. K가 그러한 닫힌 체계일지라도 환경변화에 따른 수정은 얼마든지 가능하며, 그런 수정과정은 결국 $<K, H>$의 원래 안정성이 깨어졌음을 의미한다.

H의 특정 원소의 논리적 결과 중 K에 속하지 않으면서 K의 특정 원소와 모순을 일으키는 C2의 경우에 엄격한 합리성 기준을 적용한다면, 전체 믿음체계 $<K, H>$는 붕괴된다. 그러한 붕괴를 막기 위해선 전통적인 고전 논리학에 전제된 폭탄조건(explosive condition)을 제거해야 한다:

폭탄조건 : 어떠한 αp에 대해, "$\{ B(\alpha p), \neg B(\alpha p) \} \vdash \perp$", 곧 C1

Modernity and Self-Identity: Self and Society in the Late Modern Age, Stanford University, 1991.

16) 엄격한 합리성의 기준은 AGM의 선구자격인 개르덴포스(P. Gärdenfors)의 *Knowledge in Flux*의 24쪽 믿음체계 정의 자체에 대응한다. AGM 이론가들이 그 기준 자체를 믿음체계가 갖추어야 할 조건으로 보는데 이는 너무 강하다. 더욱이 그럴 경우 정적인 관점의 다원주의 구성은 불가능해진다. 이 사실은 곧 설명될 것이다. 엄격한 합리성 기준은 또한 스탈네이커(R. Stalnaker)의 *Inquiry* (MIT, 1984)의 81과 82쪽 세 조건과 동치이다.

을 만족하는 임의의 αp에 대해서 "{ αp, $\neg \alpha p$ } $\vdash \bot$"이 성립하면, 다시 말해 같은 진술에 대한 긍정과 부정이 가능하면, 논리적 모순이 발생한다.

폭탄조건을 제거하기 위한 일반적 방법을 빌리면, <K, H> 전체에 대해선 B($\alpha p \vee \neg \alpha p$)와 "B($\alpha p$)이고 B($\alpha p \to \alpha q$)일 때 B($\alpha p$)" 두 조건 모두 성립하지 말아야 한다. 다시 말해 H에 속하는 진술에 대해서는 "$\vdash \alpha p \vee \neg \alpha p$"와 "$\vdash \alpha p$이고 $\vdash \alpha p \to \vdash \alpha q$일 때 $\vdash \alpha q$" 둘 다 성립하지 않는다.[17] 바로 이 두 조건은 K가 무모순하면서 닫힌 체계이기 위해 요구되었던 조건과 동치이다.[18] 따라서 K를 포함한 전체 체계 <K, H>는 배중률을 허락하지 않는 동시에 논리적으로 열린 체계(open system)가 된다. <K, H> 전체 혹은 H로부터 추론된 모든 것이 다시 <K, H> 전체 혹은 H에 속한다는 보장은 없다.

§10. 이 글의 관심사가 믿음체계의 논리적 추론구조가 아닌 이유로 느슨한 합리성 기준에 대한 구체적인 개발은 피한다. 이제 믿음체계의

---

17) 유사 무모순 논리학(para consistent logics)의 거의 모든 체계가 배중률 뿐만 아니라 긍정논법(modus ponens) 혹은 이에 대응하는 이접 삼단논법(disjunctive syllogism)을 부정한다. 우선 폭탄조건을 제거하기 위해선 p와 $\neg p$로부터 둘의 연접(conjunction)이 추론되지 말아야한다. 따라서 명제에 대한 전통적인 참과 거짓의 쌍극성(bi-polarity)이 거부되어야 하므로, 그 쌍극성 개념을 전제하는 배중률은 일단 거부되어야 한다. 그것이 거부되었을 때 전통적인 2치 논리학 (two valued logic)이 깨지기 때문에, 그 논리학의 증명방법에 핵심인 긍정논법도 깨어진다. 유사 무모순 논리학 소개에 대해선 다음을 참조하라. G. Priest, R. Routley, and J. Norman, *Paraconsistent Logic: Essays on the Inconsistent*, München: Philosophia Verlag, 1989.

18) 이에 대한 증명은 *Knowledge in Flux*, 27쪽을 보라.

안정성 조건은 다음과 같다:

C4. 이상적인 안정성 조건(condition of an idealized stability) : 믿음체계 <K, H>는 배중률을 허락하지 않는 동시에 논리적으로 열린 체계지만, K는 무모순하면서 논리적으로 닫힌 체계이다. 곧 "$K \vdash \bot$"이 불가능하고, "$L(K) = K$"가 성립한다.

K에 대한 위의 요구는 무모순성과 관련하여 이상화된 조건이지만 나름대로 이유를 갖는다. H가 K의 확실성을 설명하기 위해 가정된 이상, K에서 추론된 것이 K의 어느 부분을 설명하는 가설적 성격을 가질 수 없다. K의 원소들이 일상생활에서 즉각적으로 확실한 한에서, K로부터 추론되는 것 또한 그러하리라 예상된다. 안 그런 경우가 심할수록 K는 일상생활의 토대가 되기 힘들고, 이러한 의미에서 C4는 안정성 조건의 자격을 갖는다. 이제 특정 세계관을 나타내는 믿음체계란 다음 조건들을 만족하는 체계다:

C5. 세계관의 조건(condition of a world-view) : 한 믿음체계 <K, H>가 구획 긋기 조건 C1, 실용주의 조건 C2, 형이상학적 측면의 조건 C3 그리고 이상적인 안정성 조건 C4를 만족하는 경우 하나의 세계관을 나타낸다. 세계관이란 표현을 쓸 때 앞으로 이를 만족한 믿음체계를 의미한다.

현재 수준의 논리학과 인공지능 철학에 종사하는 이는 여전히 세계관을 하나의 집합으로 다루지 않는 데 의아해할 것이다. 그렇게 하지 않는 배경 속에는 세계관이란 세상을 이해하는 하나의 방식이므로 형이상학적 측면을 제거할 수 없다는 관점이 깔려 있다. 정적인 다원주의와 관련해 상식(common sense)을 둘러싼 철학사의 짧은 보기를 들어 그 관점을 옹호할 것이다.

§11. 정적인 다원주의의 기본 아이디어는 주어진 K에 대해 가설적으로 확실한 다양한 믿음들이 가능하다는 것이다:

정적인 다원주의 SP(static pluralism) : 정적인 다원주의는 다음 조건을 만족하는 세계관들, 곧 C5를 만족하는 믿음체계들 $<K, H>$의 특정 집합 SP이다:

1. 임의의 주어진 K에 대해, $MC(<K, H_i>) = ... = MC(<K, H_n>) = MC(<K, \varnothing>)$ (고정 조건)

2. "$L(H_1) \cup L(H_2) \cup ... \cup L(H_n) \supseteq K$"는 성립할 수 없다. (강화된 실용주의 조건)

3. $H_i \subset H_j$와 $L(H_i) \subset L(H_j)$ 같은 경우를 제외하면, 그리고 $-L(H)$를 H에서 추론되지 않는 것들의 집합, 곧 $L(H)$의 여집합으로 정의하면, $\forall i, j(-L(H_i) \cap -L(H_j) \cap K \neq \varnothing$ (비분리성 조건)

위에선 동적인 다원주의에서 소개될 효율성(utility)은 고려되지 않았고, 정적인 다원주의는 동적인 다원주의 특수한 경우에 지나지 않는다. 정적인 다원주의 SP의 조건 1은 주어진 K 및 동일한 물질적 조건 $MC(<K, \varnothing>)$ 하에 여러 세계관이 존재함을 함축한다. 조건 2는 조건 3이 성립하기 위한 필요조건으로서 아무리 많은 H를 동원해도 K 전체를 덮을 수 없음을 말한다. 이런 의미에서 실용주의 조건 C2를 강화시킨 것이다. 세계관들 $<K, H_i>$ 중 하나가 다른 하나를 일방적으로 포함하는 경우는 다원주의 논의에선 흥미롭지 않다. 그러한 경우를 제외시킬 때 조건 3은 가설적 믿음들로 구성된 집합들에서 추론되지 않는 것들이 동시에 K의 일부분과 교차함을 말한다. 두 가설적 믿음들의 집합이 아무리 다를지라도, 각각이 설명 못하는 K의 영역이 서로 분리되지 (disjointed) 않음을 말한다. 그러한 영역이 서로 분리될 가능성은 논리적으로 조건 2에 의해 차단되어 있다.

실제 정적인 다원주의를 만족하는 철학사의 보기로 상식을 둘러싼 논쟁을 들 수 있다. 상식이란 첫째, 20세기 전까지는 주로 일상생활에서 옳고 그름을 판단해 주는 마음의 성질로 간주되었다. 둘째, 무어(G. E. Moore) 이후 일반인들이 당연히 여기는 믿음으로서 거짓일 수 없는 명제들이 상식으로 간주되었다.[19) 상식에 대한 둘째 정의는 잘못된 것이다. 상식적인 믿음, 곧 즉각적으로 확실한 믿음들이 고정된 것이 아니고, 또한 확실하다고 반드시 참은 아니기 때문이다. 상식의 정의 문제를 다루지 않는 한에서, 그러한 믿음들은 오히려 첫째 관점에서 상식의 반영으로 보는 것이 현명하다.[20)

K 자체로는 그 원인이 설명 안 되는 시각경험과 관련된 두 믿음이 있다. 하나는 젓가락을 볼 때 그것에 직접 의식한다는 것이고, 다른 하나는 그것이 컵 속에선 휘어져 보인다는 것이다. 첫째 믿음은 일상적 대상을 관념과 동일시한 버클리와 흄 그리고 시공간적인 외양과 동일

---

19) 이 두 정의에 대해선 거의 인용된 바 없지만 아주 중요한 다음 논문을 참조하라. T. Sprigge, "Philosophy and Common Sense", *Rev. Int. Phil.*, 40, 1986, pp.197-8. 첫째 관점은 특히 라이드에 의해서 구체적으로 지적되었다. W. Träder, "Die Common sense-Philosophie Thomas Reids", *Deutsche Zeitschrift für Philosophie* 37, 1989, pp.518-525. 둘째 관점에 대해선 무어를 참조하라. G. E. Moore, "A Defence of Common Sense" in *Contemporary British Philosophy*, ed. by J. H. Murihead, London, 1925.

20) 믿음체계의 동적인 관점에서의 상식에 대한 정의에 대해선 다음을 참조하라. L. Forguson, *Common Sense*, London: Routledge, 1989.

시한 칸트 및 현상학자의 철학에 의해 존경되었다. 그 철학은 종종 넓은 의미에서 관념론이란 이름하에 비상식적으로 비판되었다. 그러나 그들은 시각경험에서 대상에 대한 직접적인 의식을 설명하려 했고, 실제 상식의 옹호자로 대변되길 원했다. 비판자들, 곧 실재주의자들은 일상경험에서 외양과 실재의 구별을 중요시했다. 관념론을 따를 때 경험과 무관한 외부대상의 의미는 사라진다고 본 것이다. 결론적으로 관념론자가 설명하고자 하는 목적과 실재론자의 목적은 다르지만, 둘 다 상식의 관련된 부분을 구제하려고 했다. 의견의 차이에도 불구하고 둘 다 인간은 두 팔을 가지고 있음에 동의하며, 이 점은 그 둘의 철학에서 추론될 수 없는 것이다. 다시 말해 비분리성의 조건 3에 따라 그 두 철학 각각이 설명 못하는 공통영역은 여전히 많은 일상적인 믿음들로 채워져 있다.

정적인 다원주의가 인정될 때 구획 긋기 조건 C1의 유용성은 분명해진다. 믿음체계를 등질적이고 무모순한 단일 집합으로 취급해선 안 된다. 그렇게 취급하는 것은 정적인 다원주의의 가능성을 막아버린다. 인간을 모방한 인공지능을 설계하는 데 AGM이 효과적이라는 사실은 그 누구도 부인하지 못하지만, 그 이론의 무모순하고 단일한 믿음체계는 인간에게 해당하지 않는다.

동적인 다원주의와 다층 다원주의

§12. 믿음체계가 변하는 한에서, 세계관의 변화는 당연하다. 세계관의 변화는 크게 동시적(synchronical) 그리고 통시적(diachronical) 관점에서 살펴볼 수 있다. 동시적 관점이란 한 시기를 고정시킨 것이고,

어떻게 한 시기를 고정시키는가는 연구자의 관심에 의해 좌우된다. 한 민음체계 <K, H>의 체계 외적 요소인 물질적 조건들의 집합 MC(<K, H>)와 관련된 형이상학적 측면의 조건 C3는 그 물질적 조건들에 의해 H 전체가 검증 혹은 반증될 수 없음을 뜻한다. 따라서 특정 시기와 즉각적으로 확실한 민음들 K를 고정시킨 경우에도 H의 수정은 가능하다. SP는 동시적 관점에서 세계관 변화를 다룰 때 특수한 결과로 볼 수 있다.

민음체계의 또 다른 외적 요소인 환경에 대한 민감성이란, 그 체계의 물질적 조건들에 속하지 않는 어떠한 대상도 그 체계의 수정 가능성에 대한 증거로 봉사할 수 있음을 말한다. 통시적 관점에서 볼 때 세계관 <K, H>의 주변부인 H 이외에 핵심부인 K 자체의 변화가 수반된다. 사회 속의 새로운 발명과 발견의 정착은 즉각적으로 확실한 새로운 민음들을 생산하는 동시에 그러한 민음들에 대한 증거확보에 물질적으로 기여한다. 겉보기에 날개 없는 새 키위(kiwi)가 있다. 교통수단의 발달 덕으로 호주대륙이 발견되었고, 실제 그 새를 직접 눈으로 관측한 사람은 여전히 소수에 불과하다. 하지만 "모든 새는 날개를 가지고 있다"라는 민음의 수정은 단순히 교육과 대중매체를 통해 강요되는 것이 아니다. 교육과 대중매체는 키위라는 새의 존재에 대한 확신을 마련해 주고, 그 새는 그러한 민음의 수정에 대한 증거가 된다.[21] 그리고 우리는 키위와 다른 새들 사이의 공통점과 차이점을 진화론 혹은 발생학의 가설에 의해 설명하려고 한다.

---

21) 일상적 합리성은 증거를 요구하고, 그러한 증거가 실재할 때 비로소 우리는 관련된 민음에 합리적으로 확신할 수 있다. G. Patzig, "Aspekte der Rationalität" in G. Patzig, *Gesamelte Schriften IV: Theoretische Philosophie*, Göttingen: Wallstein, 1996, pp.105-106.

위 보기는 한 믿음체계가 다른 믿음체계로 수정된 경우에 해당한다. 그 수정과정을 표현해 주는 내적 논리적 구조를 다루지 않더라도, 원래 믿음체계와 수정된 체계 사이의 구조적 상관관계는 언급되어야 한다. 그러한 관계가 통시적 관점에서 세계관의 역동성의 결과로 본다면, 그 관계는 결코 정적인 다원주의로 표현될 수 없다. 정적인 다원주의를 포괄하는 동적인 다원주의가 요구된다.

§13. 동적인 다원주의는 최소한 세 가지 조건을 만족해야 한다. 우선 정적인 다원주의를 특수한 실례로서 포함하기 위해, 동적인 다원주의에선 믿음체계의 핵심부 K와 그것과 관련된 물질적 조건들의 집합을 고정하지 말아야 한다. 정적인 다원주의의 강화된 실용주의 조건과 비분리성의 조건 또한 같은 맥락에서 일반화되어야 한다. 둘째, 핵심부와 주변부에서 서로 차이가 나는 믿음체계들이 공존하는 가운데, 관련된 물질적 조건들의 양적 차이가 고려되어야 한다. 그러한 양적 차이는 세계관들의 물질적 효율성(material utilities)에 있어서의 차이와 연관된다. 셋째, 물질적 효율성에서 다른 세계관보다 떨어지는 그 어떤 세계관도 그 자체의 고유한 유용성(availability)을 여전히 유지할 수 있어야 한다. 이 세 조건들은 다음과 같이 구체화된다:

동적인 다원주의 DP(dynamic pluralism) : 동적인 다원주의는 다음을 만족하는 세계관들 $<K_i, H_j>$의 특정 집합 DP이다:

1. DP의 어떠한 K_i에 대해서도 $\cup L(H_j) = K_i$를 만족하는 H_j의 모임은 존재하지 않는다. (강화된 실용주의 조건의 일반화)

2. $H_i \subset H_j$와 $L(H_i) \subset L(H_j)$ 같은 경우를 제외하면, 그리고 $-L(H)$를 H에서 추론되지 않는 것들의 집합으로 정의하면, DP의 모든 K_i에 대해

"$\cap K_i \neq \varnothing$"이 성립하며, $\forall i, j, k(-L(H_i) \cap -L(H_j) \cap K_k \neq \varnothing)$ (비분리성 조건의 일반화)

3. # $MC(<K_i, H_j>)$를 물질적 조건들의 집합 $MC(<K_i, H_j>)$의 양, 곧 기수(cardinal number)로 정의할 때 "$(<K_i, H_j>) > (<K_k, H_l>)$"는 "# $MC(<K_i, H_j>) > \# MC(<K_k, H_l>)$"로 정의된다. 다시 말해 전자의 세계관이 후자의 세계관보다 물질적으로 효율적이다. (물질적 효율성 조건)

4. "$(<K_i, H_j>) > (<K_k, H_l>)$"일 때 곧 전자가 후자보다 물질적으로 효율적일 때 "$[MC(<K_i, H_j>) \cap MC(<K_k, H_l>) \neq \varnothing \wedge \neg(MC(<K_i, H_j>) \supset MC(<K_k, H_l>))]$"이 성립한다. (고유영역 조건)

1과 2는 정적인 다원주의 SP의 일반화이다. 그 일반화 과정은 믿음 체계와 물질적 조건들 집합의 고정을 푼 것이다. 즉각적으로 확실한 믿음들의 다양한 집합을 고려할지라도, 그 모든 집합들에 공통된 믿음들이 있다. 과거 1천 년 전의 어떤 세계관과 지금의 어떤 세계관이 아무리 다를지라도, 그때나 지금이나 모든 사람이 걸어서 달에 갈 수 없다는 점에 즉각적으로 확신한다. 이러한 이유에서 DP의 모든 K_i에 대해 "$\cap K_i \neq \varnothing$"을 가정하는 것은 합리적이고, 그 가정은 임의의 K_i를 고정시키지 않았을 때 비분리성 조건 "$\forall i, j, k(-L(H_i) \cap -L(H_j) \cap K_k \neq \varnothing)$"이 성립하기 위한 필요조건이다.

3은 물질적 효율성의 차이에 있어서 세계관들의 차이를 표현한다. 고유 영역 조건 4는 그러한 물질적 효율성의 차이에도 불구하고 각각의 세계관이 그 자체의 유용성을 유지함을 말한다. 조건 2의 "$\cap K_i \neq \varnothing$"과 형이상적 측면의 조건 C3의 특수한 실례인 C3'에 의해, "$(<K_i, H_j>) > (<K_k, H_l>)$"일 때 "$MC(<K_i, H_j>) \cap MC(<K_k, H_l>) \neq \varnothing$"이 성립한다. 그 경우 "$MC(<K_i, H_j>) \supset MC(<K_k, H_l>)$"가 4에 의해 성립하지 않으므로, 물질적 효율성에 있어서 $<K_i, H_j>$에 비해 상대적으로 열등한 세계관 $<K_k, H_l>$에만 해당하는 물질적 조건들이 여전히 존재한다. 이러한 의미에서 $<K_k, H_l>$에 해당하는 영역은 상대적으로 보존된다. 실례로 장기이식이 불가능한 시대의 세계관과 가능한 시대의 세계관을 비교해 보라. 후자의 세계관이 물질적으로 풍요로운 것이 사실이지만, 과거 시대의 세계관에서 잘려나간 확실한 믿음을 충족하는 물질적 조건은 일반적으로 통용되지 않는다.

정적인 다원주의와 동적인 다원주의 양자가 성립하기 위해 임의의 믿음체계가 아닌 세계관, 곧 조건 C1-C5를 만족하는 체계만이 고려되었다. 이 합리성의 조건들과 각각의 다원주의가 성립하기 위한 조건들은 믿음체계에서 발견되는 내적이면서 기술적인 성질이다. 그러한 조건들의 좀더 좋은 표현방식과 수정은 가능하지만, 믿음체계를 수정할 목적으로 가공된 이데올로기 혹은 규범이 허락되어선 안 된다. 문화와 역사 가로지르기를 허락하는 다층 다원주의는 그래야 하며, 이를 위해 그 다원주의의 뼈대에 대해 언급하고자 한다.

§14. 한 세계관의 변천은 물질적 조건 이외에 역사 문화적 문맥(contexts)에 좌우된다는 점이 다층 다원주의의 기본 정신이다. 이를 좀더 구체적으로 다루기 위해 세계관 변화의 역사사슬(historical chains)을 도입한다. 그러한 사슬은 밍코브스키(H. Minkowski)에 의해 고안된 수 기하(geometry of numbers)의 격자이론(theory of lattice)을 빌려 표현 가능하다:[22]

---

22) W. Strobl, "Aus den wissenschaftlichen Anängen Hermann Minkowski", *Historia Mathematica* 12, 1985, pp.142-56.

한 동적 다원주의 DP에 대해 $\mathcal{L}$(DP)는 기수 $\# MC(<K_i, H_j>)$의 유한 불연속 점들의 집합 $Q = \{q_1, q_2, ..., q_n\}$, 시간점들의 집합 $T = \{t_1, t_2, ..., t_m\}$, 공간적 장소들의 집합 $P = \{p_1, p_2, ..., p_l\}$의 곱(product) $Q \times T \times P$로 이루어진 특정 격자로서 다음 조건을 만족한다:

1. Q의 최소점(minimum) q_1은 DP에 반드시 속할 이유가 없는 가상 믿음체계 $<\cap K_i, \cap H_j>$의 기수 $\# MC(<\cap K_i, \cap H_j>)$로 정의된다.

2. $\mathcal{L}$(DP)는 특정 양의 유리수 r과 자연수 j와 k에 대해 "$x = (q_i, t_j, p_k) = (rq_1, jt_1, kp_1)$"를 만족하는 벡터들로 이루어진다. 곧 "$\mathcal{L}$(DP) $\subset \{x|x = (r, j, k)x_1\}$"이고, 이때 x_1는 격자 $\mathcal{L}$(DP)의 기저(basis)인 벡터 (q_1, t_1, p_1)이다.

여기서 자세한 수학적인 의미분석은 필요 없고, 다음과 같은 격자로 표현된 기하학적 직관에 호소한다:

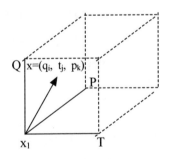

위 그림에서 벡터 x에 대해 시기 t_j와 장소 p_k에 존재하면서 "$\# MC(<K_i, H_j>) = q_i$"를 만족하는 특정 세계관 $<K_i, H_j>$가 대응한다. 그러한 세계관을 $<K_i, H_j>^x$로 나타낼 때 벡터 $x(= (q_i, t_j, p_k))$는 $<K_i, H_j>$의 시공간적 적소(niche)로 취급된다. 따라서 격자 $\mathcal{L}$(DP)와 동형인

$<K_i, H_j>^x$들로 이루어진 격자 $\mathcal{L}'$ (DP)를 가정할 수 있다. 물론 기저 벡터 x_1에는 DP에 반드시 속할 이유가 없는 가상 믿음체계 $<\cap K_i, \cap H_j>$가 대응한다. 이제 x_{tj}를 시간점 t_j와 관련된 임의의 (q_i, t_j, p_k)라 할 때 격자 $\mathcal{L}$(DP)의 n-차 나열 $(x_1, x_{t1}, x_{t2}, ..., x_{tn})$에 대응하는 $\mathcal{L}'$(DP)의 나열이 존재한다. 그러한 나열을 DP의 한 역사사슬로 정의한다. 이때 다층 다원주의는 다음을 말한다:

다층 다원주의 MP(multi-dimensional pluralism)란 주어진 격자 $\mathcal{L}'$(DP)의 특정 역사사슬의 집합으로서 다음 조건을 만족한다:
1. 문맥 의존성 조건(condition of context-dependence) : 한 역사사슬 $hc(\in MP)$의 형성은 단순히 물질적 조건 이외에 특정 문화와 역사에 좌우된다.
2. 독점주의 반대 조건(condition of no-monopoly) : hc_{tn}을 역사사슬 hc의 마지막 단계에 나타나는 세계관으로 정의할 때 "$\forall hc \in MP[\exists <K_i, H_j>(hc_{tn} = <K_i, H_j>)]$"가 성립하지 않는다. 다시 말해 세계관의 모든 가능한 수정과정의 결과가 유일한 세계관의 도착으로 끝나지 않는다. 만약 그렇게 끝난다면, 이는 명백히 정적인 다원주의 SP, 따라서 동적인 다원주의 DP에 모순된다.

문맥 의존성의 조건은 세계관 자격을 갖는 믿음체계의 체계 내적 및 외적 요인들의 상호작용과 관련되기 때문에, 그 조건은 결코 체계 내적인 어떤 형식적인 구조로 표현될 수 없다. 독점주의 반대 조건은 제아무리 세계관이 진보할지라도 마지막 도달하게 될 수렴점(limit point)으로서 세계관이 가정되지 않음을 뜻한다. 결국 세계관 수정과정과 관련되는 문화 역사적 문맥들의 다양성 때문에, 어떤 이상적인 세계관을 궁극적으로 가정할 이유가 없다. 철학적으론 세계를 이해하는 방식에서의 차이란 다원주의 내에서 피할 수 없음을 뜻한다.

철학적 함축

§15. 다층 다원주의에 의하면, 특정 구체적 다원주의, 실례로 종교 다원주의 논의에서 세계관의 다양성과 차이점이 강조되어야 한다. 또한편 다층 다원주의 내에서 주제에 있어 차이를 보이는 논의들이 서로를 배제하는 관계를 형성해선 안 된다. 이 점은 다층 다원주의의 두 조건이 함축하는 중요한 결론이다. 이제 다층 다원주의를 현재 다원주의 논쟁 속으로 정착시키기 위해, 다층 다원주의로부터 추론 가능한 세 원리, 곧 토대 부정의 원리, 상식의 원리와 반제거주의 원리를 살펴보자:

토대 부정의 원리(principle of no-foundation) : 일반적으로 한 이론은 특정 세계관 <K, H>의 주변부 H를 이루는 가설적 믿음에 근거하여 형성되는 체계로 여겨진다. 이론은 세계관과 달리 정합적이고 무모순한 단일 체계를 지향한다.[23] 실용주의 조건 C2, 정적인 다원주의의 강화된 실용주의 조건 및 다층 다원주의의 독점주 반대 조건에 의해, 세계관의 핵심부 K 전체를 논리적으로 함축하는 유한 가설들의 집합은 불가능하다. 따라서 그 어떠한 세계관에 근거해 완벽한 토대로서 이론을 건설할 수 없고, 그 이론에 의해 특정 세계관의 수정을 일방적으로 강요할 순 없다.

---

23) AGM에서 다루는 믿음체계가 바로 그러한 단일 체계이다. 따라서 AGM 이론은 실제 믿음체계보다는 이론 수정의 과정을 기술하는 데 더 효과적이다.

상식의 원리(principle of common sense) : 토대 부정의 원리에 의해 유일하게 좋은 혹은 절대적으로 객관적인 이론을 가정할 수 없다. 그러나 토대 부정이 맞바로 더 좋고 나쁨, 더 객관적이고 덜 객관적인가와 관련된 그 어떠한 선별기준의 부정으로 이어지지 않는다. 다층 다원주의 논의에서 세계관은 무작위적으로 형성되는 것이 아니라 최소한의 합리성의 조건 C1-C5를 만족하는 믿음체계이어야 한다. 가설적으로 확실한 믿음들이 세계관의 핵심부를 부분적으로 설명하려는 한에서, 그러한 믿음에 근거한 이론의 선별은 그 설명 정도에 따라 측정된다. 한 이론이 다른 이론보다 상대적으로 좋다고 할 때 관련된 세계관들의 믿음은 단순히 다른 믿음에 의해서가 아니라 외적인 물질적 조건에 의해 만족된다. 따라서 그 상대적인 좋음의 정도란 그 만족되는 정도만큼의 객관성을 확보한다. 세계관의 중심부가 상식을 반영하기 때문에, 상식 자체가 이론선별의 합리적 근거가 된다. 물론 세계관의 핵심부 또한 수정 가능하지만, 과거, 현재 그리고 미래를 관통하는 즉각적으로 확실한 믿음들이 있다.24) 그러한 믿음들을 포기하게끔 강요하는 이론일 수록 상식적으로 받아들이기 힘들다.

반제거주의 원리(principle of no-elimination) : 상식의 원리는 토대 부정의 원리에 의해 제한 받는다. 상식의 원리에 의해 결코 종착역이 될 완벽한 이론에 도달할 수 없다. 상식 자체가 일상 믿음의 즉각적인 확실성에 대한 원인을 제공하지 못하기 때문에, 상식의 원리는 그러한 확실성에 대한 가설 설정을 배제하지 않는다. 이점은 형이상학적 측면의 조건 C3에 함축되어있다. 즉각적으로 확실한 믿음들 사이의 서로 돕는 관계에 의해 그 믿음들을 의심하는 것이 자연스럽지 못함을 보일 순 있지만, 의심할 필요가 없다는 점과 원인 설명 혹은 가설 불필요성을 동일시해선 안

---

24) 이 사실은 동적인 다원주의의 비분리성 조건의 일반화에서 나타나는 "$\cap K_i \neq \emptyset$"에 의해 지지된다.

된다. 특정 믿음에 대한 의심의 부자연스러움은 그러한 믿음의 이론 전 단계적(pre-theoretical) 성질을 보일 뿐 결코 이론건설 자체를 부정하지는 않는다. 동적인 다원주의의 비분리성 조건과 고유영역 조건의 덕으로 한 세계관의 유용성이 다른 세계관에 의해 파괴되지 않는다. 따라서 상식의 원리 덕으로 어떤 이론 T1보다 더 좋게 측정된 이론 T2에 의해 그 다른 이론 T1이 근거하는 세계관 자체의 유용성은 제거될 수 없다.

§16. 위 세 원리는 우선 다층 다원주의와 포스트 모더니즘에 함축된 상대주의 사이에 유사성을 분명히 해준다. 료타르(J. F. Lyotard), 파이 어아벤트(P. Feyerabend) 등이 이성으로부터 해방을 외칠 때 특정 주의, 이념 혹은 이론이 다른 세계관을 억압하는 것을 부정한다.[25] 그 결과 어떤 이론 혹은 이념에 의해 특정 세계관이 제거될 수 없다.

그러나 어떤 세계관도 제거될 수 없다고 해서 이론선택 및 우위비교 에 대한 최소한의 합리적 기준을 거부할 순 없다. 한 세계관에 근거한 이론이란 그 세계관의 특정 가설적 믿음들을 정합적이고 무모순하게 확장하려는 체계이다. 실용주의 조건 및 비분리성 조건에 의해 어떠한 이론도 상식을 반영하는 관련 세계관의 핵심부 전체를 통합 설명할 수 없으며, 심지어 그 핵심부의 특정 부분과 마찰을 일으킨다. 실례로 현대 물리주의(physicalism)는 물리적 현상 없이 정신 현상이 불가능하다는 세계관에 근거하지만, 물리주의의 환원론적 성격은 비상식적이라는 이유로 비판을 받는다.[26]

---

25) K. Nielsen, *Naturalism without Foundation*, New York: Prometheus Book, 1996, pp.300-302.
26) 그러한 비판으로서 다음들 들 수 있다. F. v. Kutschera, *Die falsche Objektivität*, Walter de Gruyter, 1993. T. Nagel, *The View from Nowhere*, Oxford University, 1986. R. Trigg, *Rationality & Science*, Oxford: Blackwell, 1993.

상식의 원리가 이론선택 및 우위비교에 대한 일반 방법론으로 이해될 때 그 원리는 어떤 이론 혹은 주의로서 토대가 아님이 분명해진다. 더욱이 그러한 방법론의 목적은 완벽한 이론 도달이 아니라 이론 사이의 상대적 비교와 점진적으로 제거되어야 할 이론을 찾아내는 것이다.[27) 반면에 근대 철학의 상식주의(commonsensism)란 특정 인간본성의 원리들로부터 도덕규범 및 자연과학의 가능성을 도출해 내려는 토대로서의 이론체계이다.[28) 이러한 상식주의를 가지고 상식의 원리를 비판하는 것은 범주적 잘못(categorical mistake)이다.

§17. 현재 실용주의(pragmatism) 노선을 옹호하는 이론은 무차별하게 다원주의로 분류되는 경향이 강하다. 그렇지만 모든 그러한 노선이 다층 다원주의 안에 포섭되진 않는다. 하버마스류의 동의론은 민주주의 틀 안에서 다양한 문맥을 인정하고 종착역으로서 특정 결론을 전제하지 않기 때문에, 좁은 의미의 실용주의적 성격을 갖는다. 그러나 합리적 동의를 이끌어내는 절차란 반드시 민주적이어야 한다. 그 결과 속칭 비민주적인 사회의 세계관은 비합리적으로 간주된다. 상식의 원리에 비추어 동의론이 종교적 원리주의에 비해 더 합리적인 이론일지

---

27) 이러한 식으로 상식을 사용한 이는 퍼스(Ch. S. Peirce)이다. 이 점은 그의 대표작 중 하나인 『믿음의 고정』(*The Fixation of Beliefs*)을 포함한 논문집 곳곳에서 드러난다. 퍼스는 무어와 달리 상식을 절대 틀릴 수 없는 명제들을 내용으로 가지는 믿음체계로 보지 않았고 또한 비트겐슈타인과 달리 형이상학에 대한 공포감에 휩싸이지 않았다. Ch. S. Peirce, *Collected Papers*, vol.5, edited by Ch. Hartshorne & P. Weiss, Harvard University, 1934.

28) 특히 인간본성의 원리들로부터 자연과학의 가능성을 정착시키는 동시에 흄의 회의주의를 극복하려 했던 스코틀랜드 상식주의의 시도에 대해선 다음을 보라. P. M. Harman, *The Natural Philosophy of James Clerk Maxwell*, Cambridge University, 2001, pp.13-27.

라도, 그 원리주의에 근거한 세계관 자체가 반드시 민주주의에 합당한 세계관으로 수정되도록 강요되어선 안 된다. 제거되어야 할 것은 원리주의라는 이론적 토대이지 그것이 근거하는 세계관 자체는 아니다. 그 세계관이 민주주의 노선에 의해 억압을 받을 때 오히려 자연스럽게 수정될 원리주의는 더 큰 힘을 얻으며, 주변국에 위치한 비판적 사람들은 이 사실을 몸으로 느낀다.[29] 민주주의를 전제하는 점은 토대 부정의 원리에 어긋나며, 그 결과 반제거주의 원리도 깨어진다. 하버마스가 토대주의에 반대할 때 그것은 과거 철학에 대한 반성, 곧 다른 학문과 구별되는 철학의 고유기능을 거부하는 것이다.[30]

또 한편 실용주의 노선에서 형이상학 자체를 제거하려는 로티(R. Rorty) 진영, 형이상학이 무의미하진 않지만 실천철학에서 그 어떠한 실제적 역할을 못한다고 보는 롤스(J. Rawls) 진영을 지나쳐 갈 순 없다.[31] 세계관의 체계 내적 특징으로서 형이상학적 측면의 조건 C3에 의해 로티 진영은 다층 다원주의에 포섭될 수 없다. 롤스 진영은 실천철학이 그 어떠한 형이상학적 토대의 역할을 가정하지 않은 채 사회 역사적 문맥 속에서 충분히 유지된다고 본다. 정의, 권리 및 자유의 문제를 다루는 데 있어서 논리 실증주의자들처럼 모든 형이상학적 문제

---

29) 인문학은 언어를 매개로 하여 이루어진다. 중심부란 그것의 언어로 쓰여져도 커다란 파생과 확장효과를 갖는 곳이다. 주변부는 그렇지 못하다. 중심부의 억압이 없어도 주변부는 알아서 중심부에 속하려는 성향이 있는데, 그 성향이 지나치게 크면 주변부의 자생력은 급속히 감소할 것이다.

30) J. Habermas, "Philosophy as Stand-in and Interpreter" in K. Baynes(ed.), *After Philosophy*, MIT, 1987, pp.296-315.

31) J. Rawls, *Political Liberalism*, Columbia University, 1993. 롤스에 동조하는 이들은 다음과 같다. N. Daniels, *Justice and Justification: Reflective Equilibrium in Theory and Practice*, Cambridge University, 1996. S. Hampshire, *Morality and Conflict*, Harvard University, 1983.

가 무의미하다고 주장할 이유는 없지만, 그러한 문제를 배제한 상태에서 실천철학과 윤리학이 가능하다는 것이다. 다원화된 사회 속에 중첩된 도의 혹은 공감이 자유와 평등을 지향하는 한에서, 윤리학과 실천철학이 요구하는 것은 반성적 평형상태(reflective equilibrium)이다. 반성적 평행상태란 공감하는 믿음들 사이의 갈등해소를 목적으로 자유와 평등이라는 시민의 요구에 의해 희망되는 사회상태이다.

그러나 롤스의 입장은 이론적으로 가능할 뿐이다. 세계관이 실제 실천적 차원에서 역할을 갖는 한에서, 그 세계관의 형이상학적 측면의 역할을 배제할 수 없다. 우리의 장기 이식에 대한 거부감이 단순히 충분한 토론을 거치면 사라질 것이라고 생각하는 것만큼 어리석은 추측은 없다. 그 거부감의 뿌리 속에는 우리 세계관의 형이상학적 측면이 자리잡고 있기 때문이다. 더욱이 종교가 형이상학적 측면을 띠므로, 롤스의 입장은 종교다원주의를 끌어안을 수 없다. 롤스 진영의 실용주의는 종교다원주의의 방해물이 됨으로써 다층 다원주의의 길을 막는다. 그에 의하면 다원화된 사회가 계속 진화할 때 인간의 세계관은 일률적으로 형이상학적 측면이 제거되는 방향으로 나갈 것이고, 이 점은 다층 다원주의의 독점주의 반대 원리에 입각한 반제거주의 원리에 위배된다.

§18. 위 두 경우는 현재 불분명하게 남아 있는 실용주의와 다원주의 사이의 관계설정을 분명히 해준다. 다층 다원주의가 진정한 다원주의로 이해될 때 다원주의는 실용주의를 포섭하지만, 역이 반드시 성립하지는 않는다. 이 점은 다원주의라는 넓은 문맥 속에서 실용주의 혹은 정치이론 등을 다룰 수 있음을 시사한다. 반면에 지금까지의 다원주의 논쟁은 종교, 문화 및 가치 등 개별적 분과와 관련해 국소적으로 다루

어졌다. 최소한 중심부 혹은 서구의 다원주의 논쟁은 그래왔고, 그 결과 주변부의 상이한 세계이해, 곧 세계관은 진정한 의미에서 포섭의 대상이 아니었다. 결과적으로 세계관의 차이를 허용하기 위해선 극단적 상대주의만이 대안이라고 여겨졌다.

실천 철학에서 다원주의를 표방하는 현재 실용주의 노선의 성격을 보라. 그 성격은 일방적인 형이상학에 대한 반감으로 규정되는데, 그 원인은 전통적으로 유일하고 올바른 형이상학을 지향한 동기에 대한 극단적인 반발이다. 토대 부정의 원리와 반제거주의 원리가 그러한 유일한 형이상학을 전제하는 것에 반대하지만, 이로부터 형이상학의 무의미함과 쓸모 없음이 맞바로 뒤따르지 않는다. 제거되어야 할 점은 유일한 설명토대로서 형이상학이지 결코 세계를 설명하기 위해 도입되는 실험으로서 형이상학이 아니다. 다양한 형이상학의 공존 가능성을 인정하는 것, 그것이야말로 세계관의 차이를 인정하는 것이다. 다층 다원주의는 바로 그러한 차이를 다양한 사회 문화적 문맥 속의 현실로 인정하고자 한다.

그러나 다층 다원주의가 실제 실천의 문제, 실례로 인권, 문화적 갈등 및 특정 언어의 제국주의적 성향의 문제 등에 어떤 구체적 대안을 제시하는가를 다루기란 정말 힘들고 방대한 작업이다. 지금 이 세상이 소위 다원화되었다고 외치지만, 다양한 세계관의 차이를 있는 그대로 충분히 분석한 공동의 작업조차 없는 실정이다.[32] 실천적 차원에서 다

---

32) 나는 그러한 작업이 중심부에서 진실되게 이루어지기란 힘들다고 본다. 중심부의 관점은 항상 자신의 눈으로 타인을 바라보기 때문이다. 다원화된 세계를 위한 철학은 오히려 주변부, 특히 다양한 요소가 사방에 혼재하는 곳이 유리하다. 그러나 주변부, 특히 중심부에 경제적으로 종속된 곳은 문명 대안론 혹은 우리 철학이라는 이름을 걸고 비판적이지 못했던 자신들 스스로에게 면죄부를 찍으려 한다. 그 과정에서 그들은 스스로 전환의 기회를 놓치고 있다. 진정한 전환

충 다원주의가 무엇을 시사할 수 있는지를 따지기 전에 이론적으로 먼저 다루어져야 할 문제가 있다. 초반부에 언급된 도식을 전제하지 않는, 곧 강한 의미의 다원주의가 유지될 수 있는가? 이 문제를 현대 언어 다원주의(linguistic pluralism)를 대표하는 보편 의미론(general semantics) 및 보편 문법(universal grammar) 등과 관련해 따져볼 것이다. 그러나 내용적 믿음들과 관련된 약한 의미에서의 다원주의의 이론적 가능성은 믿음체계의 기술적 분석을 통해 보였다.

———————————

은 주변부에서 유리하다.

참고문헌

C. Alchourrón, P. Gärdenfors, and D. Makinson, "On the Logic of Theory Change: Partial Meet Contraction Functions and Their Associated Revision Functions", *Journal of Symbolic Logic* 50, 1985.

G. Baker, *Wittgenstein, Frege & the Vienna Circle*, Basil Blackwell, 1988.

Bo Mou, "The Structure of the Chinese Language and Ontological Insight: A Collective-Noun Hypothesis", *Philosophy East & West*, Vol.49, No.1, 1999.

N. Daniels, *Justice and Justification: Reflective Equilibrium in Theory and Practice*, Cambridge University, 1996.

L. Forguson, *Common Sense*, London: Routledge, 1989.

P. Gärdenfors, *Knowledge in Flux: Modeling the Dynamics of Epistemic States*, MIT, 1988.

A. Giddens, *Modernity and Self-Identity: Self and Society in the Late Modern Age*, Stanford University, 1991.

J. Habermas, "Philosophy as Stand-in and Interpreter" in K. Baynes(ed.), *After Philosophy*, MIT, 1987.

S. Hampshire, *Morality and Conflict*, Harvard University, 1983.

C. Hansen, *Language and Logic in Ancient China*, University of Michigan, 1983.

C. Harbsmeier, *Aspects of Classical Chinese Syntax*, London: Curzon, 1981.

G. Harman, *Change in View*, MIT, 1989.

P. M. Harman, *The Natural Philosophy of James Clerk Maxwell*, Cambridge University, 2001.

W. James, *From a Pluralistic Universe*, New York, 1990.

I. Kant, *Kritik der reinen Vernunft*.

M. Kober, *Gewißheit als Norm*, Berlin: Walter de Gruyter, 1993.

F. v. Kutschera, *Die falsche Objektivität*, Walter de Gruyter, 1993.

K. Lorenz, *King Solomon's Ring*, London: Methuen, 1952.

G. E. Moore, "A Defence of Common Sense" in *Contemporary British Philosophy*, ed. by J. H. Murihead, London, 1925.

T. Nagel, *The View from Nowhere*, Oxford University, 1986.

K. Nielsen, *Naturalism without Foundation*, New York: Prometheus Book, 1996.

G. Patzig, "Aspekte der Rationalität" in G. Patzig, *Gesamelte Schriften IV: Theoretische Philosophie*, Göttingen: Wallstein, 1996.

Ch. S. Peirce, *Collected Papers*, vol.5, ed. by Ch. Hartshorne & P. Weiss, Harvard University, 1934.

I. M. Pepperberg, "Kommunikation zwischen Mensch und Vogel: Eine Fallstudie zu den kognitiven Fahigkeiten eines Papageis", *Zeitschrift fur Semiotik*, Vol.15, 1993.

G. Priest, R. Routley, and J. Norman, *Paraconsistent Logic: Essays on the Inconsistent*, München: Philosophia Verlag, 1989.

J. Rawls, *Political Liberalism*, Columbia University, 1993.

N. Rescher, *Pluralism: Against the Demand for Consensus*, Oxford: Clarendon, 1993.

S. J. Schmidt(ed.), *Der Diskurs des Radikalen Konstruktivismus*, Frankfurt: Suhrkamp, 1987.

T. Sprigge, "Philosophy and Common Sense", *Rev. Int. Phil.*, 40, 1986.

R. Stalnaker, *Inquiry*, MIT, 1984.

P. F. Strawson, *Individuals, An Essay in Descriptive Metaphysics*, London: Methuen, 1987[8th].

W. Strobl, "Aus den wissenschaftlichen Anängen Hermann Minkowski", *Historia Mathematica* 12, 1985.

G. J. Sussman and G. L. Steele Jr., "Scheme; An Interpreter for Extended Lambda Calculus", *MIT Artificial Intelligence Memo* 349, December, 1975.

G. Svensson, *On Doubting the Reality of Reality*, Motala: Borgstörms Tryckerei AB, 1982.

W. Träder, "Die Common sense-Philosophie Thomas Reids", *Deutsche Zeitschrift für Philosophie* 37, 1989.

R. Trigg, *Rationality & Science*, Oxford: Blackwell, 1993.

F. Waismann, *Ludwig Wittgenstein und der Wiener Kreis*, ed. by B. F. McGuiness, Basil Blackwell, 1967.

L. Wittgenstein, *Über Gewißheit*, ed. by G. E. M. Anscombe & G. E. von Wright, Bibliotheka Suhrkamp, 1992.

다원주의와 존재론

| 서 동 욱 | 서강대 철학과 |

1. 들어가는 말: 존재론과 전체성

이 글에서 우리가 하려는 것은 '다원주의적 존재론' 혹은 '존재론적
다원주의'를 정립하는 것이 아니라, '다원주의'는 '존재론'일 수 있는가
라는 의혹에 답하는 것이다. 존재하는 것(ce qui existe)은 그 표현에서 •
부터 알 수 있듯이 '존재(Être)에 매개됨'을 전제한다. 다시 말해 개개
의 얼굴을 지닌 특정한 존재자들은 중립적이고 익명적인 얼굴 없는 존
재에 의해 매개되는 한에서 바로 그런 존재자들로서 출현할 수 있다.
그렇다면 일원적인 존재에 매개되지 않는 개별자를 사유할 수 없다는
점에서 존재론은 다원주의와 가장 거리가 멀지 않겠는가?

가령 하이데거가 기술하는 바를 보자. 다른 존재자들과 달리 현존재
에겐 존재가 그의 본질이다. "인간 존재의 본질과 그 양상은 단지 있

음의 본질로부터만 규정 지워질 수 있는 것이다"(『형이상학』, 228).[1]
이 현존재가 존재의 부름을 알아듣는다는 것(Vernehmung)은 무엇인
가? 그것은 '인간 스스로가 자기 고유의 있음을 창조하는 것', 하나의
이루어짐(Geschehen), 역사 안에 스스로를 존재자로 나타나게 하는 것
이다(『형이상학』, 51절 참조). 그런데 타인은 현존재의 실존론적 구조
에 속한다. 즉 "현존재는 본질적으로 공동존재(Mitsein)이다"(『존재와
시간』, 168). 따라서 결단을 통해 현존재가 도달하는 '본래적인 존재가
능'은 절대로 개인적인 것이 될 수 없다. 현존재의 결단성으로부터, 세
인들(Das Man)과의 지리멸렬한 만남과 구별되는 본래적인 '서로 함께
있음'이 태어난다. "결단성의 본래적인 자기 존재에서부터 비로소 처음
으로 본래적인 '서로 함께'가 발원되는 것이지, '세인' 속에서 … 생기
는 것이 아니다"(『존재와 시간』, 397). 따라서 현존재가 맞이하는 '운
명'은 개개인의 것이 아니라, 늘 '집단적인 것', 한 민족의 것이다.[2] 이
런 의미에서 레비나스가 말하듯 "존재자들(étants)의 존재는— 그 존
재자들 사이에 **차이가** 있을지라도 — 전혀 다른 것들 사이의 **공통적인
운명**을 엮어낸다. 존재는 존재자들을 결합시킨다"(AQE, 4 참조).[3]

---

1) 앞으로 이 글에서의 인용은 참고문헌의 < > 안에 제시된 약호를 따른다. 인용
   문에서 인용자의 강조는 고딕체로 표기하며, ' ' 안의 말은 원저자의 강조, [ ]
   로 묶은 부분은 대체 가능한 번역어 혹은 뜻을 풀어쓰기 위해 인용자가 임의로
   집어넣은 구절이다.
2) "운명적인 현존재가 세계-내-존재로서 본질적으로 타인들과 함께 더불어 있으면
   서 실존할 때, **그의 생기는 공동** 생기이고 역운으로 규정된다. 이로써 우리는
   공동체, 민족의 생기를 지칭하고 있는 셈이다"(『존재와 시간』, 503).
3) 물론 하이데거의 존재 사유와 그것에 대한 비판 이후에도, 이와 전혀 다른 관점
   에서 '존재'와 '다양성'의 문제를 숙고하는 자들도 있는데, 가령 바디우(A.
   Badiou)가 그렇다. "존재의 법칙은 유일자 없는 다양성이다"(『윤리학』, 35)라
   는 그의 말이 보여주듯, 그는 존재를, 다양성을 일원성에 매개하는 위협적인 힘

그런데 이러한 일원성 또는 집단성을 어떻게 이해해야 하는가? 이 집단성은 타문화에 대한 존중을 포함하는 세계 시민적인 것인가? 사실 타인에 대한 심려(Fürsorge)에서 우리는 윤리적인 함의, 타인에 대한 배려를 읽어낼 수도 있다. 가령 하이데거는 "음식과 의복의 '배려'도, 병든 몸의 간호도 심려이다"(『존재와 시간』, 169)라고 말한다.4) 그러나 근본적으로 하이데거적인 집단성 속에는 다른 민족, 다른 문화에 대한 존중이 끼여들 자리가 없는 것으로 보인다. 가령 하이데거는 현존재의 비본래적 존재양식 가운데 하나로 '낯선 문화'에 관심을 가지는 것을 지적한다. 낯선 문화에 대한 관심은 '호기심'에서 비롯되는 것이며, 타락(Verfallen)한 채 억제를 모르는 '사업'(Betrieb) 속에 휘말려든 현존재의 '비본래적' 존재양식일 뿐이다. 다음 구절은 타문화에 대한 이러한 하이데거의 부정적인 생각을 잘 보여준다. "비본래적인 존재 속에서의 이러한 안정이 정지상태나 무행위로 유혹해 가는 것이 아니라 오히려 억제를 모르는 '사업' 속으로 몰아 넣는다. '세계'에 빠져 있음(Verfallen)은 이제 휴식을 모르게 된다. 현존재 해석을 특별히 고려하여 이제 다음과 같은 의견이 대두될 수 있다. 즉 가장 낯선 문화들을 이해하고 그것들을 자신의 고유한 문화와 '종합할' 때 비로소 현존재는 자기 자신에 대한 남김 없는 진정한 해명에 이르게 될 수 있을 것이다. 다방면에 걸친 호기심과 쉴 새 없이 모든 것을 알려고 함이 마치 보편적인 현존재 이해인 것처럼 착각하게 한다. 그렇지만 근본적으로, 무엇이 도대체 본래 이해되어야 하는가가 규정되어 있지도 않고 물어지지도 않은 채로 남아 있다"(『존재와 시간』, 243). 요컨대 낯선

으로 보지 않는다. 바디우에 대해선 다른 지면에서 자세히 논의하게 될 것이다.
4) 아울러 『존재와 시간』, 26절에서 제시된 심려의 긍정적인 두 가지 양태도 참조.

문화에 대한 관심과 이를 자문화와 조화시키려는 노력이 현존재의 '본래적 존재 양식에 속할 가능성', 즉 '문화다원주의'가 현존재의 존재구조로부터 근거를 확보할 가능성은 원천적으로 봉쇄되어 있는 것이다.

그런데 이와 같이 존재란 존재자들을 일원적으로 결합시키는 것인 반면, '경험상' 우리의 감성에 주어지는 것은 일원적인 존재가 아니라, 오직 다양 혹은 다수의 '감성적인 것'(le sensible)들이다. 즉 경험은 그 자체로 다수성(multiplicité) 혹은 다원성(pluralité)에 대한 긍정(affirmation)이며, 이로부터 우리는 경험론이 다원주의의 존립근거가 될 수 있음을 추측할 수 있다. 그런데 과연 경험론은 성립할 수 있는 입장인가? 우리는 존재사유 없는 철학을, 혹은 존재 없는 사유를 생각이나 할 수 있겠는가? 존재론이 다원주의가 아니라면, 그리고 경험이 다원성 자체에 대한 고백이라면, 우리가 과제로 삼아야 할 것은 어떻게 경험론은 경험을 존재에 매개하는 일을 전적으로 배제하고서 성립할 수 있는가, 그리고 언어 사용상 불가결한 존재 동사(is/est)는 어떤 의미에서 말하는 방식상의 습관 이상이 아닌가 라는 점을 보이는 것이리라. 이렇게 '존재'에 관한 사유의 전체주의적 성격에 대한 물음은 그 이면에 경험론의 가능성에 대한 탐구를 숨기고 있다. 우리는 이러한 문제들을 두 가지 상반된 관점에서 숙고하고자 하는데, '내재성의 관점'과 '외재성의 관점'이 그것이다.

2. 경험론과 존재론

존재 사유를 배제한 경험론은 성립할 수 없는가를 가늠하기 위한 방편으로, 경험론에 대한 데리다의 비판적 진술들을 숙고해 보는 것보다 좋은 길은 없을 것이다. 왜냐하면 경험론에 대한 데리다의 비판은 존재론적 입장에서 쓰여졌으며, 경험론과 존재론의 양립불가능성을 가장 극명하게 보여주는 문헌으로 간주해도 좋을 것이기 때문이다.5) 데리다는 존재 동사가 제거된 언어가 과연 가능할 것인가 의구심을 표현하며 다음과 같이 묻는다. "그런 언어가 여전히 언어라는 이름을 가질 자격이 있을까? … 로고스가 무엇을 의미하는지 우리에게 가르쳐준 그리스인들은 그런 언어를 용인하지 않았을 것이다. 플라톤은 우리에게 … 명사들과 동사들의 얽힘을 전제하지 않는 로고스는 없다고 말한다"(ED, 218-19).

이러한 비판이 경험론에 대해 위협이 될 수 있는 것은 경험으로부터 결코 얻어지지 않는 것이 바로 '존재'[est/is]라는 계사이기 때문이다. 그렇다면 감성 가운데 주어지는 타자들도 어떤 식으로든 이미 존재에 매개되어 있는 것일 수밖에 없다. "타자들을 그들의 진리 속에 '내맡겨져' 있게끔 하는 유일한 것"(ED, 217)이 존재이며, 이런 맥락에서 존

---

5) 우리가 데리다의 경험론 비판을 숙고하기 위해 다룰 그의 텍스트는 『글쓰기와 차연』(l'écriture et la différence)에 수록된 「폭력과 형이상학」(Violence et métaphysique)이다. 오늘날의 시점에서 보자면, 이 텍스트는 레비나스 연구로서 낡았다는 평가에서 자유로울 수 없으며, 데리다와 레비나스의 관계에 대한 정보를 제공해 주는 텍스트로서도 문제를 지닌다. 비교적 초기에 쓰여진 까닭에, 데리다 자신도 아쉬움을 표하고 있듯 「타자의 흔적」(La trace de l'autre, 1963) 같은 논문을 본격적으로 다룰 수 없었다는 것이 전자의 대표적 이유가 될 것이다. 이 이유는 곧바로 후자의 이유와 연결되는데, 「타자의 흔적」은 레비나스와 데리다의 차이점보다 공통점을 더 많이 말해 주고 있기 때문이다. 「폭력과 형이상학」만을 고려했을 땐 '환대성' 개념 등 데리다 후기 철학에 끼친 레비나스의 많은 영향도 전혀 드러낼 수 없다는 점도 덧붙여야겠다. 그러나 레비나스 연구도, 데리다와 레비나스의 관계 규명도 우리의 목적은 아니다. 이 텍스트는 레비나스 철학을 경험론으로 규정하고, 그것을 하이데거적인 존재론의 입장에서 비판한다는 점에서만 경험론과 존재론을 대립시켜 보고자 하는 우리의 시도에 제한적으로 도움을 줄 것이다.

재론은 어떤 경우든 근본적일 수밖에 없다. 존재의 이 근본성 때문에 데리다는 동사 '존재한다'는 모든 다른 동사와 모든 보통 명사 속에 이미 함축되어 있다고 말하는 것이다. 타자(다른 자)는 '다르다'라는 표현이 알려주듯 다원론을 전제한다. 그런데 '타자란 존재자일 수밖에 없으며 따라서 존재에 매개되어 있다'는 것은, '존재'라는 '일원성'을 전제하는 한에서 타자의 '다름'을 사유할 수 있다는 뜻이다. 즉 다원론은 보다 더 근본적인 층위에서 일원적인 존재를 전제할 수밖에 없는 '제한된' 의미만을 획득하게 된다. 과연 다수성은 근본적일 수 없는가?

그런데 진정한 경험론은 존재 개념을 받아들일 수밖에 없는 숙명 때문에 멸망하기는커녕, 바로 존재 동사 'être'를 극복해야 할 표적으로 삼는 데서 비로소 경험론으로서 존립한다. 경험론은 모든 동사들과 명사들을 존재 동사로부터 해방시키고자 한다. 들뢰즈는 이러한 경험론의 핵심정신에 대해 다음과 같이 말하고 있다. "철학, 철학사는 존재의 문제 때문에, 이다(EST) 때문에 방해받는다. 사람들은 속사[속성]의 판별(하늘은 푸르다, le ciel est bleu)과 현존의 판별(신은 있다, Dieu est)을 논의한다. … 그것은 항상 '존재'(être) 동사와 원리에 관한 물음이다. 오로지 영국인들과 미국인들만이 접속사들(conjonctions)을 해방시켰고, [주어와 속사 사이를 맺는] 관계들에 대해 반성해 왔다. … 모든 문법, 모든 삼단 논법은, 존재 동사에 대한 접속사들의 종속을 유지하는 방식이다. … 우리는 더 멀리 나가야 한다. 우리는 모든 것을 꿰뚫고 변조시키며, 존재를 손상시키고 무너뜨리는 관계들과 만나야 한다. EST(~있다)를 ET(~과 ~)로 대체해야 한다. A 'et' B. ET는 심지어 특정한 관계나 접속사도 아니다. 그것은 모든 관계들의 기초를 이루는 것, 모든 관계들을 열어주는 길이다. 그것은 관계들이 … 존재, 일자, 전체 바깥에서 짜여지도록 만든다. ET는 특별한 존재(extra-être)

이고 사이 존재(inter-être)이다. … EST를 사유하는 대신에, EST를 '위해' 사유하는 대신에, ET와 '더불어' 사유하는 것, 경험론에는 이것 말고 다른 비밀은 없다"(D, 70-71).

경험론의 근본 정신을 말하고 있는 이 구절들의 핵심을 한마디로 요약하자면, 계사는 존재 동사가 아니라, 접속사라는 것이다. 우리가 일상에서 사용하는 말 '하늘은(est/is) 푸르다'는 존재를 그 근저에 감추고 있는 것이 아니라, 오히려 '하늘임'과(et/and) '푸름'이라는 두 속성이 이웃하고 있다는 것을 표현하고 있을 뿐이다. '소년의 눈이 푸르다'는 그 문법적 구조를 통해, 존재를 함축하고 있는 것처럼 우리를 현혹하지만 사실 이 문장은 "Blue-eyed boy"라고 번역되어야 마땅하며, 그것이 뜻하는 바는 "소년스러움, 푸름, 눈스러움들이 배치됨(agence-ment)"이다(D, 73). 요컨대 '존재'는 경험론이 설명해 내지 못하는 약점이 아니라, 오히려 가장 먼저 경험론이 제거해 버려야 하는 것이다. 문법이 일으키는 환각에 대항해, 계사는 존재 동사를 함축하는 것이 아니라 속성들의 배치를 의미하는 접속사임을 밝히는 것, 그것이 경험론의 사명이다.6) (뒤에 우리는 바로 이와 같은 경험론의 관점에서, 레비나스의 유명한 개념인 '얼굴'을 하이데거적인 존재에 매개시키려는 데리다의 비판에 응답할 것이다.)

이런 경험론적 관점에서 주체는 존재 개념에 의존하지 않고 어떻게 기술될 수 있겠는가? "[니체라는 인물을 예로 들자면] 문헌학 교수인 니체의 자아[존재자]란 존재하지 않는다. 즉 갑자기 이성을 잃고 이상한 인물들과 스스로를 동일시하는 [별도의] 자아란 존재하지 않는다. 일련의 상태들을 통과하는 … 주체가 있을 따름이다"(A, 28). 서로 분

---

6) 서로 관련이 없는 속성들의 이런 '배치'를 일컫는 들뢰즈의 용어가 '이접적(배타적, 서로 관련 없는) 종합'(synthèse disjonctive)이다.

열린 상태들과 별도로 떨어져 있는 니체의 자아가 따로 있는 것이 아니다. 주체란 '존재자'가 아니라, '서로 ET를 통해 연결된 상태들의 배치'에 붙여진 이름일 뿐이다. 이런 뜻에서, 하나의 존재자를 일컫듯 '나'라고 말하는 것은 하나의 습관일 뿐이다. "주체, 그것은 하나의 아비투스, 하나의 습관, 내재성의 장 속에서의 하나의 습관, 나라고 이야기하는 습관이다"(QP, 49). 상태들의 연결상에서, 즉 상태들 사이에서 성립하는 것이 바로 주체이며, 이것이 바로 위에서 '사이 존재'라는 말로 표현한 경험론적 존재인 것이다. 이 주체에 붙여진 이름, 즉 이 주체를 기술하는 경험론의 언어는 어떤 식으로도 존재 동사를 전제할 수 없다.

3. 경험론은 철학이 될 수 있는가?

데리다는 경험론에 대해 이렇게 말한다. "사실 경험론은 단 하나의 잘못을 범했을 뿐인데, 그것은 스스로가 철학이라고 공표한 철학적 잘못이다"(ED, 224). 철학을 존재에 관한 학문으로 이해한다면, 경험론은 철학이라 불릴 수 없을 것이다. 감성에 주어진 것이 존재에 의해 매개되지 않는 한에서 그것들은 도무지 언어로 표현될 수 없으리라. 언어로 표현하고자 한다면 마땅히 먼저 존재 사유를 전제해야 한다. 데리다가 말했듯 '존재 동사는 모든 다른 동사와 모든 보통 명사 속에 함축'되어 있기 때문이다. 따라서 경험론이 설령 존재 사유, 즉 철학을 부정하더라도, 그 부정하는 언어의 배후에는 어쩔 수 없이 존재 동사가 먼저 자리잡고 있을 수밖에 없다. 다시 말해 철학을 하건 철학을 부정하건, 언제든 철학을 이미 하고 있을 수밖에 없다. 이런 뜻에서 데리다는 이렇게 말한다. "철학을 해야 한다면, 철학을 해야 한다. 철학을 해선 안 된다면, (그 사실을 말하고 사유하기 위해) 여전히 철학을 해야 한다. 언제나 철학을 해야 한다"(ED, 226).

그러나 오로지 '하이데거 같은 식으로' 그리스인들의 존재 사유를 계승한 자들만이 이렇게 생각할 것이다. 경험론자인 레비나스가 데리다의 비판이 나온 11년 뒤 『신과 철학』(1975)에서 데리다에게 준 다음과 같은 대답은 유명하다. "철학을 하지 않는 일이 '여전히 철학을 하는 일'은 아닐 것이다"(DI, 126). 데리다가 경험론을 심판하기 위한 시금석으로 가져다 놓은 그리스의 돌, 즉 존재 자체가, 동방에서 온 유태인들, 철학이 아닌 사유를 하는 자들에게는 애초부터 시금석이 될 수 없는 것이다. 데리다는 경험론이 존재 사유만을 쏙 빼어놓은 채 그리스인에게서 철학을 유괴해 가려고 한다는 듯 이렇게 말한다. "그리스인이 자기 집과 언어만 빌려주고 떠날 수는 더더욱 없는 일이다. … 로고스의 중심에 이타성(altérité) 일반을 받아들임으로써, 그리스의 존재 사유는 절대적으로 '놀라운' 모든 소환에 대항해 영구히 자신을 보호해 왔다"(ED, 227). 이 구절이 말해 주듯 존재 사유는 이타성을— 그러므로 이타성을 유일 원리로 삼는 다수성을— 존재에 매개시킴으로써 그 자신을 보호한다. 다시 말해 존재의 일원성 바깥에 이타적인 것을 절대 그대로 놓아두지 않는 것이 존재의 본성이다. 그런데 언어가 있다는 사실이 그 배후에 존재가 은폐되어 있다는 사실 자체를 가리켜 보이는 것으로 철학자는 생각하지만, 철학이 아닌 경험론이 보이고자 하는 것은 바로 비그리스적 언어, 즉 존재 동사가 배후에 은폐되어 있지 않은 언어가 가능하다는 점이다.[7] 데리다는 사유함에 있어서

---

7) 가령 레비나스의 후기 철학은 뚜렷이 이런 목적을 가지고 있다. 그는 '말함'(le dire)과 '말해진 것'(le dit)을 구별하는데, 말해진 것은 타자를 주제화하는 언어,

불가결한 요소인 개념에 대해 이렇게 말한다. "단지 철학의 기초 개념들이 우선 그리스적인 것들이며, 그러한 요소를 제외하고 철학을 하거나 철학을 이야기하는 것은 가능하지 않을 것이다"(ED, 120).[8] 그러나 바로 이런 생각과 정반대로 오늘날 우리가 가진 개념들은 그것들이 탄생했고 사용되었던 그리스적 토양을 완전히 상실했다는 것이 들뢰즈 같은 경험론자들이 내세우는 핵심적 주장 가운데 하나이다. "우리는 서구 사유의 수세기가 지난 후 개념들을 소유하고 있다고 믿지만, 그것들을 어디에 놓아야 할지 거의 모르고 있다. … 요컨대 과거 형태[그리스적 형태]의 개념, 그것은 [우리 시대에] 아직까지 존재하지 않은 그런 것이다"(QP, 97). 그리스인들의 개념이란 사실 존재하지도 않는 환상이며, 그 환상으로 끊임 없이 귀환하려는 시도는 철학의 보편적 운명이 아니라, 몇몇 철학자들의 '사적인' 작업으로 이해되어야 한다. "그리스와의 관계를 사적인 어떤 관계로 체험한 자들은 무엇보다

존재에 매개하는 언어인 반면, 말함은 바로 비그리스적 언어, 비철학적 언어, 존재와 다른 타자에게서 오는 언어이다. 『존재와 다르게 혹은 본질 저편』(*Autrement qu'être ou au-delà de l'essence*, 1974)의 주요 논점 가운데 하나는 바로 이 '말함'의 가능성을 보이는 것이다('말함'과 '말해진 것'에 관한 자세한 논의는 「소통과 책임성」의 3절 '소통과 구원', 47-61쪽 참조).

8) 이 말은 「폭력과 형이상학」의 시작 부분에서 데리다가 제시하는, 철학적 사유를 하기 위해 불가결한 세 가지 사항 가운데 하나이다. 이어서 이 사항들에 대해 데리다는 이렇게 말한다. "어떠한 철학이건 이 세 가지에 타격을 주려면 우선 거기에 복종해야 하거나, 혹은 철학적 언어로서 자기 자신을 파괴해야 한다"(ED, 121). 이 말은 우리가 이미 위에서 인용하기도 했던 이 논문의 마지막 부분에 나오는 결론적 주장, 즉 "철학을 하기 위해서도, 철학을 안 하기 위해서도, 불가결하게 철학을 할 수밖에 없다"는 주장의 또 다른 표현이다. 결국 이 주장은 레비나스에 대한 모든 비판의 시작을 가능케 하는 데리다의 유일한 전제이며, 또 유일하게 도달하는 결론이지만, 그리스 철학이기를 거부하는 지점에서부터 시작하는 경험론은 데리다의 이 전제 자체를 경험론에 대한 존재 사유의 독단적 폭력으로 여기고 거부할 것이다.

도 독일철학자들"(QP, 97), 그 가운데서도 특히 하이데거이다. 그런데 바로 데리다의 레비나스 비판에도 철학이 그리스와 맺고 있는 사적인 관계를 보편적인 것이라 고집하는 믿음, 즉 철학이 다른 가능한 모든 사유에 대해 배타적인 특권적 관계를 그리스의 존재 사유와 맺고 있다는 믿음이 공공연히 전제되어 있는 것이다. 그러나 경험론자들에게 이제 개념은 결코 그리스인들의 것이 될 수 없다. "영국인들은 부스러지고 조각나고 전 세계로 확대된 옛 그리스의 땅 위에서 유목민 생활을 한다. 그들이 … 개념을 소유하고 있다고조차 말할 수 없다. 그러나 그들은 개념을 획득하며, 획득된 것만을 믿었다"(QP, 101). 획득은 본래적인 소유와 대립한다. 애초에 소유하고 있지 않은 개념의 획득은 경험을 통해서밖에 이루어질 수 없기 때문이다. 그러므로, 획득된 경험을 기술하는 언어는 본성상 결코 존재 사유를 전제할 수 없다. 사유는 이제 "그리스인들의 소멸 뒤에 유목민들에게 돌아간"(QP, 100) 땅, 바로 경험론의 땅인 것이다. 그리고 이때 철학이란, 존재의 목소리를 듣고서 존재의 진리 안에 서려는 위대한 민족의 출현을 기술하는 학문이 아니라, 존재에 매개되지 않은 것, 따라서 존재자라 불릴 수 없는 것, 존재의 진리 안에 선 "동지들(camarades)의 집단성"(EE, 162)이나 전체성으로 환원될 수 없는 뿔뿔이 흩어진 다수들 혹은 '존재와 다른' (autrement qu'être) 것에 관한 학문이다.

4. 내재성의 관점에서 본 다원주의

'세계 안에' 있는 것들이 근본적으로 일원적인 존재에 의해 매개된 존재자들이 아니라면, 그것들이 다원성 속에서 이해될 때 우리는 그것들을 어떻게 개념화해야 하는가? 아마도 '있음'에 매개되지 않은 그것들은 영구적인 생성(devenir) 가운데의 '사건'(événement)이라는 이름으로 불려야 하리라. 그러므로 존재에 의해 매개되지 않은 개별자들을 고정된 존재자가 아니라, 사건으로 기술할 수 있을 때만 다원론은 성립할 수 있을 것이다. 가령 스피노자의 '변용'(affection)에 대한 들뢰즈의 해석은 개별자들을 존재에 매개되지 않은 다수의 영구적인 생성으로, 다시 말해 다자들이 만들어내는 사건으로 이해할 수 있는 한 가지 길을 제시해 준다.

변용을 들뢰즈는 이렇게 설명한다. "변용들은 양태에서 발생되는 것, 즉 양태의 변형들(modifications), 어떤 양태에 다른 양태들이 미친 결과들을 가리킨다"(SPP, 68). 이 말이 알려주듯 변용의 관점에서 개별자들을 본다는 것은, 개별자를 명사적인 고립성 속에서가 아니라, 개별자들끼리의 작용의 측면에서 본다는 것을 암시한다. "신체는 다른 신체들을 변용시키고 다른 신체들에 의해서 변용된다. 한 신체를 그 개별성 속에서 정의하는 것은 또한 이 변용시키고 변용될 수 있는 힘(pouvoir)이다"(SPP, 165). 개별성은 고립성이 아니라 오로지 변용의 차원에서만 이야기될 수 있는 것이다. 어떻게 그것은 가능한가? 매우 단순한 형태의 삶을 영위한다는 점에서 변용에 관한 이해를 도울 수 있는 예로 적합한 진드기의 경우를 보자. 행동학(éthologie)은 진드기를 다음과 같이 기술한다(D, 74-75; SPP, 167-68; MP, 314; QP, 176 참조).

진드기의 개별성은 단 세 개의 변용을 통해 설명된다. 첫째, 빛을 감지한 진드기는 나뭇가지 끝으로 기어오른다(시각적 변용). 둘째, 그 나뭇가지 밑으로 지나가는 포유동물의 냄새를 맡고서 그 동물에게로 떨어진다(후각적 변용). 셋째, 털이 없는 보다 더 따뜻한 부분을 찾아 피부 밑으로 파고든다(열적 변용). 진드기의 개별성에 대한 이러한 기술은 해부학적인 고정된 기관들을 통해, 진드기를 그 자체만으로 고립시켜서 정의하려는 모든 시도와 대립적이다. 진드기는 그것이 맞닥뜨린 기호(빛, 냄새, 열)에 대한 해독을 통해 다른 양태와 결합을 이루려는 변용의 관점에서 정의되고 있는 것이다. 그것은 서로간에 어떻게 변용을 일으키는지, 어떻게 서로 결합하는지의 관점에서 정의된 개별성이다.

이러한 기술에는 고립된 채로 고려되는 '명사적 존재자'가 설 자리는 전혀 없다. 개별자는 오로지 개별자끼리의 관계 속에서만, 다시 말해 변용이라는 생성 속에만 자리한다. 사람들은 진드기가 위와 같이 변용의 관점에서 정의되기 위해서는 그것은 이미 하나의 고립적인 존재자가 지닌 기관들이 전제되어야 한다고 생각할지 모른다(MP, 314 참조). 그러나 외부에서 변용을 일으키는 빛, 냄새, 열을 감지하는 기관들의 정체성은 바로 어디서 오는가? 바로 그것들의 기능으로부터 온다. 그리고 그 기능은 개별자가 변용 가운데 있을 때, 즉 다른 개별자와의 관계 가운데 있을 때 비로소 찾아질 수 있다(MP, 314 참조). 결국 고립된 존재자의 기관이 변용의 조건이 아니라, 변용 속에서 찾아지는 기능들이, 후에 이차적으로 반성적인 층위에서 기관들을 고립성 속에서 정의할 수 있도록 해주는 조건이 된다.

이렇게 개별자를 존재자의 관점에서가 아니라, 변용의 관점에서 다룰 경우 개별자는 존재 사유에 의해 매개되지 않는다. 오히려 개별자들은 그들의 다수성을 유지한 채 변용이라는 '관계' 속에서 이해될 수 있으며, 이 관계는 개별자들이 서로 영향을 주고받는 생성의 관점에서 파악된 관계이다. 이렇게 생성 가운데서 파악된 개별자를 우리는 '사건'이라고 부를 수 있을 것이다(QP, 26; IV, 5 참조). 이러한 항구적인 생성으로 정의된 세계 안에서 '존재'는, 그 개념을 제거하지 않는다면, 어떻게 이해되어야만 할까?

하이데거에서 보듯 존재자가 바로 그 존재자로 출현하게끔 해주는 것이 존재라는 점에서 존재는 존재자의 본질이다(AQE, 3 참조).[9] 존재자는 그것의 존재에 있어서 다른 어떤 것도 아닌 그 자신으로서만 존재할 수 있다. 이런 의미에서 레비나스가 지적하듯 존재자의 존재는 동일성을 통해서 표현될 수 있는 것이다. "존재는 다른 어떤 것에 의거하지 않고 스스로를 긍정하는 어떤 절대적인 것이다. **그것은 동일성이다**"(E, 73). 그러나 모든 개별자들이 오직 생성 가운데서만 파악된다고 할 때, 한 존재자를 그 존재자로 있게끔 해주는 동일성의 원천으로서의 존재는 더 이상 의미를 지니지 않는다. 그렇다면 존재란 무엇인가? 들뢰즈는 동일성의 원천으로서의 존재를 부정하며, 모든 개별자들이 생성 중에 있을 경우의 존재를 이렇게 설명한다. "**동일성은 제일원리가 아니다. 동일성은 이차적 원리로서, '파생된' 원리로서 존재한다.** … 이런 것이 차이가, 동일적인 것으로서 이미 상정된 어떤 개념 일반의 지배 아래 머무는 대신, 자기 고유의 개념을 가질 수 있는 가능성을 열어주는 **코페르니쿠스적 혁명**의 본성이다. 니체가 영원회귀라는 개념을 통해 의미했던 바가 바로 이것이다. … 회귀하는 것은 존재이긴 하지만 오로지 생성이라는 존재이다. 영원회귀는 '동일자'를 다시 오게 하는 것이 아니다. 회귀함은 오로지 **생성함**이라는 동일자를 구성할 뿐이다. … 차이에 의해 생산되는 그런 동일성은 '반복'으로 규정된다"(DR, 59). 여기서 차이란 개별자들 사이의 차이로 이해될 수 있다. 존재자를 하나의 동일한 존재자로 출현하게 해주는 존재를 전제하지

---

9) 물론 하이데거 자신도 존재를 존재자의 '본질'로 칭하고 있다(W, 330 참조).

않고, 변용의 관점에서 이해된 개별자들에 있어선, 즉 생성 중에 있는 개별자들에 있어선 차이가 가장 근본적이다(왜냐하면 차이가 없다면 모든 것은 실재상 동일자이고, 따라서 다수 사이에서만 가능한 변용이란 것도 불가능할 테니까). 변화의 배후에 있는 동일적인 존재자도 없으며, 이 존재자를 그런 동일적인 명사적 존재자로 출현하게끔 해주는 존재도 없다. 오로지 개별자들의 생성만이 있고, 존재란 이런 생성이 '반복'되는 '동일한 상태'에 이차적으로 붙여진 '이름'이다. "존재란 없으며 모든 것은 생성 가운데 있다. [또는] … 존재는 생성 그 자체로서의 존재이다"(NP, 27). "생성 외에는 다른 것이 아닌 존재만이 있다" (NP, 216). 이런 까닭에, 개별자들이 그렇게 있는 바 원리로서의 존재란, '모든 개별자들은 생성 가운데 있다는 것' 혹은 '생성 가운데서 이해된 존재자들의 다수성' 외에 다른 것을 의미하지 않는다(MP, 196 참조).

5. 외재성의 관점에서 본 다원주의

외재성의 관점에서는 존재에 매개되지 않는 다원적인 개별자들을 어떻게 사유할 수 있을까? 과연 외재성의 관점에서 다원주의를 해명하는 것은 필요하기나 한 일인가? 이 물음에 답하기 위해 우리는 하나의 특수한 현상을 숙고하고자 하는데 그것이 바로 '얼굴'이다. 뒤에 보겠지만 얼굴은 데리다가 경험론의 존립불가능성을 보이기 위해 비판하는 주요 대상인 만큼, 하나의 숙고 대상으로서 우리의 관심을 끌기에 충분한 것이다. 얼굴이라는 이 특수한 현상은 서로 극단적으로 다른 두 가지 관점에서 접근해 볼 수 있는데, 내재성의 관점과 외재성의 관점이 그것이다. 먼저 내재성의 관점에서 얼굴을 분석해 본 후에야 우리는 외재성의 관점에서의 접근이 어떤 의미에서 필요한지를 이해할 수 있을 것이다.

내재성이란 무엇인가? 내재성을 부정적인 방식으로 정의하자면, '부가적인 차원'(dimension supplémentaire)을 가지지 않는 것이라고 말할 수 있다(SPP, 172). 이런 관점에서 보자면, 얼굴은 어떤 초월적인 것에도 관여하지 않으며, 오로지 내재적인 현상으로서 이해되어야 한다. 이것은 결국 얼굴 자체는 잉여적인 가상(假像)이라는 주장으로 귀결되는데 왜냐하면, 내재적인 것 가운데는 오로지 신체 또는 이 신체의 해부학적 부분이 지닌 명칭으로서의 얼굴만이 있을 것이기 때문이다. 그리고 이 해부학적 부분은 얼굴이라기보다는 차라리 머리라 해야 마땅하다. 들뢰즈의 다음 구절에서 보듯이 말이다. "머리는 몸의 일부지만, 얼굴은 그렇지 않다. … 머리, 심지어 인간의 머리조차 얼굴은 아니다"(MP, 208). 내재성의 관점에서 보자면 얼굴을 구성하는 눈, 코, 입은 해부학적 명칭 혹은 그려진 그림 이상을 '초월하는 것'이 결코 될 수 없다.

그렇다면 머리에 그려진 그림이 제 주제를 모르고 '월권을 해서' 형성된 가상으로서의 얼굴은 어떻게 분석되고 또 비판되어야 하는가? 오늘날 우리가 세계사의 귀결로서 상속받은 얼굴이란, 애초에 보편적인 것이 아니라, 그리스도의 출현이라는 유럽 최대의 역사적 사건을 통해서 오로지 유럽인들만이 배타적으로 소유하게 되었다고 들뢰즈는 말한다. 가령 다음과 같은 에피소드는 유럽인들에게 그리스도의 얼굴이 가지는 예외적인 지위를 잘 설명해 준다. 투르니에에 따르면, 무인도에 표류한 로빈슨 크루소는 자신의 격리가 무엇보다도 타인들의 얼굴로부터의 격리라는 것을 깨닫는다. "우리들의 얼굴이란 우리들 동류들의 존재가 끊임없이 다듬고 또 다듬고 열과 활력을 제공해 주는 우리들 삶의 일부라는 것을 그는 깨달았다"(『방드르디』, 304). 이 유럽인은 홀로 되고 나서야 자신의 정체성은 자신이 속했던 사회의 타인들의 얼굴로부터 얻어진다는 것을 알게 되었던 것이다. 그러니까, 무인도에서 홀로 된다는 것은 스스로의 정체성을 비추어볼 타인의 얼굴이라는 거울을 상실하는 일이다. 이처럼 자기가 속했던 사회의 타인들이 자기 정체의 기준이라면, 이 수많은 얼굴들이 원형적으로 모범으로 삼고 있는 얼굴, 즉 이상으로서의 '표준-얼굴'이 있어야만 할 것이다. 로빈슨이, 난파선에서 주워온 거울을 보면서 자기 모습이 그 원형적 얼굴과 얼마나 떨어져 있는지를 가늠함으로써, 자기가 속했던 사회, 즉 유럽으로부터 얼마나 멀리 격리되어 있는지 확인할 수 있게 해주는 그런 원형적 얼굴이 있어야만 하는 것이다. 거울 앞에 선 로빈슨의 절망적인 탄식은 모든 개별적 얼굴들의 편차의 표준이 되는 그 얼굴이 누구의 얼굴인지 알게 해준다. "아, 물론 양쪽 귀 사이로 그의 얼굴을 에워싸고 있는 저 네모난 수염은 나자렛 사람의 흐릿하고 보드라운 수염과는 전혀 닮은 곳이 없다!"(『방드르디』, 303) 이 유럽인에게, 자신의 모습이 인간 사회에서 얼마나 멀리 떨어져 있는지 확인하는 길은 바로 그리스도로의 얼굴을 기준으로 삼아 그로부터의 편차를 헤아리는 것이다.

그런데 여기서 이상적 원형으로 기능하는 그리스도의 얼굴은 물론 백인 남자의 얼굴일 수밖에 없다. 들뢰즈는 이렇게 쓰고 있다. "화가들은 어떤 즐거움을 갖고서, 즉 그림을 그리겠다는 욕망뿐만 아니라 모든 종류의 욕망에서 나오는 즐거움을 갖고서, 모든 의미와 모든 방향에서 그리스도의 얼굴 자체를 사용했다"(MP, 232). 중세의 화가들은 사실상 그리스도의 얼굴을 이용해 자신들 유럽인의 얼굴을 그렸던 것이다. 즉 그리스도는 그들에게 백인들 자신의 얼굴을 비추는 거울이었던 것이다. 그러나 그들은 그 얼굴이 자신들의 모습, 자신들의 욕망의 반영이라는 것을 의식하지 못하고, 그것을 철저히 외재적인 초월자로 이해했다. 이런 점에서, 마리옹의 용어를 빌리자면 — 마리옹 자신은 결코 이에 동의하지 않겠지만 — 그리스도의 얼굴은 유럽인들 자신의 얼굴을 비추는 '보이지 않는 거울'(miroir invisible)일 뿐이었다. (그것이 유럽인 자신의 얼굴을 비추고 있는 그림이라는 사실을 망각하고 있다는 점에서, 그리스도의 얼굴은 '거울이라는 사실이 은폐된' 거울, 즉 '보이지 않는' 거울이다.) 이렇게 자신의 모습을 신에게 투사함으로써 백인의 얼굴은 초월적이며 신성하고 이상적인 표준의 자리를 획득하는 데 성공한다. 바로 여기에 모든 인종주의의 원천이 도사리고 있다. "만약 얼굴이 사실상 그리스도라면, 즉 평균적인 보통의 백인 남자라면, 첫 번째 이탈, 첫 번째 편차적 유형들은 인종적이다. 다시 말해 그것은 두 번째 혹은 세 번째 범주에 드는 사람으로, 황인종과 흑인종이다. … 인종주의는 백인 남자의 얼굴을 기준으로 이탈의 편차를 결정함으로써 작동한다"(MP, 218). 따라서 이제 세계는 하나의 척도로는 측정할 수 없는 그런 절대적인 타자성을 상실하고 만다. 유럽인들은 어디서나 얼굴을 발견하고자 한다. 얼굴들은 33세의 백인 남자를 원형으로 삼고서 "부적절한 특질들"(MP, 218)을 어느 만큼 가지고 있느냐는 열등함의 정도에 따라 분류된다. "그것은 유태인이다, 그것은 아랍인이다, 그것은 흑인이다 등등"(MP, 218). 이상화된 백인의 얼굴이 인종주의적 위계질서의 원리로 기능하는 예를 우리는 다음에서 볼 수 있다. 나치 인종학자는 그의 조수 노릇을 하고 있는 프랑스인 티포주를 이렇게 분석한다. "그는 티포주(Tiffauges)라는 [나의] 성이 '티에포주'(Tiefauge)의 변화된 형태이고 그렇다면 멀게나마 존경할 만한 튜튼의 혈통을 지니고 있다는 것을 밝혀냈다. … 자네 핏줄의 순수함을 증명하는 것은 말이야, 라고 그가 내게 말했다. 자네 성(姓)의 선조에 합당한 특징을 자네가 아직도 고차원적인 면에서 보유하고 있기 때문이야. 왜냐하면 '티에포주'라는 단어는 깊숙한 눈, 안구에 깊숙이 박힌 눈이라는 뜻이거든. 자네를 바라볼 때면, 헤르 폰 티에포주, 혹시 그 성(姓)이 별명이 아니었을까 하는 생각이 나곤 해"(『마왕』, 306). 투르니에의 이 구절은 '이름이 얼굴화한다'는 것을 보여주는 동시에, 어떻게 그 이름이 다시 인종적 편차를 가늠하는 인종주의자의 계측기 역할을 하는지 예화하고 있다. 이렇듯 얼굴이라는 기표는, 유럽이 다른 인종을 열등함의 정도에 따라 규정하는 방식이다.

이렇게 볼 때 한마디로 얼굴은 우상(idole)이다. 마리옹이 설명하듯 "우상은 그 우상이 만족시켜주는 시선에 의존한다. 왜냐하면 만일 시선이 우상 속에서 만족하기를 욕망하지 않는다면, 우상은 시선에 대해 아무런 위엄도 가지지 못할 것이기 때문이다"(DSE, 18). 다른 말로 하면 "우상은 오로지 인간의 측정 속에서만 신성의 현시를 허락한다"(DSE, 25). 우리는 이미 중세 화가들에 대한 비판을 통해 이 점을 살펴보았다. 화가들은 자기들 백인을 그리기 위해서 그리스도의 얼굴을 이용해 왔다. 신의 얼굴은 철저히 백인들의 관심의 투사물이었다. (물론 이런 관심의 투영은 단지 미술에 그치는 것이 아니라, 문화의 모든 영역에서 이루어진 것이다.) 신에 선행하여 시선이 있었으며 그 시선이 우상으로서의 신의 얼굴을 탄생하게 하였다. "시선은 우상에 선행한다. 왜냐하면 목적은 목적하는 바에 선행하며 목적하는 바를 생기게 하기 때문이다"(DSE, 19). 그러나 시선은 자기가 보고 있는 신의 얼굴이 한낱 자기 관심을 되비추고 있는 거울임을 모르므로, 우리는 우상으로서의 얼굴을 '보이지 않는 거울'이라 불렀던 것이다. 이러한 우상으로서의 얼굴은 시선이 보고 싶어하는 바가 투영된 가상에 불과하지만, 마치 외재적인 이상인 듯 행세하며 열등성의 편차에 따라 내재적 세계의 위계를 만들어내는 기능을 하는 것이다. 따라서 내재성의 철학의 관점에서 보자면, 얼굴은 해체되어 버려야 마땅하다.

그러나 외재성의 철학의 관점에서 보자면, 이 우상으로서의 얼굴, 내재적 얼굴은 가시적 외관으로서의 얼굴(face)일 뿐이며, 비가시적인 외재적인 것과 관계하는 얼굴(visage)과는 구별되어야 한다.10) 외관이나 겉모습(face)은 내재성의 철학의 관점에서 분석해 본 대로 세계 안에서 인종의 우열과 같은 위계질서를 구성한다. 어떤 색의 눈과 피부를 지녔느냐 하는 것은 한 사교계 안에서 좋은 옷을 입고 있는가 나쁜 옷을 입고 있는가 하는 것과 같은 문제이다. 그렇기에 겉모습, 즉 사회적 맥락으로서의 얼굴이 고려된 인간을 레비나스는 "옷을 입은 존재들(des êtres habillés)"(EE, 60)이라고 부른다. 들뢰즈 또한 얼굴을 존재자에게 입혀진 이런 옷으로서, 사회적 위계의 내재적 척도로서 이해하고 있다는 점은 다음 구절에서 분명히 나타난다. "우리의 제복, 의복(vétements)은 … 신체의 얼굴화를 작동시킨다"(MP, 222).

그렇다면 이렇게 내재적 관점이 얼굴에 대한 충분한 설명을 제공하고 있음에도, 이와 달리 얼굴을 외재성의 관점에서 이해하는 것은 시도해 볼 만한 일인가? 가령 레비나스가 하듯, 먹는 일과 사랑하는 일을 대조시켜 보자. 먹는 일은 소유하는 일, 나로 동화시키는 일을 대표한다. 이러한 소유에서의 " '만족'은 저편에(dans l'au-delà) 머무르는 것이 아니라, 명확한 현재의 세계 속에서 자기에게로 귀환하는 것이다"(EE, 66-67). 즉 만족은 '나'(moi)가 세계 안에서 노동을 하고 그

---

10) visage와 구별되는 것으로서의 face에 대해선 EE, 62; TI, 104 참조.

봉급으로 '자기'(soi)에게 '먹거리'를 제공함으로써 성취된다. 이런 경제적 구조를 통해 나와 '다른' 대상은 나에게로 동화되어 버린다. 그러나 타인을 "사랑하는 일은 경제적 활동과 세계 너머에 있다. 사랑은 치유할 수 없는 본질적인 허기를 통해 특징 지워진다"(EE, 66). 어떤 의미에서 그런가? '악수하는 행위'를 예로 들어보자. "친구와 악수하는 것, 그것은 그 친구에게 자신의 우정을 이야기하는 것이다. 그러나 그것은 친구에게 우정을 표현할 수 없는 어떤 것으로서 이야기하는 것이다. 또한 그것은 더 나아가 성취될 수 없는 어떤 것으로서, 영속적인 욕망으로서 우정을 이야기하는 것이다"(EE, 66). 여기서 우정이라고 일컬어진 친구에 대한 나의 사랑은 악수라는 형식을 불가결하게 요구한다. 악수가 아니라 다른 어떤 것이라도 마찬가지다. 어떤 형식이 되었든 이 사랑의 욕망은 그것에 매개될 뿐 대상을 직접 거머쥐지는 못한다. 다시 말해 욕망은 늘 그것이 향하는 대상의 대체물에 매개될 뿐이다. 그런데 이 대체물은 사실 욕망의 대상이 '아닌' 것, 욕망의 대상이 부재하는 '빈자리' 아닌가? 이런 까닭에 레비나스는 "사랑의 긍정성 자체는 그것의 부정성 속에 있다"(EE, 66)고 말하는 것이다. 요컨대 타인에 대한 우리의 욕망은 숙명적으로 타인의 부재만을, 그리고 타인이 어떤 방식으로도 결코 나에게로 동화될 수 없다는 전적인 이타성만을 체험한다. "타인은 분명 대상이 부재하는 차원에 자리잡고 있다"(EE, 66). 이와 같은 타인의 '부정성'이 보여주는 것은 무엇인가? 바로 타인의 '외재성'이다. 나에게 '주어지는 것'은 오로지 부정적인 방식으로만 타인을 도래하게끔 한다. 타인은 나에게 주어지는 것과는 '다르게', 주어지는 것과는 다른 '부가적 차원', 즉 외재적 차원을 통해 성립한다.[11]

---

11) 그러나 내재성의 철학의 관점에서 보자면, 욕망을 이렇게 대상의 부정성에 매개시키는 것은 '욕망의 신학화(神學化)'로서, 지양되어야 마땅한 것이다. 이 주제

바로 이러한 사실로부터 우리는 타인 혹은 타인의 얼굴을 외재성의 관점에서 해명해 볼 시도를 할 수 있는 근거를 확보하게 된다.

그렇다면 이제 우리가 보여야 할 것은 무엇인가? 우리의 최초의 문제제기는 존재에 매개되는 이상 개별자들의 다수성은 부차적 지위를 가질 뿐 근본적인 것일 수 없다는 것이었다. 따라서 우리의 경험 가운데 다원적인 것으로 주어진 얼굴(혹은 타인)이라는 경험은 존재에 매개된 것이어서는 안 된다. 이와 동시에 얼굴은 '주어진 것에 부정적으로 매개된 것'으로서, 규정(한정)될 수 없는 것(무한), 즉 '외재적인 것'이어야만 한다. 어떻게 얼굴 혹은 얼굴이 표현하는 개별자로서 타인은 존재에 매개되지 않은 경험이자 동시에 외재적인 무한일 수 있는가? 우리는 이 문제도 레비나스의 경험론에 대한 데리다의 비판을 숙고해 보는 방식으로 해명해 보고자 한다.

우선 '흔적'(가령 얼굴을 구성하는 감성적 요소들)이라 불리는 레비나스의 개념의 본성을 숙고해 볼 필요가 있다. 왜냐하면 데리다는 레비나스의 경험론을 현전의 형이상학과 동일시하려는 의도를 가진 것처럼 보이기 때문이다("경험의 개념은 늘 현전의 형이상학을 통해 규정되지 않았던가?"(ED, 225)). 과연 레비나스의 경험론은 현전의 형이상학인가? 그런데 레비나스가 '흔적'이라 일컫는 이 궁극적 경험은 역설적이게도 바로 데리다의 흔적 개념과 동일하게 기능한다. 데리다 식으로 쓰자면, 이 경험(흔적)은 무한의 이념의 현전을 '무한히 연기'시키는 방식으로 그 이념을 현시하는 일을 한다. 즉 무한한 연기라는, 부정적인 방식으로만 이념은 현전한다. 요컨대 레비나스의 경험은 이념의 '말소'와 '현전'을 동시에 이루어 내는 '대리보충'(supplément)의 '기능'을

에 관한 자세한 논의는 『들뢰즈』, 163-167 참조.

가지고 있다.12) 이런 대리보충의 결과는 무엇인가? 바로 외부로부터 주어지는 감성적인 것이 '타인'으로 '경험'되는 일이 그 귀결이다. 타인에 대한 경험은 감성 가운데 주어진 흔적이 무한의 이념을 현시함으로써 생긴 결과이다. 이념의 현시가 없다면 감성 가운데 주어진 흔적은 '타인'이 아니라, 그저 외부의 감각적 자료 혹은 이 자료로 구성된 대상에 그치고 말 것이다.

레비나스는 이렇게 말한다. "무한의 이념은 우리의 선험적 근저로부터 오지 않는다. 결국 그것은 가장 정확한 의미에서 경험이다"(TI, 170). 이 구절에서 레비나스는, 들뢰즈의 용어를 빌자면 '이념에 대한 경험론'을 주장하고 있다. 외부의 감각적인 것을 단지 대상이 아니라 '타인'으로 경험한다는 것은 바로 무한의 이념을 경험한다는 뜻이다. 감각이 현시하는 무한을 경험하지 않는다면, 어떻게 타인이 여타의 감각적 대상과 다른 타인으로, 즉 하나의 인간으로 경험될 수 있겠는가?13) 그리고 '경험'이 아니라면 도대체 그밖의 어떤 방식으로 타인과

---

12) 덧붙이면, 데리다는 점점 더 레비나스로부터 받은 영향을 인정해 가는데, 가령 『그라마톨로지』에서는 데리다 스스로 자신의 흔적 개념을 레비나스의 흔적 개념과 동일시하고 있다. "우리는 이러한 흔적 개념[데리다 자신의 흔적 개념]을 레비나스의 최근 작품과 그의 존재론 비판의 중심에 있는 흔적 개념과 결합시킨다"(G, 102-03). 여기서 레비나스의 최근 작품이란 「타자의 흔적」(1963)을 가리킨다.

13) 무한의 이념 혹은 예지계의 신은 오로지 '타인에 대한 경험'을 통해서만 주어질 수 있으며 그 역은 아니라는 점을 레비나스는 다음과 같이 명시하고 있다. "나는 그 어떤 것도 신을 통해서 정의하고자 하지 않는다. 왜냐하면 내가 알고 있는 것은 인간이기 때문이다. 인간들간의 관계를 통해서 내가 정의할 수 있는 것이 신이지, 그 역은 아니다. 내가 신에 대해서 무엇인가 말하고자 할 때, 그 것은 언제나 인간들간의 관계에서 출발한다. … 나는 위대하고 전능한 존재의 현존(existence)으로부터 출발하지는 않는다. … 신의 추상적인 관념은 인간적 상황을 명백하게 해줄 수 없는 관념이다. 반대로 인간적 상황이 신의 관념을

의 만남이 이루어질 수 있겠는가? 타인은 선험적 개념이 아니므로 경험을 통하지 않고는 우리는 타인과 만날 수 없다.[14] 또 타인의 타임됨은 대상이 아니라 대상이 '부정적으로' 현시하는 무한으로부터 온다. 타인은 우리가 '세계 안에서' 사용하는 '도구'와 달리, 그리고 '세계 안에서' 달성하는 '인식'과 달리 주체의 모든 '규정'을 벗어나 있다. 무한이란 말은 규정을, 다시 말해 한계지음을 벗어나 있다는 뜻이다. 이런 '무한'이 하나의 '이념'이 아니라면 도대체 무엇일 수 있겠는가? 그리고 역설적이게도 이와 동시에, 흔적이 무한을 현시함으로써 귀결된 타인이 경험이 아니라면 도대체 무엇일 수 있겠는가? 그러므로 이러한 타인에 대한 철학은 '무한의 이념에 대한 경험론' 외에 다른 것이 될 수 없다.

데리다는 이렇게 말한다. "현상은 기호에 의한 근원적인 오염을 전제한다"(ED, 190). 여기서 기호란 현상(경험)을 가능케 해주는 대리보충의 기능을 하는 흔적이다. 그런데 바로 이 흔적이 레비나스에게서는 감성적인 것이다. 현전하는 것은 대리보충의 논리의 결과로서의 경험이며, 흔적은 경험의 이 현전을 가능케 해주는 근거이다. 즉 타인은 결과로서의 경험이며, 흔히 '근원적 현상'(phénomène profond)이라 일컫는 감성 가운데 주어진 흔적은 근거로서의 경험이다. 따라서 근원적 현상 혹은 근원적 경험은 대리보충과 모순을 일으키지 않는다. 또 근

명백하게 해준다"(TH, 110). 이러한 인간들간의 관계는 순경험론적인 것으로 이해되어야 한다. 바꾸어 말하면 레비나스에서 타인은 마음의 다른 어떤 능력도 아니라 '감성'이 감지하는 대상으로서만 나타난다. 그리하여 레비나스는 감성을 다음과 같이 정의한다. "감성은 타자에게 **노출되어 있음이다**"(AQE, 94).

14) 타인이 칸트적인 의미의 선험적 개념이 될 수 없다는 점은 이미 사르트르가 그의 논변들을 통해 주장했던 바이다. 이에 대한 자세한 해명은 『차이와 타자』, 166-67 참조.

원적 경험 그 자체는 타인이 아니라 타인의 근거이므로, 즉 현전이 아니라 현전의 근거이므로, 그것은 '현전의 형이상학으로서의 경험'이라는 혐의에서 벗어난다. 데리다는 근원적 현상이라는 이 흔적이 왜 감성적인 것이어서는 안 되는지 설명할 수 없을 것이다.[15]

이렇게 우리는 경험론은 현전의 형이상학이 아니라는 것을 알게 되었다. 그런데, 어떻게 레비나스에서 흔적은 대리보충의 기능을 할 수 있는가 라고 데리다는 다시 물을 것이다. 즉 흔적은 어떻게 무한을 현시시킬 수 있는가? 문제는 우선 무한의 위상과 관련된다. "만약 우리가 레비나스처럼 적극적 무한은 무한한 이타성을 용인하고 요구조차 한다고 생각하면, 모든 언어를 포기해야 하고 우선 '무한'이라는 단어를, 그리고는 '타자'라는 단어를 포기해야 한다. 무한은 오직 유한 아님(in-fini)의 형태 아래서만 타자로서 이해된다"(ED, 168). 타자의 무한성이 절대적으로 적극적인 것이라면 그것은 어떤 규정으로부터도 독립해 있고 우리는 언어를 사용해 그것을 '무엇'이라고 일컬을 수도 없을 것이다. 심지어 그 무한성이 지니는 부정성은 절대적인 것이므로 타자는 타자일 수조차 없으리라. (어떻게 '절대적인 것'이 '다른'(autre)이라는 말의 꾸밈을 받을 수 있겠는가? '다른'이란 언제나 '～과 다른'이라는 상대적 용법밖에 가지지 못한다.) 그러므로 타자의 무한성은 '나'라

---

15) 대리보충의 논리와는 직접 관계가 없지만 잠시 들뢰즈의 초월적 경험론과 레비나스를 비교해 볼 필요가 있다. 들뢰즈에서도 근원적 경험, 즉 감각적 지각은 현전하는 것이 아니라, 미세한 감각적 지각의 복합체로서의 경험(즉 현전하는 경험)의 근거이다. 가령 우리가 지각하는 것은 오로지 노랑과 파랑만이다. 그러나 우리가 의식적으로 '경험'하는 것은 오직 초록이다. 이런 의미에서 근원현상도 감성적 지각이며, 이 근원현상에 의해 비로소 도래하는 경험도 감성적이다. 들뢰즈의 초월적 경험론의 핵심적 주장은 이처럼 경험의 선험적 근거 역시 경험이라는 점이다.

는 유한한 동일자에 대한 무한성이어야만 한다. 즉 타자의 무한은 어떤 식으로든 유한 속에서만 발견될 수 있다. 이런 뜻에서 데리다는 무한(infini)은 레비나스에서처럼 절대적인 부정성이 아니라 유한 아님(in-fini)으로서의 무한일 수밖에 없다고 말하는 것이다. 그러나 데리다가 비판하는 바와 달리 레비나스 스스로도 이미 무한은 절대적 부정성이 아니라는 점을 인정하고 있다. "[무한을 향한 초월은] 순수하게 부정적인 [즉 절대적으로 부정적인] 방식으로 기술되지 않는다. 그것은 … 경험 '안에서' 반성된다(TI, XI). 무한은 절대적으로 부정적인 방식으로가 아니라 유한을 매개로 한 방식, 즉 경험을 통한 부정적 현시에 의해서만 나타날 수 있다. 즉 무한은 언제나 "유한 속의 무한"(TI, 21)일 수밖에 없다.16)

그런데 무한은 경험 안에서만 현시할 수 있다는 레비나스의 말은 언뜻 그의 경험론을 더 강하게 확인시켜 주고 있는 듯이 보이나, 바로 데리다가 표적으로 삼는 부분이 이것이다. 그것이 유한성 안의 무한이기 때문에, 경험론은 순수하게 경험론으로 머무를 수 없다는 것이 데리다의 생각이다. 왜 그런가? 데리다에 따르면 유한 안에 무한이 있다는 것, 혹은 유한을 통해 무한이 나타난다는 것은 이미 무한이 유한성의 지평을 가능케 해주는 하이데거적인 '존재'에 의해 매개되어 있다는 뜻이다. 다시 말해 감성 중의 경험은 우선 존재 사건을 통해 출현한 존재하는 것(ce qui est), 유한한 존재자에 대한 경험일 수밖에 없다는 것이다. "눈과 입이 얼굴이 되는 것은, 오로지 그것들이 필요를 넘어, 존재하는 것을 '존재하게 내버려둘' 수 있을 때만 … 그것들이 존재하

---

16) 데리다가, 레비나스가 명시적으로 '유한 속의 무한'이라고 밝힌 구절을 놓치고, 레비나스의 무한은 '무한 아님'(in-fini)이 아니라는 식으로 비판했다는 지적은 TL, 25-26 참조.

는 것의 존재에 도달할 때 만이다. … 그러므로 얼굴의 형이상학은 존재 사유를 숨기고 있으며, 존재와 존재자의 차이를 전제하는 동시에 감추고 있다"(ED, 211-12). 그러므로 무한을 부정적으로 현시하는 감성 중의 '얼굴', '흔적' 등등의 말은 궁극적으로는 존재를 가리키는 은유로서의 언어일 것이다. 왜냐하면 "존재는 존재자적 규정들의 아래로 물러서면서만 존재할 수 있기"(ED, 213) 때문이다. 하이데거의 표현을 빌려 말하면 "존재는, 존재가 존재자 속에서 노출되는 것 속으로 물러서기"(ED, 213) 때문이다. 결국 "흔적이라는 말은 오로지 은유로서만 나타날 수 있다"(ED, 190). 그리고 이와 같은 감성 가운데 나타난 경험이 그 배후에 어쩔 수 없이 '존재'를 은폐하고 있을 수밖에 없다면 경험론은 참다운 의미에서 경험론일 수 없다. 왜냐하면 '존재 사유'는 본성상 비경험적인 것이기 때문이다. 그리고 경험론이 어떤 식으로든 존재 사유를 전제하지 않을 수 없다는 것은, 철학은 결코 경험론일 수 없으며 어쩔 수 없이 그리스인들의 것이라는 점을 확인해 준다.

앞서 예고했던 바대로 우리는 들뢰즈적인 내재적 관점에서의 다원주의로부터 도움을 얻으면서 이러한 문제의 해결을 구할 수 있는 것이다. (물론 들뢰즈 철학은, 우리가 직면한 문제 구도, 즉 경험과 언어는 모두 하이데거적인 존재를 전제할 수밖에 없지 않은가라고 제기되 문제 및 그 해결과 관련하여 도움을 주겠으나, 그 자체로 고려되는 한에서 그 철학은 어떤 외재적인 차원도 가지고 있지 않다는 점은 확인해 두어야겠다.) 우리가 강조했던 바와 같이 들뢰즈 철학에서 계사는 존재동사가 아니라 접속사인데, 이것은 모든 경험과 언어는 결코 존재에 매개되지 않는 않는다는 주장을 함축하고 있다. 따라서 들뢰즈라면 데리다가 던진 문제에 대해서 눈과 입이 얼굴을 구성할 수 있는 까닭은 존재에 의해 매개되어 있기 때문이 아니라, 서로 이접적으로 이웃하고 있기 때문이라고 대답할 것이다. 눈과 입은 존재 동사가 아니라 접속사에 의해 나란히 놓여 있는 것이다. 이렇게 보자면 현상으로 출현한 것으로서의 얼굴은 결코 존재의 은유가 될 수 없다. 그리고 이렇게 일원적인 존재에 의해 매개되지 않음으로써, '경험의 다수성'은 내재성의 관점에서도 외재성의 관점에서도 그것의 근원적인 지위를 상실하지 않게 된다. 즉 타인의 이타성을 표현하는 흔적은 경험 안에 있으면서도 모든 경험의 뒤에 물러서 있는 존재의 은유로 굴러 떨어지지 않는다. 이것이 바로 계사를 존재 동사가 아닌 접속사로 이해하려는 관점이 가져올 수 있는 이득이다.

6. 맺으면서

그런데 이러한 다원주의는 윤리적 정의를 보증하는가? 사변적 영역에 국한시킨 이 탐구를 마감하면서 우리는 마지막으로 우리의 과제를 '실천적 영역'을 향해 열어두고자 한다. 왜냐하면 다원주의가 공허한 것이 되지 않기 위해서는, 그것이 지닌 철학적 무게는 궁극적으로, 현실 세계 안에 도사리고 있는 배타적인 전체주의의 위협에 대해 다원주의 철학이 얼마나 큰 철학적 파괴력을 가지는가에 따라 가늠되어야만 하기 때문이다. 불행하게도 오늘날 전체주의는 한 세대 전의 그것보다 훨씬 더 교활해진 것으로 보인다. 왜냐하면 배타적 성격의 이 전체주의는 자신을 정치적 비판에 노출시키지 않고 효과적으로 보호하기 위해, 철학적 차원에서 다원주의를 표방하고 있기 때문이다. 지난 프랑스 선거에서 자유·평등·박애라는 그 나라의 근본 이념을 수치스럽게 만들며 높은 지지도를 보인 르 펜(Le Pen)은 이렇게 말한 바 있다.

"사람들에 대해선 우월하다, 열등하다 등으로 평가할 수 없다. 그들은 서로 다르다[서로간에 차이가 있다]. 그리고 우리는 이런 물리적[피부색 등]·문화적 차이를 염두에 두어야만 한다."[17] 이러한 주장은 적어도 표면적으로는 전체주의의 핵심요소 가운데 하나인, 우월성과 열등성에 입각하여 전체를 하나의 위계적 체계로 꾸미려는 시도와 정면으로 대립하며, 오히려 문화적 다원주의를 내세우고 있는 것으로 보인다. 그러나 과연 그럴까? 이러한 주장이 감추고 있는 바를 우리는 다음 구절에서 읽을 수 있다. "진실은 사람들은 자신의 차이를 보존해야 한다는 것이다. … 이민은 비난받을 만하다. 왜냐하면 그것은 이민자의 정체성만큼이나 주인 문화의 정체성도 없애 버리기 때문이다."[18] 즉 이민자들은 전체에 흡수되지 않고, 자기 자신들의 문화적·인종적 '차이'를 지키기 위해서, 즉 그들 자신의 이익을 위해서 자기 나라로 돌아가야만 한다는 것이다. 이런 방식으로 외국인 차별이라는 형태를 띤 극우 전체주의는 차이와 다원주의 철학을 도둑질해 간다. 다원주의는 이제 전체주의의 출현을 경고하는 적색 경보 역할을 하기보다는, 오히려 전체주의를 더 풍성하게 해주는 자양분으로 전체주의 안에 흡수될 위험에 처한 것으로 보인다. 이런 맥락에서 '차이 자체' 또는 다원성을 '환대성'(hospitalité)과 불가분의 관계로 이해하려는 레비나스의 시도는 주목할 만하다. 레비나스에서 얼굴이라는 흔적을 통해 도래하는 무한자는, 타인을 단지 나와 '다른' 자로 만들어주는 것이 아니라 윤리적

---

17) Jean-Marie Le Pen, "Le Pen et L'Eglise"[interview], *National Hebdo*, No. 44, 19(April 1985), 8쪽(NCR, 116에서 재인용).

18) Robert de Herte [Alain de Benoist], "Avec les immigrés contre le nouvel esclavage", *Eléments pour la civilisation européenne*, No.45(Spring 1983), 2쪽(NCR, 116에서 재인용).

명령을 하는 자, 절대적으로 '환대받아야 할 자'로 만든다.[19] 즉 레비나스에서 외국인의 이타성(altérité)은 곧 그 외국인이 환대받아야 할 자라는 것을 함축한다. 이런 의미에서 다원성 혹은 차이는 타인의 이타성으로부터 출현하는 것이지, 그 역은 아니다. "이타성을 만드는 것은 전혀 차이가 아니다. 차이를 만드는 것이 이타성이다"(VA, 92).

다원주의를 흡수하려는 전체주의의 술책에 맞서기 위해선, 다원주의는 나와 타인의 다름을 정초하는 동시에 이 다름은 오로지 환대성을 통해서만 가능하다는 사실도 함께 정초해야 한다. 그리고 다원주의가 이렇게 타인과 나를 다르게, 즉 '다원'으로 정초해 줄 뿐 아니라, 타인의 얼굴을 윤리적인 '절대명령'이 출현하는 곳으로 만드는 것이라면, 다원주의는 진리를 다원성 속에서 상대화시키는 것이 아니라, 오히려 윤리적 명령이라는 '절대적인 진리의 근거'가 되는 것이다.[20]

---

19) 타인의 이타성과 윤리적 명령에 대한 논의는 『차이와 타자』, 3장, 4장 참조.
20) 이 글의 일부는 논의의 필요에 따라 편집되어 필자의 책, 『들뢰즈의 철학: 사상과 그 원천』(민음사, 2002)에 편입되었음을 밝힌다.

R. Bernasconi, "The Trace of Levinas in Derrida", D. Wood & R. Bernasconi(eds.), *Derrida and Différance*, Evanston, IL: Northwestern University Press, 1988. <TL>

G. Deleuze, *Nietzsche et la philosophie*, Paris: PUF, 1962. <NP>

_____, *Différence et répétition*, Paris: PUF, 1968. <DR>

_____, *L'anti-Œdipe: Capitalisme et schizophrénie*, t. 1 (& F. Guattari), Paris: Éd. de Minuit, 1972. <A>

_____, *Mille plateaux: Capitalisme et schizophrénie*, t. 2 (& F. Guattari), Paris: Éd. de Minuit, 1980. <MP>

_____, *Spinoza: Philosophie pratique*, Paris: Éd. de Minuit, 1981. <SPP>

_____, *Qu'est-ce que la philosophie?* (& F. Guattari), Paris: Éd. de Minuit, 1991. <QP>

_____, "L'immanence: une vie", *Philosophie*, No.47, Paris: Éd. de Minuit, 1995. <IV>

_____, *Dialogues* (& C. Parnet), Paris: Flammarion, 1996 증보판(초판 1977). <D>

J. Derrida, *L'écriture et la différence*, Paris: Éd. du Seuil, 1967. <ED>

_____, *De la grammatologie*, Paris: Éd. du Minuit, 1967. <G>

M. Heidegger, *Wegmarken(Gesamtausgabe*, Band. 9), Frankfurt a.M.: V. Klostermann, 1976. <W>

E. Levinas, *Totalité et infini*, La haye: Martinus Nijhoff, 1961. <TI>

_____, *Autrement qu'être ou au-delà de l'essence*, La haye: Martinus Nijhoff, 1974. <AQE>

_____, *De l'évasion*, Paris: Fata morgana, 1982(초판: 1935). <E>

_____, *De dieu qui vient à l'idée*, Paris: J. Vrin, 1982. <DI>

_____, "La vocation de l'autre", E. Hirsch(ed.), *Racismes: L'autre et son visage*, Paris: Éd. du Cerf, 1988. <VA>

_____, *De l'existence à l'existant*, Paris: J. Vrin, 1990(초판 1947). <EE>

_____, "Transcendance et hauteur", C. Chalier & M. Abensour(eds.), *Emmanuel Levinas*, Paris: Éd. de Herne, 1991. <TH>

J-L. Marion, *Dieu sans l'être*, Paris: PUF, 1991(Fayard, 1982). <DSE>

P-A. Taguieff, "The New Cultural Racism in France", *Telos*, 1990, N. 83. <NCR>

마르틴 하이데거, 박휘근 옮김, 『형이상학 입문』, 문예출판사, 1994. <『형이상학』>

_____, 이기상 옮김, 『존재와 시간』, 까치, 1998. <『존재와 시간』>

미셸 투르니에, 김화영 옮김, 『방드르디 혹은 태평양의 끝』, 오늘의 세계 문학 6, 중앙일보사, 1982. <『방드르디』>

미셸 투르니에, 신현숙 옮김, 『마왕』, 벽호, 1993. <『마왕』>

서동욱, 『차이와 타자: 현대철학과 비표상적 사유의 모험』, 문학과지성사, 2000. <『차이와 타자』>

_____, 『들뢰즈의 철학: 사상과 그 원천』, 민음사, 2002. <『들뢰즈』>

_____, 「인터넷 시대의 소통과 책임성」, 『세계의 문학』, 2000 봄호. <「소통과 책임성」>

_____, 「라깡과 들뢰즈: 들뢰즈의 욕망하는 기계와 라깡의 부분 충동」, 『라깡의 재탄생』, 김상환·홍준기 편, 창작과비평사, 2002. <「라깡과 들뢰즈」>

알랭 바디우, 이종영 옮김, 『윤리학』, 동문선, 2001. <『윤리학』>

다원주의와 '논의합리성'의 보편주의

| 한 승 완 | 국가안보정책연구소 |

1. 현대 사회와 다원적 현실

근대화는 무엇보다 사회의 합리화를 뜻한다. 이러한 합리화 과정은 역사와 전통에 의해 주어진 상대적으로 안정적인 공유된 규범체계의 붕괴과정과 궤를 같이한다. 이것은 한편으로 사회의 유동성의 확대와 가속화를 가져오며, 이른바 '세계인'의 가능성을 사회적 현실로 만든다. 근대적 개인이란 그 이념에 따르면 세계 어느 곳에서도 말 그대로 잘 적응해서 살 수 있는 사람이다. 그러나 이러한 근대인은 동시에 뿌리 없는 개인이다. 그에게는 최종적으로 다른 사회구성원과 공유하는 전통적 믿음의 체계가 존재하지 않거나 거의 무의미한 것으로 나타난다. 어떤 이에게 이것은 안정적인 규범적 토대의 상실로 받아들여지고, 다른 이에게는 그것이 특정한 역사적 전통의 질곡으로부터의 해방이라는 근대의 긍정적 성과로 인정될 수도 있을 것이다. 그도 아니면 최소한 근대의 대가로 우리가 치러야 할 값이라고 여길 수도 있겠다.

그런데 문제는 이러한 전통으로부터 근대로의 전환은 단순히 정서적·규범적 안정감의 상실 혹은 그로부터의 해방이라는 문제영역에 머물지 않는다는 데 있다. '탈전통 사회'에서 생활하는 근대인은 세계의 다원성을 현실로 맞이한다. 무엇보다 근대로의 이행은 통일적 세계가 진(眞), 선(善), 미(美)의 세계로 분화되는 것을 특징으로 한다. 베버의 표현을 빌어 말하자면, 과학과 기술, 법과 도덕, 예술과 예술비평이라는 '문화적 가치영역들'이 분리된다. 더 이상 단일한 가치와 합리성은 존재하지 않는다. 특히 경제영역으로부터 출발하여 사회, 문화의 영역에서 급속히 진행되고 있는 세계화는 비로소 대중에게조차 규범, 가치체계, 문화, 종교의 다원성을 일상으로 마주하게 만든다. 현대인은 이미 일상에서 다원적 세계들 속에서 살고 있다.

서구의 다원적 민족구성의 국가에서는 이미 어느 정도 익숙한 문제였던 다원주의의 문제는 무엇보다 이주민의 급속한 증가로 인해 국가 및 민족 정체성을 재반성할 수밖에 없게 된 서구의 다른 전통적 민족국가에서도 시급한 문제로 되었다. 다시 말해 고유한 의미에서 다원주의의 문제는 자기 내부에서 어떤 동질적인 집단이 외부를 향해 이질적인 집단과 마주하는 경계에서 비로소 발생하는 것이 아니라, 자기의 울타리 안에 타자를 용인하고 함께 살아야 하는 상황에서 발생한다. 정체성의 형성과 보존이 생활형식과 밀접히 관련을 맺고 있는 한, 그것은 많은 경우 정체성의 위기로 의식된다. 다른 한편 이렇게 기존의 사회구성원에게 위협으로 느껴지는 이주민 집단의 유입은 이들 '이방인' 편에서 봐도 다시금 정체성의 위기로 나타난다. 서구 사회의 가치체계에 동화되어 갈수록 그들은 자신의 전통적 가치체계와 생활형식을 상실해 간다. '공동체주의'의 등장에는 이런 배경도 한몫 했음은 주지의 사실이다.

우리에게 있어서도 다원성의 문제는 이제 피할 수 없는 사회적 현실이 되고 있다. 우리 사회에는 아직도 전근대적 요소가 근대 및 탈근대적 요소와 중첩되어 병존하고 있다는 '비동시성의 동시성' 주장이 우세하지만, 사회가 점차 명실상부한 '탈전통 사회'로 변화되고 있음은 부정할 수 없을 것이다. 이에 따라 무엇보다 다양하고 이질적인 윤리적 믿음으로 나타나는 문화적 · 종교적 다원성이 일반화되고 있다. 다른 문화권과의 차이에서 오는 규범에서의 다원성은 물론이고 우리 한국 사회 내부에서의 윤리적 믿음의 다원성이 확인되고 있다.

이런 다원적 현실은 상대주의적 함축을 지니고 있는 것처럼 보인다. 인식론적으로는 모든 지식은 관점에 구속되어 있다는 '관점주의'가 유력하게 주장되며, 실천철학적으로는 실천이성이나 정치적 정의와 같은 것은 각각의 언어와 생활형식과 결부되어 있는 특정한 전통적 맥락으로부터만 파악될 수 있다는 강한 '맥락주의'가 제시되고 있다. 논자는 이에 반해 다원적 현실을 직시하면서도, 다원주의와 타자의 타자성을 몰수하지 않는 어떤 보편주의적 합리성 이론을 제기하는 것이 가능하다는 입장 위에서 아래에서 우선 '논의윤리학'(Diskursethik)의 보편주의적 전략을 살펴본다.[1] 이어서 '논의합리성'(Diskursrationalität)을 다

---

1) 논자는 푸코와 같이 동일하게 'Diskurs'라는 말을 사용하고 있지만, 아펠이나 하버마스의 이 용어를 이하에서 '논의(論議)'로 번역한다. 지배담론의 형성규칙을 언제나 그 자신의 타자를 구성하는 배제의 메커니즘으로 이해하는 푸코식 유형의 'Diskurs'가 '담론'(談論)이라는 용어로 거의 정착된 반면, 아펠이나 하버마스는 'Diskurs'를 내부로부터의 비판에 면역되어 있지 않으며 항시 자기 변형의 잠재력을 지니고 있는 것으로 이해하고 있으므로 '담론'에 대조하여 '논의'라는 번역어를 사용한다. J. Habermas, 『공론장의 구조변동』, 24쪽 참조.

원적 질서에서의 보편주의 모델로 제안한 이후, 마지막으로 다원주의적 현실에 비추어 논의이론적 입론의 개선방향에 대해 논한다.[2]

2. 다원적 가치체계와 보편적 도덕원칙

1) '논의윤리학'의 보편주의적 입론

생활형식과 윤리적 가치체계의 다원적 상황에 직면하여 아펠과 하버마스가 시도하는 보편적 합리성의 이념은 우리가 일상적 의사소통 과정에서 언제나 전제할 수밖에 없는 조건들로 표현되며, 이 조건들이 보편적 합리성의 최종 근거로 충분히 기능할 수 있다는 것이다. 이를 다루는 '논의윤리학'이 두 사람의 공동 작업의 결과라는 성격을 갖기 때문에, 서로 분리하여 논의하는 데 문제가 있을 수 있지만, 아펠과 하버마스의 입론을 순차적으로 간략히 살펴보자.

먼저 아펠에게서 '선험화용론'은 회의주의와 상대주의를 ·반박하는 과정을 통해 철학적 논증의 타당성을 최종적으로 증명할 수 있다는 방식으로 진행된다. 즉 철학에서 최종적인 논거 제시를 통해 생각할 수 있는 모든 가능한 이론의 공리를 위한 전제 조건들을 획득할 수 있다는 것이다. 회의주의자라 할지라도 논증 상황에 들어간 이상 언제나 필연적으로 논의의 규범적 전제 조건들을 받아들이지 않을 수 없으며, 이를 부정하면 '수행적 모순'(performativer Widerspruch)에 빠진다는 것을 입증할 수 있다. 그리고 이것을 입증했다 함은 곧 이 전제 조건

---

2) 이하의 논의는 졸고, 「다원주의 시대의 합리성으로서의 '논의적 이성'」, 『사회와 철학 3. 철학과 합리성』, 2002의 내용과 문제의식을 보완한 것이다.

들이 '그 배후를 더 이상 물어볼 수 없는 기초'(nichthintergehbare Basis)라는 의미에서 최종적으로 근거가 제시되었음을 입증한 것이다. 그의 '선험화용론'은 이렇게 철학적 논증의 타당성이 최종적으로 증명될 수 있다는 점 이외에 윤리적 함축을 갖는다. 왜냐하면 논의의 규범적 전제 조건들에는 '일정한 기본적 윤리 규범의 인정'이 속하기 때문이다. 이 기본 규범들이 '이상적 의사소통 공동체'의 윤리인데, 그것은 모든 논의 참여자의 '평등권', '동등한 공동 책임', 즉 '연대성'을 말한다. 다시 말해 논증하는 사람은 의사소통 공동체의 모든 구성원의 가능한 모든 요구를 함축적으로 인정하며, 다른 사람들에 대한 자신의 모든 요구를 논증을 통해 정당화할 의무를 갖는다. 나아가 의사소통 공동체의 구성원들은 모든 잠재적인 구성원들의 모든 잠재적인 요구들과 인간적 욕구를 고려할 의무를 갖는다. 인간적 욕구들이 상호주관적으로 논증을 통해 정당화될 수 있는 한, 그것들은 인정되어야 하며, 의사소통 공동체의 관심사가 되어야 한다는 것이다.

이로써 근대의 주체철학은 아펠식으로 극복된다. 근대 철학에서 더이상 그 배후를 물을 수 없는 최종적 근거인 "나는 생각한다"는 더 이상 선험적 주체의 고독과 자립의 의미로 이해되는 것이 아니라, 언제나 "나는 논의 속에서 논증한다"(Ich argumentiere im Diskurs)라는 의미로 이해되어야 한다는 것이다. 그의 '선험화용론'은 모든 가능한 조건의 전제를 밝힌다는 점에서 선험적이지만, 동시에 이 선험성은 방법적 유아론에 머무는 것이 아니라 어디까지나 화용론을 기반으로 한다. 우리는 단지 의사소통 공동체와 언어라는 '아프리오리'(Apriori)에 의존할 수밖에 없다는 것이다. 그에게서 근대 철학의 "나는 생각한다"를 화용론적으로 대체한 최종적 근거는 다음과 같은 형태로 제시된다. "나는 현실적 (역사적으로 제약되어 있고 따라서 제한된) 의사소통 공동체의 구성원인 동시에 (필연적으로 반사실적으로 예기되는) 이상적·무제한적 (따라서 타자의 모든 질의 요구에 대해 원칙적으로 열려 있는) 의사소통 공동체의 구성원으로서 논증한다."[3] 여기서 이 '이상적 의사소통 공동체'의 구성원으로 우리가 논의 속에 들어간다 함은 논의의 전제 조건들이 보편적임을 말한다. 우리가 비록 제약된 '현실적 의사소통 공동체'의 일원으로 논증한다 하더라도, 그 속에는 보편적 논증의 전제 조건들이 반사실적으로 예기되어 있다는 것이다.

하버마스의 '논의윤리학'에 대한 입론도 비슷한 형태를 취하고 있다. 논의 규칙은 누구든 논증 행위를 하는 사람이라면 인정해야 할 이상적인 전제 조건으로서 다음과 같다.

-- 모든 언어 능력과 행위 능력을 지닌 주체는 논의에 참여할 수 있다.
-- 모든 사람은 모든 주장을 문제시할 수 있다.
-- 모든 사람은 모든 주장을 논의에 끌어들일 수 있다.
-- 모든 사람은 자신의 태도, 희망, 욕구를 표현할 수 있다.
-- 어떤 화자도 논의의 내부나 외부에서 행사되는 어떤 강제에 의해 위에서 확정된 권리를 이용하는 데 방해받을 수 없다.[4]

---

3) K.-O. Apel, "Die Diskursethik vor der Herausforderung der lateinamerikanischen Philosophie der Befreiung", in: R. Fornet-Betancourt(Hg.), *Konvergenz oder Divergenz? Eine Bilanz des Gesprächs zwischen Diskursethik und Befreiungsethik*, 22쪽. 이상의 논의는 같은 책, 21쪽 이하; K.-O. Apel, *Diskurs und Verantwortung. Das Problem des Übergangs zur postkonventionellen Moral*, 110쪽 이하; K.-O. Apel, *Transformation der Philosophie*, 397쪽 이하 참조.

4) J. Habermas, *Moralbewußtsein und kommunikatives Handeln*, 99쪽. 아래의 논의는 또한 J. Habermas, *Erläuterungen zur Diskursethik*, 12쪽 이하, 132쪽 이하 참조.

이러한 논의 규칙은 이미 규범적 내용으로 충만한 것인 바, 그것은 '공공성', '평등', '진실성', '비강제성'과 같은 것이다. 즉 원칙상 논의에 누구나 평등하게 참여하고 어떤 주장에 대해 아무런 강제 없이 긍정이나 부정을 할 수 있고 논의 참여자들이 각자의 진실된 생각을 표현하고 있다는 것이 보장되지 않는다면, 진정 논증 내지는 논의를 한다 할 수 없다는 것이다. 그리고 특히 규범에 대한 논증에 있어서는 위와 같은 규범적 내용들로부터 다음과 같은 논증 규칙, 즉 '보편화 원칙'(U)을 끌어내올 수 있다. "모든 개인의 이익을 충족시키기 위해서 논란이 되는 규범을 일반적으로 따를 때 장차 발생하는 결과들과 부작용들이 모든 당사자들에 의해 아무런 강제 없이 받아들여질 수 있어야 한다."5) 물론 이 보편화 원칙은 논증의 일반적 규칙을 제시하는 '형식적 절차'에 그치는 것이지, 아직 구체적인 적용의 단계가 아니다. 그리고 이 두 차원을 엄격히 구분하면서, 이 최상의 도덕 원칙이 특정한 문화와 시대의 직관을 표현하는 것이 아니라 보편적으로 타당하다고 주장한다는 점에서, 논의윤리학은 '보편주의적'이다.

이러한 보편주의적 합리성을 주장하는 점에서 하버마스와 아펠의 길은 같지만, 과연 '최종적 근거 증명'이 가능한가에 대해서는 견해 차이를 보이고 있다. 아펠에 따르면, 논증의 전제들이 수행적 모순을 범하지 않고는 부정될 수 없다는 것을 증명한 것은 곧 이 전제들을 최종적으로 증명한 것과 같다. 이를 통해 그는 의사소통적 협의가 갖는 "역사적이고 우연적인 조건"들 이외에 "논쟁의 여지가 없는 보편적 조건"을 제시할 수 있다는 것이다.6)

---

5) J. Habermas, *Moralbewußtsein und kommunikatives Handeln*, 103쪽.

6) K.-O. Apel, "Normative Begründung der 'kritischen Theorie' durch Rekurs auf lebensweltliche Sittlichkeit?", in: A. Honneth, C. Offe und A. Wellmer

반면 하버마스에 따르면 보편적 도덕 원칙에 대한 최종적 논증은 불가능하다. 논의에 있어 메타 논의를 상정하는 것이 불가능할 뿐만 아니라, 칸트의 오성 범주들의 선험적 연역과 같은 것을 기대할 수 없기 때문이다. 다만 우리는 그에 대한 다른 대안이 없다는 점에서, 우리가 전제할 수밖에 없는 규범적 내용으로 가득 찬 전제들에 대해 '약한 의미의 선험적 논증'을 할 수 있을 뿐이다. 위의 보편화 원칙으로 제기된 도덕 원칙은 다만 우리가 실제로 그것을 버릴 수 없다는 점에서만, 증명되었다고 말할 수 있는 것이지 '최종적'으로 증명되었다고 말할 수는 없다는 것이다.[7]

그가 제시하는 이런 보편주의적 도덕은 물론 민주적이고 다원적 질서를 갖는 사회를 배경으로 해서만 유의미하다. 논의윤리학의 입론 및 그로부터 도출되는 도덕적 통찰이 실행될 가능성은 이것에 "호응하는 생활형식"에 의존하고 있으며, 따라서 서구적 생활형식의 '우연성'이라는 유보조건 하에 있는 것이다. 보편주의적 도덕은 "자라나는 세대들에게 강력하게 내재화된 양심의 통제를 형성하게 하고 상대적으로 추상적인 자아정체성을 촉진하는 사회화 및 교육관행과의 일정한 일치를 필요로 한다. 또한 보편주의적 도덕은 탈관습적인 법 및 도덕관이 이미 체현되어 있는 정치적·사회적 제도와의 일정한 일치를 필요로 한다."[8] 따라서 논의윤리학이 성립하기 위해서는 적어도 내재화된 양심의 통제, 추상적 자아정체성, 탈관습적 법관념과 도덕관이 전제되어 있어야 할 것이다.

그렇다고 하버마스에 따르면 최종적 논증을 포기한다고 해서 보편

(Hg.), *Zwischenbetrachtungen. Im Prozeß der Aufklärung*, 17쪽.

7) J. Habermas, *Erläuterungen zur Diskursethik*, 194쪽 이하 참조.

8) 같은 책, 25쪽.

주의를 지향하는 논의윤리학이 지탱될 수 없는 것은 아니다. 대신에 그가 추구하는 것은 '재구성'의 전략이다. 우리는 '도덕적 일상 직관'이나 '사회화 과정에서 자연 성장적으로 획득한 직관'과 같은 생활세계적 기반을 가지고 있는데, 이 기반을 '재구성'하면, '논의윤리학'의 규칙들은 획득될 수 있다는 것이다. 그리고 하버마스에게 있어 이러한 직관은 그것이 다시금 정당화될 필요가 없는 것이다. 이 전제들을 인정하지 않는다는 것은 결국 자살이나 정신병에 빠지는 것과 같기 때문이다. 누구든 논증 공동체 속에서 '예' 또는 '아니오'라는 입장을 표명할 수밖에 없는 의사소통적 일상 행위로부터 벗어난다는 것이 불가능하기 때문이다. "일관된 하차자일지라도 의사소통적 일상 행위로부터 하차할 수는 없다. 이 실천의 전제들에 그는 여전히 구속되어 있는 것이다. 그리고 이 전제들은 다시금 — 최소한 부분적으로 — 논증 일반의 전제들과 동일하다."9) 이 '논증 일반의 전제'가 바로 재구성을 통해 획득한 논의윤리학의 원칙이라는 것이다.

2) '좋음'에 대한 '정의'의 우위성

논의윤리학은 의무론적 전통 위에서 윤리와 도덕, 혹은 '좋음'(the good)의 문제와 '정의'(justice)의 문제를 엄격히 분리하고자 한다. 하버마스에게 있어 윤리적 물음은 근본적으로 "정체성의 물음"이다. 어떤 훌륭한 윤리적 가치에 대한 물음의 평가기준은 "특정한 개인이나 집단의 생활사 혹은 상호주관적으로 공유된 전승을 통해 형성된 자기이해의 진실성"이다.10) 따라서 윤리적 논쟁은 항시 특정한 역사적·

---

9) J. Habermas, *Moralbewußtsein und kommunikatives Handeln*, 110쪽.
10) J. Habermas, *Die Einbezihung des Anderen*, 123쪽 이하.

문화적 맥락 속에서 이루어지며, 윤리의 문제는 맥락의존적일 수밖에 없다. 그것은 그것의 성질상 보편화할 수 없으며, 형식화할 수 없는 것이다. 왜냐하면 서로 경쟁하는 생활양식들에 대한 평가를 둘러싼 윤리적 논쟁으로부터 우리가 기대할 수 있는 것은 논쟁에 참여한 사람들이 서로 불일치를 확인하는 것일 것이기 때문이다. 실로 정체성과 훌륭한 삶의 설계의 문제에서 어떤 일치를 본다는 것은 불가능할 것이다.

반면 '도덕적 관점'(moral point of view)은 "준칙과 논쟁 대상이 되는 이익에 대한 일반화를 요구하며, 이는 논쟁 참여자로 하여금 사회 역사적 맥락, 즉 각자의 특수한 생활형식과 공동체를 초월하도록 강제한다."11) 즉 시간과 공간을 떠나 누구든 확신할 수 있는 근거를 제시하도록 강제한다는 것이다. 따라서 논쟁 참여자가 각자의 특수한 상대적 맥락을 초월할 것이 요구되는 정의의 문제에 있어서는 어떤 일반적 구속력을 갖는 답을 기대할 수 있다는 것이다.

이러한 '좋음'과 '정의'의 엄격한 구분은 우선 현대의 상황에서 어느 것이 고유한 도덕의 영역인가를 확정하기 위한 것이다. 하버마스에 따르면 전통의 목적론적 세계관의 붕괴를 가져온 근대적 조건에서 도덕에 대한 논의는 정의의 문제로 불가피하게 귀착된다. 도덕현상에 대해 인지적으로 유의미하게 말하고자 한다면, 특정한 개인이나 집단에 대해 좋은 것을 둘러싼 '좋음'의 문제가 도덕이론의 영역일 수 없다는 것이다. 도덕 영역의 핵심을 이루는 것은 '모든 사람에게 동등하게 좋은 것'을 다루고, 그런 한에서 보편화가 가능한 정의의 문제라는 것이다.

그러나 '좋음'과 '정의'의 구분은 후자에서 고유한 도덕 영역을 확정하는 것에 그치지 않는다. 그것은 전자에 대한 후자의 우위성 주장으

---

11) J. Habermas, *Erläuterungen zur Diskursethik*, 124쪽.

로 나아간다. 특히 다원주의에 대한 우리의 논의 맥락에서 정의의 우위성은 중요한 의미를 갖는다. 다원주의적 현실에서 왜 정의가, '도덕적 관점'이 우위에 있어야 하는가에 대해 하버마스가 제시하는 하나의 논변은 다음과 같다: "좋음에 대한 정의의 우위"가 확보되지 못한다면 "윤리적으로 중립적인 정의의 관념"이 있을 수 없으며, "중립적 정의의 관념"이 없다면 다원주의 사회에서 모든 개인과 집단의 "등권적 공존"은 어려울 것이기 때문이다. 다양하고 특수한 생활형식에 대해 정의의 '중립성'이 보장되어야, 이들 다양한 생활형식 속에서 정체성을 획득한 개인들과 집단들이 동등한 권리를 갖고 공존할 수 있다는 것이다. 반면 좋음의 관념으로부터 출발하여 다양한 정체성을 갖는 개인과 집단이 동등하게 존중받고 연대하는 토대를 형성한다는 것은 불가능하다. 즉 모든 사람에 대한 연대의 기초를 이룰 수 있는, "일반적 구속력을 갖는 집단적 좋음"을 전 지구적으로 기획하는 것은 실패할 수밖에 없다. 왜냐하면 내용이 충만한 좋음에 대한 관념은 "참을 수 없는 후견적 간섭주의(Paternalismus)로 귀착될 수밖에 없거나" 아니면 "모든 지역적 맥락으로부터 벗어난" 좋음의 관념은 "좋음의 개념을 파괴할 수밖에 없기" 때문이다.12)

이에 반해 정의의 차원에서는 "자신들의 부동성(不同性)에도 불구하고 동류성(同類性)을 의식하는" 것이 가능하게 된다. 다양하고 이질적인 윤리적 태도를 갖는 사람들이 하나의 공동체에 속한다는 이 동류성의 토대는 "모두가 최종적으로 실천적 토의의 협력적 시도에 이미 참여하고 있다"라는 데 있다. 우리가 이러한 논증행위를 하고 있는 한, 우리는 이 행위 자체로서 "모든 특수한 생활형식을 뛰어넘어" 하나의

---

12) J. Habermas, *Die Einbeziehung des Anderen.* 42쪽.

논의공동체에 속하게 된다. 정체성과 윤리적 태도에서 '차이'를 보일 수밖에 없는 개인이나 집단은 "토의 상황의 형식적 속성"을 공유한다. 이들이 논의공동체에서 공유하는 이 지반은 "상당히 협소한 토대이기는 하지만, 이 공동자산의 내용적 중립성은 세계관의 당혹스런 다원주의 앞에서 일종의 기회를 뜻할 수 있다."[13] 세계관의 다원주의가 당혹감을 주는 이유는, 근본적인 도덕규범에 대한 합의가 붕괴된 '탈전통 사회'에서 우리가 여전히 도덕적 판단과 입장에 대해 근거를 대며 논쟁을 벌이고 있기 때문이다. 그런데 서로 경쟁하는 '좋음'에 대한 논의 속에서 우리가 결코 어떤 공동의 '좋음'에 대해 합의를 볼 수는 없지만, 적어도 우리는 "토의 상황의 형식적 속성"만은 공유한다. 이것이 과거 공동의 규범적 근본이해를 제공해 주었던 어떤 "초월적 좋음"이 사라진 상황에서 그것을 대신하여 "어떤 규범적 근본 합의"의 역할을 할 수 있다는 것이다.

이렇게 하버마스에게 있어 '좋음'에 대한 '정의'의 우위는 다원적 세계에서 '중립적인' 보편적 토대의 확보와 동시에 이를 통한 다원성의 '등권적 공존'을 확보하게 해주는 지점이다. 그리고 이로써 타자의 동질화화가 아니라 진정한 타자의 포용이 가능하다는 것이다. 한 사회 내부에서 혹은 문화적 전승을 달리하는 사회 사이에서 우리가 공동으로 참여하는 논의 공동체는 "포용적 공동체"이다. 여기서 원칙적으로 언어 및 행위능력을 갖춘 모든 주체는 배제되지 않고 동등하게 포용된다.

이 점에서 하버마스는 '논의윤리학'이 지니고 있는 두 가지 측면을 강조한다. 하나는 인격이 다른 모든 인격들과 동등하다는 측면이고 동

---

13) 같은 책, 58쪽.

시에 다른 하나는 개인으로서의 이 인격들은 다른 인격과 절대적으로 다르다는 측면이다. 어느 한 측면에 의해 다른 한 측면이 희생되어서는 안 된다. 따라서 다소 수사적으로 표현된, "차이에 대한 감수성을 지닌 보편주의"(der differenzempfindliche Universalismus)에서 말하는 모든 이에 대한 동등한 상호 존중에서 타자성을 평준화하거나 몰수하지 않으면서 "타자를 포용하는 것"(Einbeziehung des Anderen)이 가능하다.[14] 그에 따르면 논증 규칙을 통한 도덕 원칙의 제시라는 '논의윤리학'의 프로그램이야말로 이러한 보편주의를 보장할 수 있는 것이다.

3) '논의합리성'의 보편주의

우리는 논의윤리학에서 전개되는 다원성과 보편주의의 관계로부터 하나의 합리성 모델을 구상할 수 있다. 논자는 그것을 '논의합리성'으로 부를 수 있다고 생각한다. 본래 '논의합리성'은 사회문화적 맥락과 윤리적 가치의 다원성과 관련하여 제기된 것은 아니다. 그것은 인식, 목적합리적 행위 및 의사소통적 행위 등에서 나타나는 복수로서의 합리성과 이것의 통일 혹은 매개에 관련하여 제기된 것이다.

'인식적 합리성', '목적론적 합리성', '의사소통적 합리성'은 어떤 하나의 공동의 뿌리를 갖는 것이 아니라, 나름의 독자적인 합리성의 구조를 지니고 있다는 점에서 우리는 복수의 합리성을 말할 수 있다. '의사소통적 합리성'은 다른 합리성의 핵심 구조들인 '인식적 합리성'과 '목적론적 합리성'과 동등한 수준에 있는 것이며, 이 구조들 중의 하나

---

14) 같은 곳.

일 뿐이다. '인식적 합리성'과 '목적론적 합리성'은 각기 그 원형의 모습에서 볼 때, 비의사소통적 언어 사용의 영역에 속한다. 전자에서 언어는 단지 순수한 서술을 위해 사용되고 후자에서 언어는 독백적으로 행위 계획을 표현하는 데 사용된다. 따라서 이들에서는 각기 '의사소통적 합리성'과는 다른 합리성이 작동한다고 말할 수 있다. 또한 모든 의사소통적 언어 사용에서 언제나 '의사소통적 합리성'이 작동하고 있다고 말할 수도 없다. 우리의 의사소통적 언어 사용 중에는 협의나 동의를 지향하는 언어 사용이 있는가 하면 성공 지향적인 언어 사용도 있기 때문이다. 따라서 진리성, 정당성, 진실성과 같은 타당성 주장이 엄격히 논의 속에서 검토될 때만 우리는 좁은 의미의 '의사소통적 합리성'을 말할 수 있을 것이다. 결국 하버마스는 '의사소통적 합리성' 이외에 독자적인 '인식적 합리성'과 '목적론적 합리성'을 인정할 수 있다는 것이다.

그런데 이 세 가지 합리성은 '의사소통적 합리성'에서 출현하는 '논의합리성'에 의해 서로 결합된다. 후자는 이 세 가지 합리성들 사이에 어떤 연관을 만들어냄으로써 일정한 의미에서 이들 합리성에 대해 우위에 있다고 말할 수 있다. 물론 이것은 이들 합리성의 공동의 원천이 궁극적으로 '논의합리성'에 있다는 의미는 아니다. 다만 '논의합리성'에 의해 이들 합리성이 매개되고 통합될 수 있다는 것이다. 이러한 매개의 방식은 각각의 합리성들에서 공통으로 확인할 수 있는 반성적 태도에 있다. 즉 '인식적 합리성'의 경우 인식하는 주체는 자신의 견해에 대해 반성적 태도를 취한다. '목적론적 합리성'에서도 행위하는 주체는 자신의 합목적적 행위에 대해 반성적인 거리를 취한다. 마찬가지로 '의사소통적 합리성'에서도 의사소통 행위자는 규범적 행위에 대해 반성적 태도를 취한다. 그리고 이 반성적 거리 취하기는 곧 다른 논증 참여자가 나의 견해나 행위의 타당성에 대해 대화하는 방식으로 이루어진다. 다시 말해 세 가지 합리성에 공통되는 반성적 태도에는 논증의 구조와 절차가 나타나고 있다는 것이다.[15]

이들 다원적 합리성과 '논의합리성' 간의 관계는 우리가 앞서 살펴본 다원적 가치체계와 보편적 정의 간의 관계에 대해서도 적절한 모델을 제시한다고 볼 수 있다. 우리가 정의의 '도덕적 관점'을 취한다는 것은 우리가 논증상황에 들어가는 것을 말한다. 이때 무엇보다 요구되는 것은 '논의합리성'이다. 우리는 우리의 특수한 사회역사적 맥락에 대해 반성적 거리를 취할 것, 다시 말해 중립적 입장에서 누구든 확신할 수 있는 근거를 제시할 것을 요구받는다. 이런 점에서 '논의합리성'은 "근거를 가지고 근거를 지향하는" 합리성이라 할 수 있다. 다시 말해 그것은 "우리가 우리에게 문제로 제기되는 것에 대해 어떤 근거가 중요하며, 근거들 중 어떤 것이 더 나은 근거인가에 대해 가능한 한 설득적 방식으로 동일한 관점에서 서로 협의하는" 합리성이다.[16]

물론 더 나은 근거가 무엇인가는 당면의 문제가 무엇인가에 따라, 즉 실용적 논의, 윤리적 논의, 도덕적 논의, 법적 논의 등 논의의 종류에 따라 다르며, 또한 근거는 처음부터 몇 가지 목록으로 확정되어 불변적인 것이 아니다. 실제로 위에서 살펴본 도덕적 논의는 이러한 논의들 중 하나이며, 이들 논의보다 상위의 추상차원에서 '합리적 논의' 일반의 원칙, 즉 '논의원칙'(D)이 제시된다. 그것은 "합리적 논의에 대

---

15) 이상의 논의는 J. Habermas, *Wahrheit und Rechtfertigung*, 102쪽 이하 참조. 아펠의 '논의합리성'의 매개에 대한 주장은 K.-O. Apel, "Die Vernunftfunktion der kommunikativen Rationalität", in: K.-O. Apel und M. Kettner(Hg.), *Die eine Vernunft und die vielen Rationalitäten*, 17-41쪽 참조.

16) M. Kettner, "Gute Gründe. Thesen zur diskursiven Vernunft", in: Apel, K.-O. und Kettner, M.(Hg.), 위의 책, 436쪽.

한 참여자로서 가능한 모든 당사자들이 동의할 수 있는 행위 규범만이 타당하다"는 것이다.17) 이 '논의원칙'은 '논의합리성'을 가장 추상적인 차원에서 표현하는 것으로 위의 다양한 논의들에 대해 타당하다고 할 수 있다. 다시 말해 불편부당한 중립적 입장에서 근거에 대해 협의하는 '논의합리성'이 어떤 논의형태에든 내재해 있다고 할 수 있다. 이 불편부당성과 중립성의 관점은 단순히 참여자의 관점도 아니오 관찰자의 관점도 아닌 제3의 관점이다. 이러한 제3의 관점에서 비로소 이성적인 근본 합의가 이루어진다.

또한 논의에 참여하는 구성원이 확대됨에 따라 이들이 논의에 끌어들이는 근거도 지속적으로 확장된다. 이것은 민주주의에 있어 포용성의 강화를 가져오는 측면이 있다. 반성적 학습과 의사소통 참여자 및 근거의 확장을 통해 '공적 이성'의 제도들이 더욱 역동적일 수 있게 되며, 또한 소수집단에 대해서도 개방적이게 된다.18) 이러한 합리성은 무엇보다 반성적 태도와 포용성을 특징으로 한다.

이러한 '논의합리성'의 보편주의는 문화적 다원성을 배제하는 보편주의가 아니다. 근대의 생활세계의 발전과 더불어 등장한 '논의합리성'은 과거의 세계 종교와 같이 모든 사람에 대해 개방적이라는 점에서, 보편성을 지향하고 있다. 하지만 '논의적 이성'의 보편주의는 자기 안에 논증상황으로부터 귀결되는 원칙을 지니고 있으며, 이를 통해 '자기반성적 기준'을 제기하는 보편주의이다. 이 기준에 비추어 자기 비판과 교정이 가능한 보편주의라는 것이다. 세계화의 심화와 더불어 서구 산업 문명이 다른 문화를 식민화하는 경향이 존재한다는 진단에서 하버

---

17) J. Habermas, *Faktizität und Geltung*, 138쪽.
18) J. Bohman, "Öffentlicher Vernunftgebrauch", in: Apel, K.-O. und Kettner, M.(Hg.), 위의 책, 283쪽 참조.

마스와 탈근대론자가 견해를 달리하는 것은 아니다. 다만 하버마스는 한 사회의 근대화를 생활세계와 체계의 분화 과정으로 파악하고, 이 발전이 지니는 양가적 측면을 주장하듯이, 서구 문화의 세계화에 대한 그의 진단도 양가적이다. 즉 세계화에는 "식민화하는 논의와 설득력 있는 논의, 체계의 압력에 근거하여 전 세계에 호소력을 발휘하는 논의와 믿을 만한 근거에 입증하여 호소력을 갖는 논의"가 혼재되어 있다는 것이다.[19] 후자의 논의가 전 지구적으로 확산되는 것은 긍정적이요, 적극적으로 촉진해야 할 것이다. 반면 전자의 세계화는 제국주의적 성격을 노정하기 때문에 비판되어야 할 것이다.

따라서 이 점에서 하버마스는 탈근대론의 비판이 지니고 있는 긍정적 역할을 평가한다. 즉 탈근대론은 "역사 전체에 목적론적 설계를 투사하는 총체적 이성을 비판"하는 점에서 설득력을 지니고 있으며, 파열과 파편화, 주변화, 차이, 타자성, 특수적인 것과 지방적인 것의 고유함을 강조함으로써 "획일화와 추상적 보편성에 대한 해독제"를 제공한다는 것이다.[20] 그러나 이러한 보편성에 대한 탈근대론의 해독제 역할은 제한적인 것이며, '논의적 이성'의 보편성은 이런 해독제를 필요로 하지 않는다는 것이다.

'상황적 이성'으로서 그것의 보편성은 추상적 보편성이 아니다. 그것은 역사 목적론을 제기하지도 않으며, 탈근대론의 덕목을 배제하지도 않는다. '논의적 이성'은 그것이 출현하는 구체적인 맥락으로부터 독립되어 존재할 수 없다. 그러나 "맥락 없는 이성은 없다는 전제는 옳지만, 이로부터 탈근대주의는 이성이 각각의 맥락에서 다른 얼굴로 나타

---

19) J. Habermas, 『현대성의 새로운 지평』, 116쪽.
20) 같은 책, 113쪽.

나야만 한다는 잘못된 결론을 이끌어낸다."21) '논의적 이성'은 그것이 출현하는 맥락을 초월하여 보편타당성의 요구를 제기하는 이성이라는 것이다.

'논의합리성'은 과거 공동의 규범적 근본이해를 제공해 줬던 윤리적 토대가 사라진 근대의 다원적 세계에서 다원성을 무화시키지 않으면서 보편적으로 성립할 수 있는 합리성으로 기획되었다. 내부적으로 사회가 다원화되고 국제관계에서 '세계사회'가 구축되어 갈수록 다원성은 불가피할 뿐만 아니라 바람직한 것으로 여겨진다. 이런 상황에서 다양한 개인이나 집단이 어떤 논의 속에서 그들 모두가 확신하는 동일한 근거를 갖기는 점점 더 어려워질 것이다. 그러나 하버마스는 이를 보편주의적 이성의 입론에 대한 위협이 아니라 오히려 그것을 확인해 주는 것으로 파악한다. 즉 차이와 타자성을 고수하는 주체와 생활양식이 '등권적으로 공존하기' 위해서는 이에 대해 '중립적인' 정의가 더욱더 필요하기 때문이다. 다만 생활형식과 삶의 계획이 분화되고 윤리적 가치체계가 다원화될수록, 이 중립적인 정의 원칙과 규칙은 더욱더 추상적 형태를 띠게 될 것이다. 그리고 다원적 세계 속의 개인과 집단들이 그들 자신의 전통에 대해 근본주의적 태도를 취하지 않고 반성적 거리를 취하고 논의하게 된다면, "우리의 관점과 그들의 관점이 학습을 통해 접근하게" 될 것이다. 이 과정에서 우리나 그들의 기존의 정당화 관행과 논거는 수정되어 갈 것이다. 여기서 우리는 특정한 맥락에서 출발하지만 맥락종속적이지 않은 '논의합리성'을 확인할 수 있을 것이다.22)

---

21) 같은 책, 115쪽.
22) J. Habermas, *Erläuterungen zur Diskursethik*, 202, 218쪽.

3. 다원성에 대한 논의이론의 문제점

1) 배제의 문제

이러한 '논의합리성'은 다원적 생활형식과 윤리체계의 현실에서 보편적 입지점을 확보할 수 있게 해주는 유력한 철학적 입장이다. 그러나 이 보편주의적 입론은 몇 가지 문제를 안고 있는데, 논자는 크게 두 가지에 주목한다.

우선 이 보편적 합리성은 일정한 낙관적 전망과 결부되어 있는데, 무엇보다 '타자의 포용'과 관련한 문제에서 그렇다. '타자'의 문제를 논의윤리학의 원칙과 관련하여 진정 제기해 본다면, 하버마스의 이론적 기획과 마찬가지로 아펠의 '논의윤리학'도 강하게 지향하고 있는 '보편주의에의 요구'는 문제점을 지니고 있는 것처럼 보인다. 이 점에서 라틴아메리카의 해방 철학자 두셀(E. Dussel)의 다음과 같은 반론은 '논의윤리학'의 결정적인 논란점 하나를 지적하고 있는 것으로 생각된다. 문제가 되는 것은 최소한 '논의윤리학'의 기본 전제의 하나인 '모든 가능한 당사자의 참여의 원칙'이다. 특히 하버마스에게서는 이 당사자 참여의 원칙이야말로 타자의 타자성을 인정하는 것이다. 왜냐하면 국외자가 이 당사자에 대해 무엇이 좋고 무엇이 나쁘다고 판단해 줌으로써 결코 불편부당성이 보장되는 것이 아니기 때문이다. 절대적으로 다른 개인들로서 모든 당사자들이 스스로 논의에 참여해야 비로소 공정한 보편성은 획득되는 것이다.

그러나 실질적으로 모든 당사자가 논의의 실제적 참여자일 수는 없다. 그리고 이에 대해 민주주의적 대의(代議)의 원칙을 제시한다 해도 사정은 달라지지 않는다. 두셀이 제기하는 이의는 이 사실적인 비참여가 바로 '배제'의 형식을 띠게 된다는 것이다. "모든 사람이 실제의 의사소통 공동체에서 논증적 참여권을 가지고 있다 하더라도, 언제나 배제되는 당사자들이 존재한다."[23) 그리고 이 배제는 단순히 경험적 사실일 뿐만 아니라, 어떤 의미에서 '필연적 성격'을 지닌다는 것이다. 왜냐하면 우리는 배제된 사람들을 미래에 가서나 비로소 발견할 수 있기 때문에, 모든 배제된 타자들을 현재의 시점에서 의식한다는 것은 불가능하기 때문이다. 그 예는 가부장제 하에서의 여성, 차별대우 받는 인종, 생태학적 문제에 있어 미래의 세대 등을 들 수 있을 것이다. 이렇게 '차이에 대한 감수성을 지닌 보편주의'는 그것의 원래 이론적 의도에도 불구하고, 그 안에 당사자의 배제라는 문제를 피할 수 없는 것으로 보인다. 그리고 이렇게 배제를 함축한다는 것은 무엇보다도 '논의윤리학'이 그것의 규범적 내용으로 확인하고 있는 '평등'에 저촉되는 것일 것이다.

이러한 당사자 참여의 원칙은 논의윤리학과 연관하여 대의민주주의에 대한 하나의 대안으로 제시된 '토의민주주의'(deliberative democracy)에서도 약한 고리이다. 일반적으로 '토의민주주의'의 핵심적인 주장에 따르면, 어떤 결정이 내려질 경우 그 결정에 구속되는 모든 이해당사자들이 자유롭고 무제한적으로 토의에 참여함으로써 반성적 동의를 한 결과만이 정당한 것이다. 그러나 실제로 모든 이해당사자 혹은 대부분의 이해당사자가 토의에 참여하는 경우는 거의 없다. 시간의 요구상 작은 단위의 소수만이 토의를 통한 집단적 결정에 참여할 수 있다는 것이다. 여기서 토의민주주의의 정당성에 대한 주장은 흔들리

---

23) E. Dussel, "Ethik der Befreiung. Zum Ausgangspunkt als Vollzug der ursprünglichen ethischen Vernunft", in: R. Fornet-Betancourt(Hg.), 위의 책, 88쪽 참조.

기 시작한다. 이 문제에 대해 실제가 아니라 가언적 조건으로 답하려 하거나, 토의권의 실질적 행사가 아니라 토의권만으로 정당성이 확보된다는 식으로 답하는 것은 만족스럽지 못하다.24) 문제는 언제나 당사자임에도 배제되는 타자에 대해 단지 논증규칙으로부터만 도출될 수 없는, 가령 적극적 '배려'와 같은 어떤 도덕적 관점의 보완이 필요한 것처럼 보인다는 점이다.

2) 합의지향성과 정의 우위의 문제

'논의합리성'의 모델에서 논의에 참여하는 사람은 불편부당하고 중립적 입장에서 근거를 가지고 논증함으로써 어떤 합의를 이룬다. 물론 이 이성적 합의는 타협과 전혀 다른 것이다. "타협을 흥정하는 당파들이 결과에 대해 제각기 다른 근거에서 동의할 수 있는 반면, 논증 참여자들은 무릇 합리적 동기에 의한 합의를 서로 동일한 근거에서 획득해야만 한다. 이러한 정당화 행위는 공개적이고 공동적으로 획득된 합의를 겨냥한다."25) 상이한 이해관계를 갖는 다른 정파들 사이의 타협과 달리 불편부당함이야말로 논증 참여자들이 '서로 동일한 근거'에서 합의를 획득하게 하는 것이다. 논증 참여자들이 불편부당함의 덕목을 고수한다면, 결국에는 그들은 합의의 원천으로서 동일한 근거에로 수렴된다는 것이다. 그런데 문제는 이러한 합의모델이 너무 강한 주장이라는 점이다. 사실 민주적 법치국가의 이상은 모든 시민이 동일한 근

---

24) J. S. Dryzek, "Legitimacy and Economy in Deliberative Democracy", in: *Political Theory*, Vol.29 참조. (http://socol.anu.edu.au/pdf-files/w15.pdf)

25) J. Habermas, *Die Einbezihung des Anderen*, 108쪽; J. Habermas, *Faktizität und Geltung*, 411쪽 참조.

거에서 합의를 보는 것에 있다기보다는 그들이 언제나 공적 토의과정에서 협력하고 타협할 자세가 되어 있다는 데 있다. 우리는 타협이 경우에 따라서는 상황의 강제에 따라 불가피한 것이거나 현존하는 비이성에 굴복한 것일 수도 있으나, 대부분의 심각한 갈등의 경우에 유일하게 공정한 대안임을 인정해야 할 것이다.26)

우리는 다원적이고 복합적인 사회에서 해소할 수 없는 불일치, 그러나 '합리적인 불일치'가 존재함을 인정해야 할 것이다. 그것은 하버마스 자신도 다문화주의와 다민족주의와 관련하여 강조하고 있는, 관용, 상호 인정, 배려라는 민주적 공공생활의 중요한 측면이다. 그러나 이것은 단순히 합의나 전략적 타협과는 질적으로 다른 것이다. 그것은 일종의 타자간의 "상호조정"(mutual accommodation)의 문제이다.27)

논의 참여자가 궁극적으로 동일한 근거에서 합의를 지향하는 하버마스의 '논의합리성'의 모델이 '좋음'과 '정의'의 차원을 엄격히 구분하고 후자의 전자에 대한 우위를 주장했던 것도, 사실상 이 모델의 강한 합의지향성에 그 이유가 있다고 할 수 있다. 정의의 '도덕적 관점'에 설 때 우리는 불편부당한 중립적인 보편적 토대를 갖게 되기 때문이다. 그러나 윤리의 문제와 도덕의 문제가 분석적 차원에서 분리되는 측면이라 해서, 실제 논의상황에서 완벽히 상호 독립적이라 보기는 어렵다.28) 하버마스도 인정하듯이 논의 참여자가 무형무취의 개인이 아니라 '생활사적 맥락' 속에 있는 개인인 이상, 이들이 논의 속에 끌어들이는 근거에는 윤리적 태도가 스며들어 있을 수밖에 없기 때문이

---

26) J. Bohman, 위의 책, 285쪽 참조.

27) T. McCarthy, "Legitimacy and Diversity: Dialectical Reflections on Analytical Distinctions", in: *Proto Soziologie*, Heft 6, 227쪽.

28) 같은 책, 213쪽.

다.29)

여기서 특징적인 점은 하버마스가 다양한 토의의 차원을 분별하고 있음에도 불구하고 "법적·정치적 정의의 물음을 도덕적 물음으로" 간주하려 한다는 점이다. 이는 곧 이 물음들을 "'우리에게' 좋은 것이 무엇인가라는 윤리적 물음이 아니라 '모두에게' 동일하게 좋은 것이 무엇인가라는 도덕적 물음으로" 간주한다는 것이다. 따라서 정의의 문제는 보편화가 가능한 관점 위에서 다루어져야 한다는 것이다. 그러나 문제는 대부분의 정치적 논의가 이런 식으로 보편화 가능성의 관점 위에서 진행되는 것이 아니라는 데 있다. 심지어 정의에 대한 정치적 논의에서조차 우리는 "좋음에 대한 다양한 관념으로부터 오는 불일치"에 직면하게 된다.30)

따라서 논자는 '논의합리성'의 강한 합의지향성을 완화시킬 필요가 있다고 생각한다. 그리고 이것은 사회문화적 전승에 의해 주어진 좋음의 윤리적 차원이 논의 속의 근거에 침윤되어 있으며, 이로써 많은 경우 불일치가 불가피함을 인정해야 함을 뜻한다. 그렇다고 해서 이 불일치가 비이성적인 것이라 볼 필요는 없다. 논의 참여자들이 논의나 토의 과정에 참여하여 서로의 근거에 대해 근거로 맞서는 협력적 태도를 취하는 한, 이 과정의 결과가 불일치의 확인이나 상호 조정 혹은 타협이라 해도 그것은 '논의합리성'에 저촉되는 것은 아닐 것이기 때문이다.

---

29) J. Habermas, "Multiculturalism and the Liberal State", in: *Stanford Law Review*, Vol.47, 851쪽 참조. 여기서 그는 특정한 개인의 훌륭한 삶의 추구와 공적 이성의 사용, 각각의 정치공동체의 특수주의적 맥락과 헌법적 원칙의 보편주의적 핵심간의 상보적 관계를 논하고 있다. 또한 정의 우위성 테제에 대한 비판은 S. Benhabib, *Situating the Self*, 74쪽 이하 참조.

30) T. McCarthy, 위의 책, 208쪽.

4. '차이에 대한 감수성을 지닌 보편주의'를 위하여

우리가 살고 있는 각 문화들과 세계들의 다원성과 보편적 이성의 이념은 서로 결합될 수 없는 것인가? 우리가 살고 있는 세계가 언제나 우리의 언어적 구조에 의해 매개된 세계라면, 우리가 마주하는 세계는 언제나 복수로서 존재할 수밖에 없을 것이다. 세계의 다원성은 한 문화권 내에서의 '문화적 가치영역'의 분화에 따른 다양성으로만 환원되는 것은 아니다. 세계화 시대의 다원성은 문화권 자체의 다양성에서도 극명하게 드러난다. 여기서 논자는 이 다원적 세계들 사이의 대화와 매개가 필요하다는 하버마스와 아펠의 철학적 정향을 따른다. 그리고 이 매개를 보장할 이성이야말로 다원주의 시대에 기대할 수 있는 보편적 이성의 모습으로서 '논의합리성'이라 할 수 있을 것이다.

단순히 우리의 특정한 사회문화적 맥락 속에서 정당화되는 것을 넘어서려는 보편주의적 시도는 '논의적 이성'을 통해 다양한 합리성을 매개한다. 그리고 그것은 현재 가속화되고 있는 세계화에 있어 문화적 다원성에 직면해서도 전 인류적으로 설득력을 지닌 근거를 제시하는 논의의 형태로 제시될 수 있을 것이다. 또한 이러한 '논의적 이성'에 대한 입론은 탈근대론의 이론적 지향, 즉 '차이에 대한 감수성'을 자체 내에 포섭할 수 있다는 점에서도 유력한 것이었다.

그러나 이러한 '차이에 대한 감수성을 지닌 보편주의적' 합리성에 대한 입론은 일정한 문제점을 안고 있으며, 개선의 필요를 보여주고 있다. 우선 논증 형식으로부터 보편적 도덕 원칙을 제시하려는 시도는 자신의 원칙을 보족할 논증 형식과는 다른 또 하나의 출발점을 필요로 하는 것처럼 보인다. 그것은 '타자에 대한 배려'와 같은 것일 것이다. 왜냐하면 '모든 당사자의 참여의 원칙'과는 달리 의사소통에서 언제나 배제되는 타자가 있을 수밖에 없기 때문이다. 단지 논증 형식으로부터만으로는 도출되지 않는 이러한 배려의 원칙에 의해 보완되었을 때, '논의적 이성'은 진정 다원적 현실에서 타자의 타자성을 인정하는 보편적 합리성으로 보장될 수 있을 것이다.

다른 한편 이 보편주의적 입론은 강한 합의지향성을 완화시킬 필요가 있다. 이러한 방향으로의 개선은 여러 측면에서 시도될 수 있겠지만, 논자는 다원주의라는 우리의 논의 맥락에서는 무엇보다 좋음과 정의의 엄격한 구분과 후자의 우위체제를 강력히 고수하는 데서 일정한 수정이 불가피하다고 생각한다. 합리적 논의 속에 침윤되어 들어올 수밖에 없는 윤리적 차원은 처음부터 동일한 근거의 합의만을 논의의 목표로 고정시킬 수 없게 만든다. 단순한 불일치의 확인, 상호조정, 타협도 그것이 근거를 둘러싼 논의의 결과라면, 합리적인 것으로 인정될 수 있어야 할 것이다. 이때 '논의합리성'은 '차이에 대한 감수성을 지닌 보편주의'라는 수사적으로 표현된 이론적 지향의 실체에 더욱 근접할 수 있을 것이다.

참고문헌

Apel, K.-O., *Transformation der Philosophie*, Suhrkamp, Frankfurt am Main, 1981.

_____, "Normative Begründung der 'kritischen Theorie' durch Rekurs auf lebensweltliche Sittlichkeit?", in: A. Honneth, C. Offe und A. Wellmer(Hg.), *Zwischenbetrachtungen. Im Prozeß der Aufklärung*, Suhrkamp, Frankfurt am Main, 1989.

_____, *Diskurs und Verantwortung. Das Problem des Übergangs zur postkonventionellen Moral*, Suhrkamp, Frankfurt am Main, 1990.

_____, "Die Diskursethik vor der Herausforderung der lateinamerikanischen Philosophie der Befreiung", in: R. Fornet-Betancourt (Hg.), *Konvergenz oder Divergenz? Eine Bilanz des Gesprächs zwischen Diskursethik und Befreiungsethik. Verlag der Augustinus-Buchhandlung*, Achen, 1994.

_____, "Die Vernunftfunktion der kommunikativen Rationalität", in: K. -O. Apel und M. Kettner(Hg.), *Die eine Vernunft und die vielen Rationalitäten*, Suhrkamp, Frankfurt am Main, 1996.

Benhabib, S., *Situating the Self, Gender, Community, and Postmodernism in Contemporary Ethics*, Routledge, New York, 1992.

Bohman, J., "Öffentlicher Vernunftgebrauch. Das rationalitätstheoretische Grundproblem des politischen Liberalismus", in: Apel, K.-O. und Kettner, M.(Hg.), *Die eine Vernunft und die vielen Rationalitäten*, Suhrkamp, Frankfurt am Main, 1996.

Dryzek, J. S., "Legitimacy and Economy in Deliberative Democracy", in: *Political Theory*, Vol.29.

(http://socol.anu.edu.au/pdf-files/w15.pdf)

Habermas, J., *Moralbewußtsein und kommunikatives Handeln*, Suhrkamp, Frankfurt am Main, 1983.

_____, *Erläuterungen zur Diskursethik*, Suhrkamp, Frankfurt am Main, 1992.

_____, *Faktizität und Geltung*, Suhrkamp, Frankfurt am Main, 1992.

_____, "Multiculturalism and the Liberal State", in: *Stanford Law Review*, Vol.47, 1995.

_____, *Die Einbeziehung des Anderen. Studien zur politischen Theorie*, Suhrkamp, Frankfurt am Main, 1996.

_____, 한상진 편, 『현대성의 새로운 지평』, 나남출판, 1996.

_____, *Wahrheit und Rechtfertigung*, Suhrkamp, Frankfurt am Main, 1999.

_____, 한승완 역, 『공론장의 구조변동』(*Strukturwandel der Öffentlichkeit*), 나남출판, 2001.

Kettner, M., "Gute Gründe. Thesen zur diskursiven Vernunft", in: Apel, K.-O. und Kettner, M.(Hg.), *Die eine Vernunft und die vielen Rationalitäten*, Suhrkamp, Frankfurt am Main, 1996.

McCarthy, T., "Legitimacy and Diversity: Dialectical Reflections on Analytical Distinctions", in: *Proto Soziologie*, Heft 6, 199-228. 1994.

제 3 부

다원주의와 한국종교

종교다원주의: 역사적 배경, 이론, 실천

| 길 희 성 | 서강대 종교학과 |

종교와 철학적-인식론적 다원주의는 근본적으로 모순관계에 있다. 종교다원주의는 이 모순관계를 해결하고자 하는 시도로서, 양자가 반드시 모순적일 필요가 없으며 양립할 수 있을 뿐만 아니라 양립해야 한다고 주장하는 특정한 신학적-종교적 이론이다.

종교다원주의자들은 세계 종교들은 동일한 구원에 이르는 여러 길들이라고 생각하며, 이러한 생각이 자기가 따르는 특정한 신앙과 모순되지 않는다고 믿는다. 이 글은 이렇듯 자기 신앙을 배반하는 듯한 사상이 어떠한 역사적 배경 하에서 형성되었으며, 그 이론적 근거는 무엇이고, 그와 같은 신념에 기초한 종교적 삶의 모습은 어떠한 것인지를 고찰하고자 한다.

1. 다원주의의 역사적 · 사상적 배경

현대 세계는 두 가지 모순된 양상을 노출하고 있다. 한편으로는 세계화라는 이름 아래 전 인류의 삶의 형태가 자본주의 시장경제를 축으로 획일화되는 과정을 밟고 있는가 하면, 다른 한편으로는 자유주의와 사회주의의 이념적 대립이 사라진 후 각 민족과 지역의 특수한 문화적 전통과 정체성에 대한 관심이 고조되고 있다.

미국과 국제 자본주의를 중심으로 하여 무서운 속도로 번지고 있는 세계화는 문화적 · 지역적 특수성을 무력화시키면서 온 인류에게 하나의 보편적이고 획일적인 표준(이른바 global standard)과 삶의 양식을 강요하고 있으며, 이 척도에 따라 일등만이 살아남을 수 있는 투명하고도 치열한 경쟁 체제 속으로 모두를 몰아넣고 있다. 이러한 세계화는 이성에 기초하여 보편적 질서를 구축하고자 했던 계몽주의적 기획의 연장이요 실현이라고 볼 수 있다. 특히 해방적 관심에 의해 주도되던 계몽주의적 이성이 철저히 도구적 · 기술적 이성으로 화하면서 세계 자본주의는 이제 그 어떤 사회적 · 문화적 장벽도 허락하지 않고 자유로이 지배력을 확대해 가고 있다. 그러나 이와 동시에 획일적 질서가 지니는 억압성과 폭력성에 대항하여 문화적 특수성, 민족적 자긍심, 종교적 신앙의 차이에 입각한 '두터운' 정체성을 추구하는 인간의 본능 또한 거세게 일고 있다.

이는 세계적 현상일 뿐 아니라 미국과 같은 다인종, 다문화 사회를 형성하고 있는 한 국가 공동체 내에서도 진행되고 있는 현상이다. 북미 대륙을 중심으로 하여 일고 있는 이른바 '차이의 정치학'(politics of difference), '정체성의 정치학'(politics of identity) 혹은 '인정의 정치학'(politics of recognition)은 비록 주로 한 사회 내에 국한된 담론이기는 하나, 인종이나 민족, 성별이나 문화적 차이를 무시하며 적용되는 획일적 질서보다는 오히려 그러한 차이들을 적극적으로 부각시킴으로써 풍부한 민주적 질서와 정의를 실현할 수 있다는 입장을 취하고 있다.[1] 그런가 하면 세계 곳곳에서 기승을 부리고 있는 문화적 배타주의나 종교적 근본주의(fundamentalism)는 차이를 통한 정체성을 확보하려는 본능의 극단적 표현들이라고 할 수 있다. 현대인들은 한편으로는 세계화의 파도를 타고 근대성(modernity)의 종점을 향해 치닫고 있는가 하면, 다른 한편으로는 인간의 역사와 운명 전체를 아우르는 어떠한 거대담론도 거부하고 다수의 자그마한 이야기들에 바탕을 둔 공동체들의 뿌리 의식과 향수를 부추기는 포스트모더니즘적 대안들을 진지하게 모색하고 있다. 마이크 왈쩌의 표현을 사용하자면, 얄팍한(thin) 정체성 못지 않게 두터운(thick) 정체성에 대한 인간의 갈망은 결코 사라지지 않을 것이다.[2]

여하튼 서구 지성사를 두고 볼 때 한 가지 분명한 사실은 하느님에 대한 신앙에 기초하여 절대적이고 보편적인 질서 — 사회, 문화, 지식, 가치 등 — 를 구축했던 중세는 종말을 고한 지 오래고, 그에 대신하여 보편적 이성(Reason)에 삶을 정초 시키려 했던 계몽주의적 기획 역시 오늘날 근본적인 도전을 받고 있다는 사실이다. 오늘날 논의되고 있는

---

1) Iris Marin Young, *Justice and the Politics of Difference*, Princeton, New Jersey: Princeton University Press, 1990; Amy Gutmann, ed. *Multiculturalism: Examining the Politics of Recognition*, Princeton: Princeton University Press, 1992; Cynthia Willett, ed., *Theorizing Multiculturalism: A Guide to the Current Debate*, Oxford: Blackwell Publishers Ltd, 1998 등을 볼 것.
2) Michale Walzer, *Thick and Thin: Moral Argument at Home and Abroad*, Notre Dame: University of Notre Dame Press, 1994.

다원주의의 문제는 이러한 시대적 상황의 산물이다. 절대자 혹은 삶의 형이상학적 토대에 대한 확고한 믿음이 있거나, 이성에 대한 확고한 신뢰가 존재하는 한 다원주의는 결코 심각한 문제가 되지 않을 것이다. 인식과 실천과 가치의 문제에 있어서 우리는 보편타당성을 지닌 객관적 기준을 가질 수 있을 것이기 때문이다. 그러나 그러한 믿음이 사라진 현대인들에게 진리와 가치 문제에 대하여 다양한 기준을 인정하고, 심지어 합리성 그 자체에 대하여도 다양한 형태를 인정하는 다원주의, 그리고 이에 수반하는 상대주의는 어쩔 수 없는 시대정신이 되었다.3) 다원주의는 형이상학적 절대에 대한 믿음과 이성에 대한 신뢰가 흔들리는 시대의 필연적 산물이다.

서구 사상에서 신과 이성에 대한 믿음이 흔들리는 데에 결정적 공헌을 한 것은 크게 말해서 자연과학과 역사주의(historicism)적 사고이다. 잘 알려진 바와 같이, 근세 자연과학 — 갈릴레이나 뉴턴의 물리학뿐만 아니라 다윈의 진화론까지 포함하여 — 은 기독교의 유신론적·목적론적 세계관을 무너트렸으며, 19세기 이후의 역사주의와 이에 근거한 역

---

3) 다원주의와 상대주의는 필연적으로 같이 간다. 적어도 이론상, 다원주의를 주장하면서 상대주의를 피하는 방법은 없을 것이다. 물론 주관적으로는 다원주의자라 해도 자기가 선택한 특정한 입장을 따르기 때문에, 그것을 중심으로 하여 다른 입장들을 평가한다는 의미에서 상대주의가 아니라 주장할 수도 있다. Nicholas Rescher는 그의 *Pluralism: Against the Demand for Consensus* (Oxford: Clarendon Press, 1993)에서 이러한 입장을 견지하고 있다(117-19쪽). 그는 상대주의와 무관심주의(indifferentism)를 동일시하면서 자기가 주장하는 맥락적 다원주의(contextual pluralism)는 자신의 입장에 대한 헌신(commitment)을 배제하는 것이 아니기 때문에 상대주의가 아니라고 주장한다. 하지만 그는 이론으로서의 다원주의와 실천으로서의 다원주의를 혼동하는 오류를 범하고 있다. 이론으로서의 다원주의는 적어도 나와 다른 입장들이 오류라는 것을 객관적으로 입증하거나 설득할 수 없다는 데서 나오는 결론이기 때문에 상대주의를 면하기 어렵다.

사과학 — 인류학 등 사회과학까지 포함하여 — 은 기독교 전통의 권위에 대한 믿음뿐만 아니라 인간 이성의 보편성에 대한 믿음에도 도전을 가했다. 지상에 존재하는 모든 것은 하늘에서 떨어진 것이 아니라 언젠가 인간의 손에 의해 만들어진 역사적 기원과 발전의 소산물이라는 시각은 사회 제도나 문물들이 신화적 원형과 형이상학적 토대를 가지고 있는 영원불변의 질서라는 믿음을 흔들어 놓았다. 더군다나 생물학에서 시작한 진화론은 사회, 역사의 영역으로 확대되어 모든 것이 역사적 진화의 과정을 통해 형성된 것이라는 관점이 상식화되었다. 여기에 더하여 지리상의 발견 이후 상인들, 선교사들, 탐험가들, 인류학자들에 의해 전해진 세계 각 지역의 사회와 문화에 대한 지식은 인간의 삶의 양식의 놀라운 다양성과 우연성에 대한 의식을 강화했다. 문화 상대주의, 역사 상대주의는 하나의 상식이 되었다.

그러나 이 모든 것이 다원주의의 배경은 될지언정 오늘날 우리가 사용하고 있는 엄격한 의미에서의 다원주의를 낳지는 않았다. 다원주의 (pluralism)라는 말은 우선 하나의 인식론적 개념으로서, 우리가 사물을 인식하는 시각은 다수 존재하며 보편타당성을 지닌 진리를 인식할 수 있는 절대적·객관적 시각이란 존재할 수 없다는 이론이다. 인식 주체의 관점과 경험, 그가 처한 역사적 상황과 문화적 맥락에 따라 사람들은 사물을 달리 인식할 수밖에 없다는 이론이며, 같은 논리로 인간의 행동이나 가치, 삶의 양식에서도 다른 기준들을 인정할 수밖에 없다는 이론이다. 한마디로 말해, 인간의 유한성을 인정하는 이론으로서, 현대 사상계에서 거스를 수 없는 흐름으로 자리잡고 있는 것이다.

철학적으로 볼 때, 우리는 그 본격적인 기원을 우선 칸트적 관념론에서 찾을 수 있다. 우리의 인식은 결코 물(物) 자체를 인식하지 못하고 현상계에만 머물 수밖에 없다는 칸트의 인식론에는 이미 인간 인식의 유한성에 대한 자각이 깔려 있었다. 사실, 인간이 인지하는 세계와 동물들이 감지하는 세계는 결코 같지 않을 것이다. 인간의 인식을 결정하는 선험적 형식들이란 진화론에서 주장하듯 인간이 주변환경에 성공적으로 적응하여 생존하기 위해 오랜 진화의 과정을 통해 형성된 산물로서, 동물들은 당연히 그들 나름대로 사물을 보는 틀과 형식이 있기 때문이다. 칸트는 사물을 인식하는 선험적 형식의 보편성을 믿었으며, 그러는 한 상대주의나 다원주의로 빠지지는 않았다. 그러나 현대철학은 칸트가 말하는 인식의 선험적 틀이란 것도 결국 언어에 내장된 형식과 규칙이며, 인간 언어의 다양성은 사고와 인식의 다양성을 함축한다고 말한다. 더군다나 삶의 형식(forms of life)이라는 개념을 도입한 비트겐슈타인의 언어철학은 의미를 결정하는 문화적 맥락의 중요성을 인정함에 따라 결국 인식의 다양성과 상대성을 함축하게 되었다. 이에 더하여 인간 의식의 투명성과 순수성을 의심하게 만드는 마르크스와 프로이트의 이른바 의심의 해석학(hermeneutics of suspicion)은 객관적 인식의 가능성에 짙은 의심의 구름을 드리우고 있다. 지식의 사회적 결정성을 강조하는 지식사회학이나 쿤의 패러다임 이론, 푸코와 데리다 등으로 대변되는 현대 프랑스 철학이 보여주는 이성에 대한 극단적 회의는 모두 인식의 다원성과 상대성에 힘을 더해 주는 결과를 초래하고 있다.

다원주의의 문제는 서양과는 역사적 배경을 달리하는 동양 문화와 사상에서도 첨예한 문제로 등장한다. 비록 동양은 아직도 근대화의 역사적 도전 앞에서 전통과 근대의 대립과 갈등이라는 소용돌이 한 복판에 서 있는 것이 사실이지만, 형이상학적 절대에 대한 믿음을 상실했다는 점에서는 서구와 다를 바 없다. 다시 말해, 서구가 일찍부터 겪은 세속화(secularization)의 과정을 인도, 중국, 이슬람 등 동양의 각 문화권도 뒤늦게 경험하고 있으며, 이 과정 속에서 전통문화가 지녔던 종교적-형이상학적 기반과 초월적 정향성을 상실한 채 새로운 질서를 모색하고 있다. 동양 문화는 힌두교, 유교, 이슬람, 불교 등 종교적 권위가 힘을 잃었을 뿐 아니라 — 그 정도는 각 문화권과 나라마다 다르지만 — 서구의 세속주의 사상들과 기독교, 그리고 포스트모더니즘을 포함하여 지구촌의 온갖 사상적 흐름과 문화적 유행들이 유입되어 경합을 벌이고 있는 다원 사회로 변모했다. 그나마 서구가 지니고 있는 합리주의나 세속적 휴머니즘의 전통마저 취약한 형편이므로 동양 사회의 사상적 혼란은 어쩌면 서구보다 더하면 더하지 덜하다고 말할 수 없다. 그럼에도 불구하고 정작 동양 지성계에서 다원주의 문제가 이론적으로 깊이 천착되고 있지 않는 것은 무슨 이유 때문인지 숙고해 볼 필요가 있다.

2. 철학적-인식론적 다원주의와 종교다원주의

철학적-인식론적 다원주의는 종교에 적용될 경우 심각한 문제를 낳는다. 왜냐하면 종교는 적어도 전통적으로 하나의 절대적 진리를 주장해 왔기 때문이다. 이것은 특히 하느님의 아들 예수 그리스도를 통해 주어진 하느님의 특별한 계시를 믿는 기독교의 경우 전통적으로 양도할 수 없는 입장이었다. 그러나 앞으로 언급하겠지만, 일부 기독교 신학자들은 변화된 시대 상황과 사조에 따라 다원주의를 수용하게 되었으며, 오늘날 종교다원주의의 이론은 아이러니컬하게도 주로 기독교 신학자들을 중심으로 하여 전개되고 있다. 사실, 종교다원주의 이론은 신학자들이나 한 특정 종교의 신앙을 소유하는 사람들이 수용하지 않는 한 별 의미가 없는 이론이다. 특정한 신앙이나 신학과는 무관한 세속적 지성인들에게는 종교다원주의 내지 상대주의는 상식에 속한 일일 것이며, 기껏해야 지적 호기심을 유발하는 하나의 철학적 논의거리는 될지언정 실존적 갈등을 야기할 만한 심각한 문제는 아니기 때문이다. 더군다나 철학적-인식론적 다원주의를 수용하는 사람이라면 종교다원주의는 이미 결정된 사항이나 다름없는 이론이다. 종교다원주의가 종교인들에게 심각한 문제가 되는 것은, 각 종교는 세속적 지성이나 합리성을 넘어서는 독특하고 절대적인 진리 인식의 방법과 규범을 가지고 있다고 확신하기 때문이다.

따라서 우리는 일단 종교와 철학적-인식론적 다원주의는 근본적으로 모순관계에 있음을 인정해야 한다. 종교다원주의는 한마디로 말해 이 모순관계를 해결하고자 하는 시도로서, 양자가 반드시 모순적일 필요가 없으며 양립할 수 있을 뿐만 아니라 양립해야 한다고 주장하는 특정한 신학적-종교적 이론이다. 종교다원주의는 단순히 우리가 살고 있는 세계 혹은 사회에 종교가 다수 공존하고 있다는 현실을 인식하고 인정하는 단계를 넘어서, 이러한 다원성(plurality)을 어떤 식으로든지 긍정적으로 수용하는(accept) 자세를 가리키는 말이다.4) 다시 말해 종교다원주의는 종교다원성에 대한 긍정적인 가치판단을 하는 신학적-종교적 입장이다. 가령 현대와 같이 종교의 자유가 법적으로 보장되어 있는 시민사회에서 단순히 타종교의 존재 권리를 인정하고 존중하는

---

4) Richard E. Wentz는 "[종교]다원주의는 다양성의 수용을 뜻한다"(Pluralism denotes the acceptance of diversity)라고 간단히 다원주의를 정의한다. *The Culture of Religious Pluralism*, Boulder, Colorado: Westview Press, 1998, p.2. 여기서 '수용'이란 다양성을 제거되어야 할 것으로 배척하지 않고 적극적으로 포용하는 자세를 가리키며, 이것은 앞으로 우리가 보겠지만 심각한 함축성을 지닌다.

정도를, 혹은 시민사회의 덕목인 차이와 다양성에 대한 관용 정도를 가지고 종교다원주의라고 부르지는 않는다. 종교다원주의는 신앙인-신학자가 자기가 믿는 종교 이외의 종교들에 대하여 적어도 그 도덕적 가치를 적극적으로 인정하거나, 더 나아가서 그들이 주장하는 진리 인식까지도 긍정하는 자세를 말한다. 특히 기독교의 경우, 종교다원주의는 타종교를 통해서도 구원이 가능하다는 입장을 지지한다. 여기에 종교다원주의가 제기하고 있는 문제의 심각성과 절박성, 그리고 그 모험성과 위험성 — 보기에 따라 — 이 있는 것이다.

신학적 종교다원주의와 철학적-인식론적 다원주의는 역사적으로나 사상적으로나 밀접한 관계를 가지고 있다. 이미 언급한 대로, 적어도 서구 지성사에서 만약 기독교의 진리 주장 혹은 진리 독점성이 도전받지 않았더라면 철학적 다원주의와 상대주의도 생겨나지 않았을 것이다. 그리고 현대 철학적 사조가 인식론적 다원주의로 흐르지 않았다면 아마도 기독교 신학 내에서 종교다원주의 신학이나 이론은 출현하지 않았을는지도 모른다. 철학적 상대주의는 문화 상대주의나 역사적 상대주의 못지 않게 기독교 신학자들로 하여금 종교다원주의를 수용하거나 적극적으로 전개하도록 하는 도전과 자극이 되었다. 종교다원주의 신학은 철학적 다원주의의 영향 아래 혹은 같은 역사적 맥락에서 형성된 신학사상이다.

3. 종교다원주의가 출현하기까지

종교다원주의는 최근의 현상이지만 종교다원성은 동서양을 막론하고 매우 오래된 현상이다. 종교다원성은 종교다원주의는 물론이요 인식론적 다원주의보다도 훨씬 이전에 나타난 현상이다. 그러나 종교다원성이 종교다원주의 이론으로 나타나는 양상은 동양과 서양이 다르다. 우선 동양의 경우를 간단히 살펴보자.

한 사회나 문화권 내에 종교가 다수 존재하는 현상은 적어도 동양에서는 전혀 새로운 일이 아니었다. 예부터 중국을 비롯한 한국, 일본에서는 샤머니즘이나 신도(神道) 같은 토착적 종교는 물론이요 유, 불, 도 삼교가 비교적 평화롭게 공존해 왔다. 그 중의 하나를 따른다 해도 다른 하나를 반드시 배척할 필요가 없었으며, 대다수의 사람들은 전통적으로 삼교를 모두 수용하는 분위기 속에서 생활했다. 종교간의 갈등이 동양 삼국에 전무했던 것은 아니나, 대부분의 경우 삼교가 공존하는 데 별 문제가 없었다. 특히 불교는 중국에서 전래기부터 도가사상과 자연스럽게 융합되었으며 도교의 형상과 발전에도 지대한 영향을 끼쳤다. 대다수의 불자들은 또한 유교 윤리를 당연시하였으며, 동양 삼국의 불자들은 유교적 불자들이라 해도 과언이 아니다. 뿐만 아니라 주자학이나 양명학 같은 신유학이 불교의 역사적·사상적 영향 아래 형성된 것도 잘 알려진 사실이다. 동양에는 적어도 그리스도교가 들어오기 전까지는 심각한 종교 갈등은 존재하지 않았다 해도 크게 틀리지 않는 말이다.[5] 그리고 인도의 경우, 수많은 종교 전통과 공동체들이 비교적 평화스럽게 공존했으며, 이슬람이나 기독교와 같은 유일신 종교의 전래도 인도의 종교다원성에 근본적 변화와 위협이 되지는 않았다.

---

5) 조선시대의 극심한 억불정책이 하나의 현저한 예외로 간주될 수도 있으나, 이것 역시 조선조에서 불교를 축출하지는 못하였다. 불교는 민중의 신앙으로 지속되었으며, 심지어 유학자들도 많은 경우 외유내불(外儒內佛)적 태도를 가지고 살았다.

이와 같은 양상은 그리스도교가 지배하는 서구 사회에서는 달랐다. 초기 그리스도교가 전파된 로마 제국은 종교적으로 다원세계였다. 각 민족과 종족들은 저마다 특이한 신앙과 종교를 가지고 있었으며, 로마는 징세권과 정치 군사적 지배권이 도전받지 않는 한 각 민족이 고유한 신앙이나 관습들을 자유롭게 따르도록 허용했다. 기독교가 유대교의 한 종파로서 로마 세계에 처음 진출했을 때, 당연히 이러한 다종교 세계의 일원에 지나지 않았다. 그러나 기독교는 다른 종교들과는 구별되는 하나의 특성을 가지고 있었다. 그것은 곧 적극적이고 역동적인 선교활동이었다. 기독교는 민족과 종교의 다원성을 허용하는 로마라는 하나의 보편적 질서 속에서 역동적 선교를 통해 급속히 성장해 나갔다. 그리고 이 선교는 적어도 초기에는 정치권력의 뒷받침 없이 이루어졌다. 문제는 기독교가 성장하여 로마 제국의 종교가 되면서부터 발생했다.

그리스도교가 제국의 종교가 된 이후 근대 이전까지 서구에서는 한 사회(국가, 지역) 내에 비 그리스도교는 물론이요 같은 그리스도교라 해도 다른 종파가 공존한다는 것은 용납되지 않았다. 물론 현실적으로는 중세에도 기독교 외에 다양한 신앙공동체들이 존재했던 것은 사실이지만, 그들은 언제나 선교와 개종의 대상이었으며 백안시되거나 심한 억압을 받았다. 그리고 그들 가운데 어느 것도 그리스 철학과 정교한 교리로 무장하고 강력한 정치권력을 업은 기독교의 적수는 되지 못했다.

중세 기독교의 문제는 타종교에서보다는 자체 내에서 왔다. 이른바 이단의 문제였다. 어느 종교나 분열과 분파의 역사를 가지고 있지만, 기독교의 경우는 이단 종파는 심한 배척과 탄압의 대상이었다. 여기에는 여러 원인이 있겠지만, 무엇보다도 그리스도교 자체가 가지고 있는 근본 성격과 무관하지 않다. 그리스도교는 그리스 철학의 영향 아래 일찍부터 교리(dogma, doctrine)와 신조(creed)를 중요시하게 되었다. 그리스도교는 진리를 실천이나 수행에 앞서 명제적 진술을 통해 정확하게 포착하고 표현하려 했으며, 이 진술에 지적으로 동의하고 믿는 행위(believe, credo)를 신앙(faith)으로 간주했다. 이에 따라 교회가 형성한 정통교리(orthodoxy)를 믿지 않는 행위는 불신앙이고 다른 교리를 믿으면 이단(heterodoxy)으로 배척한 것이다. 그리스도교의 역사는 실로 정통교리를 수호하기 위한 끊임없는 논쟁과 이단 단죄의 역사였다 해도 과언이 아니다.

이러한 갈등은 특히 종교개혁 이후 서구 사회를 종교전쟁의 광풍에 휩싸이게 만들었다. 종교가 사회의 도덕적-정치적 질서의 기초로 여겨지던 중세 세계에서 교회의 분열은 심각한 사회 갈등으로 이어졌으며, 종교개혁은 앞으로 올 본격적인 종교다원사회의 전조와도 같은 것이었다. "통치자의 종교가 백성들의 종교이다"(cujus regio, ejus religio: 1555년의 아우크스부르크 강화조약에서 채택된 원칙)라는 원칙으로 간신히 타협점을 찾은 듯했으나 종교전쟁은 그치지 않았고, 1648년의 베스트팔렌 강화조약에서 겨우 종교전쟁의 광풍은 가라앉게 되었다. 그러나 이것은 아직도 근대적 의미의 종교의 자유와는 거리가 멀었다. 서구가 기독교가 제국의 종교로 되기 이전처럼, 그리고 현대와 같이 개인의 신앙 선택의 자유를 허용하는 종교다원사회로 들어가기 위해서는 그후로도 상당한 세월을 필요로 했다.

서구는 종교 갈등과 전쟁의 경험을 통하여 결국 종교를 모든 공적 영역에서 추방하는 세속화의 길을 선택하게 되었고 종교는 기본적으로 개인의 내면에만 자리잡도록 사사화(privatization)되었다. 이러한 세속화는 본래 종교의 자유(freedom of religion)를 보장하려는 취지였으나 결과적으로는 종교로부터의 자유(freedom from religion)를 선택하는 세속주의(secularism)의 범람을 초래했다. 여기에는 물론 그리스도교의 전통적 신앙을 위협하는 근대 과학적 세계관의 도전이 큰 역할을 했으며, 성서를 포함하여 기독교 전통 전체를 역사적 시각에서 고찰하는 역사주의적 사고도 적지 않은 영향을 끼쳤다.

그러나 이상과 같은 역사적 전개는 어디까지나 그리스도교 문화권 내에서 벌어진 현상으로서, 그 정신적 영향은 다음에 일어날 조용한 혁명에 비하면 그야말로 찻잔 속의 태풍에 지나지 않았다. 비록 가톨릭-개신교의 분열이 교회의 권위를 실추시킨 것은 사실이지만, 그리스도교의 진리 자체에 대하여 근본적 의심을 가지게 만든 것은 아니었다. 과학적 세계관이나 역사적 사고의 등장도 그리스도교의 전통적 세계관에 상당한 충격을 가한 것이 사실이지만, 그리스도교가 서구에서 독점적 지위를 누리는 데에는 큰 장애가 되지 않았다. 종교적 신앙은 과학적 합리주의에 의해 흔들리기에는 너무나 깊이 인간 영혼과 실존에 뿌리박고 있으며, 종교는 한 사회와 문화의 근본 질서와 불가분적 관계를 가지고 있기 때문이다.

서구 기독교의 독점적 지위에 대한 근본적 도전은 기독교 내부의 분열이나 과학에서보다는 타종교, 특히 힌두교, 불교, 유교와 같은 위대한 아시아 종교의 발견에서 오기 시작했다. 그리고 이것이 종교다원주의 신학이 등장하는 직접적 배경이 된다. 서구는 18세기부터 선교사들이나 인류학자들, 여행가들의 보고를 통해 동양문화와 종교에 본격적으로 접하기 시작하였으며, 이는 서구에서 동양학과 종교학의 발달로 이어졌다. 아시아의 위대한 철학적 종교에 대한 발견은 서서히 서구의 기독교 중심적 사고를 근본에서부터 무너트리기 시작했다. 첫째, 기독교 신앙에 바탕을 둔 서구 사회와 못지 않게 높은 도덕적 삶이 타종교에 바탕을 둔 타문화에서도 가능하다는 사실의 발견— 특히 중국문명과 유교의 발견— 은 기독교를 통해서만 한 사회의 도덕적 질서가 확보될 수 있다는 종래의 믿음을 흔들어 놓았다. 둘째, 이미 과학적 사고를 통해 성서적 신관과 세계관에 의심을 품고 있던 서구 지성계는 힌두교, 불교, 도교, 유교와 같은 아시아의 철학적 종교들의 신관 내지 실재관에서 하나의 고차적 대안을 발견하기 시작했다. 셋째, 인류의 대다수가 기독교와는 무관한 문화권에서 다른 신앙을 가지고 생활해 왔다는 사실 자체가 기독교의 유일절대성에 대한 믿음에 도전을 가했다. 기독교를 포함한 모든 종교의 문화적 상대성에 대한 자각이 일기 시작한 것이다. 이러한 도전 앞에서 서구 지성은 헤겔과 같이 동양사상과 철학을 자신의 서구적 사상체계와 논리 안으로 수용하고자 시도하는가 하면, 초기 종교학자들은 비교종교학이라는 이름 아래 기독교의 우위성을 입증하거나 기독교를 종교 진화의 최정상에 놓는 종교관을 피력하기도 했다. 그러나 한번 깨어진 독은 이러한 방법으로 수습되기 어려웠다.

종교철학자이자 신학자인 존 힉의 유명한 표현대로, 종래의 자기 중심적 사고에 젖어 있던 기독교에 일대 '코페르니쿠스적 전환'이 시작된 것이다.6) 지금까지 기독교의 우위성과 절대성을 한번도 의심하지 않았던 기독교 중심적인 종교관이 이제 기독교도 진리의 태양을 중심으로 도는 다수의 위성 가운데 하나로 간주될 수밖에 없는 상황이 온 것이다. 종교학자 윌프레드 캔트웰 스미스는 타종교와의 만남은 기독교 신학이 직면해야 하는 세 번째 심각한 도전임을 지적한다. 첫 번째 도전은 그리스 철학과의 만남에서 왔고, 두 번째 도전은 근대 과학에서, 그

---

6) 존 힉, 이찬수 역, 『하느님은 많은 이름을 가졌다』, 도서출판 창, 1991, 20, 38쪽.

리고 이제 타종교들과의 대면이 기독교 신학의 패러다임을 근본적으로
변화시킬 제 3의 새로운 도전이라는 것이다. 이에 비하면 근대 과학의
도전은 어쩌면 어린애 장난에 지나지 않을는지도 모른다고 그는 말한
다.[7]

그러나 서구 기독교 신학계가 이러한 엄청난 변화를 용기 있게 대면
하면서 새로운 진로를 모색하기 시작한 것은 20세기에 들어와서부터
라 해도 과언이 아니다.[8] 그리고 기독교 신학이 타종교의 도전이 지니
는 신학적 의미에 대하여 체계적으로 사고하며 자신의 입장을 정리하
는 이른바 '종교신학'(theology of religions)이라는 것이 신학의 한 새
로운 분야로 자리잡게 된 것은 더더욱 최근의 일이다.

4. 종교신학의 세 가지 입장

오늘날 진리와 구원의 문제를 둘러싸고 기독교 신학이 타종교에 대
하여 취하는 입장은 대체로 세 가지 선택을 벗어나지 않는다. 즉 배타
주의(exclusivism)와 포괄주의(inclusivism)와 다원주의(pluralism)이다.

---

7) Wilfred Cantwell Smith, "The Christian in a Religiously Plural World",
   Religious Diversity, New York: Harper & Row, 1976, pp.7-9.
8) 특히 종교사학파(Religionsgeschichtliche Schule)에 속하는 저명한 신학자로서
   역사주의(Historismus)의 운동의 주도자 가운데 한 사람이었던 에른스트 트뢸
   취(Ernst Troeltsch)는 기독교의 역사적-문화적 상대성을 인정하면서 기독교 진
   리의 보편타당성과 절대성의 주장을 대담하게 포기한 최초의 주요 신학자로 기
   억된다. 그의 *The Absoluteness of Christianity and the History of Religions*
   (Richmond; John Knox Press, 1971); "The Place of Christianity among the
   World Religions", *Christianity and Other Religions*, ed. John Hick and Brian
   Hebblethwaite(Philadelphia: Fortress Press, 1980)를 볼 것.

우리가 다루고 있는 종교다원주의라는 개념은 본래 기독교의 종교신학에서 나온 개념임을 기억할 필요가 있다. 그러나 진리와 구원의 문제를 놓고 타종교를 어떻게 보아야 할 것인지는 기독교만의 문제가 아니라 현대 종교다원사회를 살고 있는 모든 종교가 부딪치는 공통의 문제로서, 기독교 신학자들이 제시한 해답이 타종교들에도 도움이 될 수 있을 것이다. 이런 점에서 우선 기독교의 종교신학이 제시하는 위의 세 가지 입장을 간단히 살펴보고자 한다.9)

배타주의는 문자 그대로 타종교의 진리나 구원을 인정하지 않는 입장이다. 오직 하느님의 아들 예수 그리스도를 통해서만 구원이 가능하며, 기독교만이 진리와 구원의 길을 알고 있기 때문에 교회의 일원이 되어야 구원을 받을 수 있다는 입장이다. 이는 기독교가 오래 동안 전통적으로 견지해 온 교회 중심적 신학(ecclesiocentric theology)의 입장으로서, "교회 밖에는 구원이 없다"(extra ecclesiam nulla salus)라는 입장과 같이 간다. 배타주의는 적어도 숫자적으로는 기독교 신자들,

---

9) 아래의 논의는 Paul Knitter, *No Other Name?: A Critical Survey of Christian Attitudes Toward the World Religions*(Maryknoll, New York: Orbis Books, 1985, 변선환 역, 『오직 예수 이름으로만?』), John Hick, *God Has Many Names*(2nd ed. Philadelphia: Westminster Press, 1982, 이찬수 역, 『하느님은 많은 이름을 가졌다』), Jacque Dupuis, *Toward a Christian Theology of Religious Pluralism*(Maryknoll, New York: Orbis Books, 2001) 등의 논의에 근거한 것이다. 최근 종교신학자들 가운데는 종교신학이 이러한 세 입장의 어느 것에도 만족할 수 없다고 비판하면서 대안을 제시하는 학자도 있다. 예를 들어, James L. Fredericks, *Faith among Faiths: Christian Theology and Non-Christian Religions*(New Jersey: Paulist Press, 1999)는 세 입장을 모두 비판하면서 비교신학(comparative theology)을 하나의 대안으로 제시한다. 그러나 여전히 타종교의 진리와 구원을 기독교에서 어떻게 인정할 것인가 하는 규범적 문제는 남아 있으며, 그의 입장도 결국 셋 가운데 하나인 다원주의에 가깝다고 볼 수 있다. 그의 책에 대한 Catherine Cornille의 서평, *Buddhist-Christian Studies*, vol.21(2001)을 참고할 것.

특히 개신교 신자들 사이의 지배적인 입장이라 해도 과언이 아니다.

이것이 배타주의의 일반적 입장이지만, 신학자에 따라 다양한 논리를 전개할 수 있다. 현대 신학자 가운데서 배타주의적 입장을 대표하는 사람으로는 개신교 신학의 거장 칼 바르트(Karl Barth)가 흔히 꼽힌다. 그는 모든 종교들을 인간이 신을 찾아가는 부질없는 노력이요 스스로를 구원하려는 헛된 교만으로 간주한다. 구원은 오직 하느님 쪽으로부터 주어지는 그의 계시(Offenbarung)인 예수 그리스도를 통하지 않고는 불가능하다. 인간 쪽에서 하느님께로 나아가는 길은 존재하지 않는다는 것이다. 하느님의 계시는 전적으로 하느님 자신의 자유로운 행위로서 인간의 기대나 논리, 사상이나 종교적 경험에 부응하는 것이 아니다. 양자 사이에는 단절만이 존재할 뿐이다. 바르트는 종교로서의 기독교와 하느님의 계시 자체를 구별한다. 기독교도 종교인 한 역사적 상대성과 인간의 죄악성을 면치 못하며 따라서 구원은 기독교라는 종교를 통하여 주어지는 것이 아니라 오직 예수 그리스도를 통한 하느님의 계시와 은총에 응답하는 믿음으로만 가능하다. 그러나 이러한 구별에도 불구하고, 실제상으로는 기독교를 통하지 않고서는 하느님의 계시에 접하는 길이 없으므로, 바르트의 입장은 결국 교회 중심적 배타주의가 될 수밖에 없다.

배타주의의 문제점은 기독교의 하느님을 무책임하고 잔혹한 하느님으로 만든다는 것이다. 모든 인류를 사랑하고 구원하기를 원하는 사랑의 하느님이 단지 우연적인 역사적 환경과 문화적 차이로 인해 기독교를 접해 보지도 못한 사람들에게 구원을 거부한다면, 그는 공정하지도 않고 사랑의 하느님도 아니다. 만약 기독교인들이 이러한 믿음을 가진다면 그들은 사랑의 하느님을 부인하는 셈이며, 이 사랑의 하느님의 육화인 그의 아들 예수 그리스도도 부인하는 셈이 된다. 더군다나 타종교에 속하면서도 그리스도인보다 더 선하고 도덕적인 사람, 더 영적이고 하느님과 가까운 사람들이 얼마든지 존재한다는 사실을 어떻게 설명할 것인가? 그들이 단지 예수 그리스도를 모른다는 이유만으로, 더군다나 그것도 자기 책임이 아닌데, 온 인류를 구원하기 원하는 하느님의 사랑과 은총에서 배제될 수 있다는 말인가? 배타주의의 또 하나의 문제점은 배타주의자들은 흔히 타종교에 대하여 진지하게 공부하거나 타종교를 이해해 보려는 노력이 없이 오직 자기 신앙의 논리에 의거하여 타종교의 진리나 가치를 선험적으로 부정하는 경향을 보인다는 점이다. 배타주의자들이라고 다 그러한 것은 아니지만, 이것이 일반적 경향이다.

포괄주의는 배타주의가 지닌 이런 부인하기 어려운 난점을 극복하기 위해 새로운 관점을 제시한다. 이에 의하면, 그리스도의 은총은 교회 밖에서도 주어지며 따라서 기독교인은 교회 안에만 존재하는 것이 아니라 교회 밖에도 존재한다. 타종교에 속한 사람들, 심지어 무신론자까지도 경건하고 도덕적인 삶을 사는 사람이라면 모두가 '익명의 그리스도인'(anonymous Christian)으로서 그리스도를 통한 하느님의 은총과 구원에 참여한다. 교회 내의 기독교인들과 익명의 기독교인들 사이의 차이는 후자가 자신들이 실제로 그리스도의 진리를 따르고 실천하는 존재들임을 모른다는 것뿐이다. 이러한 이론의 근거는 그리스도를 로고스(logos) 즉 영원한 우주적 차원의 보편적 실재요 진리로 간주하는 기독론, 그리고 인간을 하느님의 모상으로 창조된 존재로서 초월을 향해 열려 있는 종교적·영적 존재로 파악하는 신학적 인간관에 기초하고 있다. 따라서 그리스도의 진리와 은총은 사랑을 실천하고 자유를 추구하는 인간 모두에게 주어지며, 타 종교인들이 진리를 실천하고 구원을 받을 수 있는 것은 사실은 그리스도의 은총에 의해서라고 주장한다. 배타주의가 교회 중심적 신학이라면 포괄주의는 그리스도 중심적 (Christocentric theology) 신학이다.

이러한 이론을 대표하는 신학자는 20세기 가톨릭 교회의 가장 위대한 신학자로 꼽히는 칼 라너(Karl Rahner)로서, 그의 포괄주의적 입장은 '익명의 그리스도인'이라는 말로 잘 대변된다. 그는 1960년대 초에 개최된 제2 바티칸공의회에서 선포된 타종교에 대한 가톨릭의 공식적인 입장에도 영향을 끼쳤다.[10]

포괄주의도 배타주의와 마찬가지로 인간의 구원은 오직 예수 그리스도를 통해서만 가능하다는 입장을 취한다. 다만 배타주의가 그리스도의 은총을 기독교인에게 국한하는 반면, 포괄주의는 교회 밖에도 그리스도의 은총이 작용함을 인정한다. 포괄주의가 배타주의보다는 타종교에 대하여 개방적인 것은 사실이지만, 적지 않은 문제점을 안고 있다. 첫째, 타 종교인들이 원치 않음에도 불구하고 그들을 '익명의 크리스천'이라 부르는 것은 그들의 인격을 무시하는 비윤리적인 행위이다. 그들 자신보다도 그들을 더 잘 안다는 주장인 셈이다. 포괄주의는 타자의 타자성을 부정하고 타자를 자신의 논리로 흡수하고 해소해 버리는 이론이다. 만약 불자들이 그리스도인들을 익명의 불자라 부른다면 그리스도인들은 어떻게 생각하겠는가! 둘째, 포괄주의가 지닌 제국주의적 성격이다. 겉모양은 배타주의가 아니지만, 실상을 따지고 보면 여전히 그리스도교만이 진리를 제대로 알고 있다는 자만과 독선이 깔려 있다. 구원의 완성도 결국 그리스도교를 통해서 이루어지고, 그 밖에서

---

10) 『종교신학연구』, 제2집(서강대학교 종교신학연구소, 19889) 수록 「비그리스도교에 관한 선언」 참조. 최근에 나온(2001) Jacques Dupuis, *Toward a Christian Theology of Religious Pluralism*도 대체로 포괄주의적인 입장에 서 있다.

이루어지는 구원은 그리스도를 알 때까지 잠정적 성격을 지닐 뿐이다. 태양 빛이 있으면 달빛이나 등불은 필요 없기 때문이다. 이것은 결국 그리스도를 떠나서는 구원이 없다는 배타주의의 또 다른 형태이며, 개방성을 가장한 폐쇄성, 심하게 말하면 보편주의의 얼굴을 한 제국주의적 폭력이다.[11]

다원주의는 배타주의와 포괄주의가 갖는 이상과 같은 문제점들을 의식하면서 기독교의 진리 독점권을 대담하게 포기하는 입장을 취한다. 모든 종교는 다 같이 하느님께 나아가는 다양한 길들이며 각기 진리의 빛을 반사하고 있다. 그러나 어느 종교도 완전한 것은 못 된다. 모두 특정한 역사적·문화적 제약 아래서 진리를 반사하기 때문에 진리 그 자체를 완전히 인식하거나 구현할 수는 없다. 모든 종교는 역사적·문화적 상대성을 띨 수밖에 없으며 어느 종교도 진리를 독점할 수 없다. 기독교도 이 점에서 예외가 아니다라는 입장이다.[12]

그러나 종교다원주의자들은 이러한 입장이 종교 일반에 대한 회의주의나 혹은 한 특정 종교에 대한 헌신을 불가능하게 만든다고 생각하지 않는다. 종교의 역사적 상대성을 인정한다 해도 다원주의자들은 여전히 자신이 속한 종교는 물론이요 종교 일반의 가치를 인정한다. 배

---

11) 라너는 물론 타종교인들을 '익명의 크리스천'이라고 부르라는 말은 아니다. 그것은 어디까지나 그리스도인들이 타종교인들에 대하여 지녀야 할 태도를 규정하는 말로서 그들에 대한 깊은 존경심을 나타내는 말이다.

12) 하느님의 특별한 계시를 믿는 기독교 신학이 이것을 솔직하게 수용하고 기독교의 역사적 상대성을 인정하기가 얼마나 어려운 일인지는 쉽게 이해할 수 있다. 신학자로서 이 사실을 최초로 용감하게 인정한 사람은 에른스트 트뢸취(Ernst Troeltsch)였다. 그는 신학자이자 교회사가였으며, 그가 이른바 역사주의(Historismus)의 발달에 큰 역할을 했다는 사실은 그의 신학적 입장과 밀접히 연관되어 있다. 기독교의 상대성은 역사주의적 시각에서 보면 너무나도 자명한 진리이기 때문이다.

타주의나 포괄주의를 포기한다 해서 종교에 대하여 회의적이거나 특정 신앙을 포기할 필요는 없다는 것이다. 인간의 역사성과 유한성에서 오는 진리 인식의 불가피한 상대성에도 불구하고 각 종교는 자기 방식대로 다양하게 신(God) 혹은 실재(Reality)를 인식하고 구원을 경험하기 때문이다. 따라서 다원주의 신학은 교회 중심도 아니고 그리스도 중심도 아니고 신 중심적 신학(theocentric theology) 혹은 실재 중심적 신학(Reality-centered theology)이다.13)

종교다원주의의 대표적 학자는 영국의 종교철학자요 신학자인 존 힉(John Hick)이다. 그의 이론은 세계의 주요 종교들이 도덕적·영적 수준에서 우열을 가릴 수 없을 정도로 대등하다는 부인하기 어려운 경험적 사실에서 출발한다. 모든 종교는 인간을 자기 중심적인 존재에서 실재 중심적 존재로 변화시키는 힘을 가지고 있으며, 힉은 이 같은 사실을 설명하기 위한 가설로서 종교다원주의 이론을 제시하고 있다. 그는 인간의 인식이 물 자체(Ding an sich)를 인식하지 못한다는 칸트의 인식론을 빌려서, 인간의 종교경험도 문화적 형식을 통해서만 신 혹은 실재를 접할 뿐 신 자체 혹은 실재 그 자체를 경험하거나 인식하지는 못한다고 생각한다. 모든 경험은 '…으로서의 경험'(experience-as)이며 해석된 경험이다. 신 혹은 실재 그 자체를 접하는 순수한 경험은 지상의 인간에게는 결코 주어지지 않으며, 인간은 언제나 특정한 문화적 틀을 통해서 실재를 접하기 마련이다. 따라서 모든 종교는 역사적 상대성을 띨 수밖에 없다. 특히 신을 인격적(personal) 실재로 보느냐 아니면 동양종교에서처럼 탈인격적(impersonal) 실재로 보느냐 하는 문

_____

13) '신'(God)이란 말이 유대교, 기독교, 이슬람과 같이 유일신 숭배의 종교에 치우친 표현이 다른 비판에 따라서 보다 더 중립적인 술어로서 다원주의자들은 '실재'(Reality)라는 표현을 더 선호하게 되었다.

제도 힉은 이와 같은 시각에서 해결한다. 그 차이는 실재를 접하는 인간의 문화적 배경과 양식의 차이에 기인하는 것으로서, 엄격히 말해 실재 그 자체는 이 두 범주를 초월한다. 어느 종교도 실재 그 자체를 알 수 없으며 다만 주어진 문화 전통에 따라 간접적으로 불완전하게 인식할 뿐이다. 모든 종교가 진리의 빛을 받되 역사적 조건의 제약 아래서 반사한다는 것이다. 따라서 모든 종교는 한계성을 인정해야 하며 자기를 절대화해서는 안 된다. 오히려 종교들은 겸손하게 대화와 이해를 통해 각기 그 시야를 넓히고 심화해 갈 필요가 있다. 이것이 종교다원 세계를 사는 현대 종교인들의 다원주의적 자세라는 것이다.[14]

5. 종교다원주의의 형태들

종교다원주의 입장을 잘 표현하는 비유로서 흔히 등산의 비유를 들기도 하고 장님 코끼리 만지기의 비유를 들기도 한다. 등산의 비유에 따르면, 모든 종교는 등산로가 다를 뿐 같은 산을 오른다는 것이다. 그러나 아무도 산정을 본 사람은 없다. 각자 자기 위치에서 산정을 부분적으로 보면서 오르고 있을 뿐이다. 그러기에 자기 경험을 절대화해서도 안 되고 부질없이 서로 옳다고 다툴 필요도 없다. 그러나 자신의 한계를 자각하면서 서로의 경험을 나누는 일은 유익하다. 이렇게 열심히 오르다 보면 결국은 모두가 산정에서 만난다는 것이다.

이 비유에서 문제가 되는 것은, 아무도 정상을 본 적이 없으며 정상에서 등산로들을 조감해 본 적이 없는데, 다시 말해 아무도 초월적인

---

14) 존 힉의 다원주의 이론에 대한 더 상세한 논의는 길희성, 「존 힉의 철학적 종교다원주의론」, 『종교연구』, 제15집(한국종교학회, 1998 봄)을 볼 것.

신의 관점(God's eye-view)을 지닌 자가 없는데, 어떻게 상이한 등산로들이 동일한 정상에서 만날지를 아느냐 하는 비판이다. 각기 다른 산을 오르고 있는지 누가 알 것인가? 장님 코끼리 만지기의 비유도 같은 문제에 봉착한다. 모두가 장님이라면 코끼리 전체를 아무도 본 자가 없을 터인데, 어떻게 장님들이 한 코끼리의 부분들을 만지고 있다는 사실을 알겠느냐는 것이다. 종교다원주의자들은 각 종교 전통들보다도 더 우월한 어떤 초월적 시각, 인식론적 특권을 주장하고 있는 것이 아닌가?

이러한 비판에 직면하여, 길이 다르므로 가는 곳도 다를 것이라는 결론을 취한다면, 각 종교들이 도달할 궁극적 구원의 경지도 다르며 구원은 여러 가지라는 결론이 나온다.15) 뿐만 아니라, 다원주의의 비판자들은 다원주의가 결국 각 종교들의 차이를 궁극적으로 해소해 버림으로써 역설적이게도 다원주 자체를 무의미하게 만든다고 비판한다. 진정한 다원주의는 종교간의 차이를 끝까지 인정하는 다원주의여야 한다는 것이다. 우리는 이것을 모두가 같은 산정에서 만날 것이라는 '일원적 다원주의'와 구별하여 문자 그대로 '다원적 다원주의'라고 부를 수 있을 것이다.

그러나 이와 같은 비판은 다원주의에 대한 오해에서 온다. 우선, 다원주의가 종교들의 차이를 무의미하게 만든다는 것은 사실이 아니다. 다원주의자들을 종교의 궁극적 일치를 주장하는 것이지 현실적 통합이나 일치를 주장하는 것이 아니다. 현대 종교다원주의는 또한 옛날 계몽주의자들이 말하던 이성종교(Vernunftreligion)와 같은 것을 주장하

---

15) S. Mark Heim, *Salvations: Truth and Difference in Religion*(Maryknoll, New York: Orbis Books, 1995)는 이러한 입장에서 종교다원주 신학을 비판하는 책이다.

는 것이 아니다. 다양한 역사적 종교들, 즉 실증종교들(positive religions)로부터 비본질적인 것들, 우연적 요소들을 제거하고 남은 어떤 종교의 공통된 본질이나 추상적 보편종교를 상정하는 것이 아니라는 말이다. 인간이 지상에 발을 붙이고 신앙생활을 하는 한, 누구도 구체적인 역사적 실체로서의 종교를 피할 길이 없다는 사실을 다원주의자들은 철저히 인식하고 있다. 산정에 오르려면 누구든 한 특정한 길을 가야만 하지, 존재하지도 않는 보편종교라는 어떤 추상체를 통해 가는 것이 결코 아니다. 다만, 구원/해방이 성취되는 초월적 세계에서는 종교간의 차이가 의미를 상실하게 될 것이라는 것이다. 종교는 이런 의미에서 모두 방편이요 수단이요 길에 지나지 않는다.

다원주의자들이 인식론적 특권을 주장한다는 비판 역시 정당하지 않다. 모든 종교들이 하나의 궁극적 실재 혹은 진리를 여러 각도에서 반사한다는 이론은 누군가가 이 궁극적 실재를 보았기 때문에 하는 주장이 아니다. 모두가 한 산정에서 만날 것이라는 주장은 누군가가 이미 그 정상을 가보았기 때문에 하는 주장이 아니다. 힉의 이론은 어디까지나 하나의 가설(hypothesis)이지 확언이 아니다. 아무도, 어느 종교도 산정을 본 일이 없기 때문이다. 그럼에도 그러한 가설이 요청되는 것은 세계 종교들에서 발견되는 유사성과 차이성을 설명하기 위해서이다. 특히 인류의 위대한 종교 전통들이 지닌 대등한 도덕적·영적 힘은 그러한 가설 없이 설명할 길이 없다는 것이다. 뿐만 아니라, 위대한 종교 전통들 — 유대교, 기독교, 이슬람, 힌두교, 불교, 유교, 도교 — 은 모두 궁극적 실재를 '하나'로 간주한다. 모든 종교들이 일원론 내지 유일신론적 입장을 취한다는 사실을 감안할 때, 종교들이 비록 이 하나의 실재에 대하여 상이한 이름(道, 브라흐만, 太極, 하느님, 법신)과 관념들을 가지고 있다 하여도 결국 그 모든 이름들의 차이가 유한한 인간들이 동일한 실재를 달리 보는 데서 기인한다는 가설은 그 반대의 가설, 즉 그것들이 여러 다른 실재들을 가리키고 있으리라는 가설보다 더 설득력이 있다. 실재도 하나이고 하느님도 하나이고 인류도 하나라고 이들 종교들은 믿고 있기 때문이다. 따라서 구원/해방도 하나일 것이다.

이 점에 있어서 다원주의와 포괄주의는 일치한다. 차이는 이 궁극적으로 도달할 실재를 한 특정 종교에서 말하는 대로의 궁극적 실재—기독교 포괄주의의 경우는 삼위일체적 하느님—로 간주하느냐 아니면 모든 종교 전통의 이해를 초월하는 어떤 신비로 남겨두느냐 하는 차이이다. 자크 뒤퓌는 다음과 같이 말한다:

> 많은 차이점들에도 불구하고 다원주의자들과 포괄주의자들은 다양한 종교 전통들이 하나의 공통된 궁극적 목표를 공유한다고 주장한다: 그들은 그러나 이 궁극적 목표의 정체성에 대하여 이견을 보인다. 힉(Hick)에게는 그것은 인격체들(personae)과 탈인격체들(impersonae) 너머에 있는 실재(the Real)이며 그리스도교 포괄주의자들에게는 그것은 예수 그리스도에 계시된 하느님이다.16)

길이 다르므로 구원의 경지도 다를 것이라는 다원적 다원주의의 입장은 결국 문제를 하나도 해결하지 못하고 원점으로 다시 돌려놓을 뿐이다. 그것은 실제상 어느 한 종교의 구원관을 궁극적 진리로 보는 배

---

16) Jacques Dupuis, S. J., *Toward a Christian Theology of Religious Pluralism*, p.309. 뒤퓌는 이어서 하임(Mark Heim)의 다원적 구원관을 고찰하고 비판한다. 뒤퓌의 입장은 가톨릭의 전통에 따라 포괄주의적이다. 따라서 여러 종교들은 동일한 구원, 즉 그리스도교에서 말하는 삼위일체적 하느님에게로 가는 여러 길들이다. 위의 책, 제12장 "구원에 이르는 길들"(Paths to Salvation)의 논의를 볼 것.

타주의로 귀결될 수밖에 없다.

　종교다원주의의 또 하나의 형태는 실천적 다원주의이다. 이 입장은 종교가 궁극적으로 일치하는 것은 어떤 이론적·교리적, 혹은 사상적 차원이 아니라 정의와 해방에 헌신하는 도덕적 실천의 차원이라고 주장한다. 이러한 입장을 대변하는 대표적인 학자는 가톨릭 신학자 폴 니터(Paul Knitter)이다. 그는 해방신학의 실천적 관심에 영향을 받아 종교신학을 해방적 관심에서 전개한다. 그에 의하면, 모든 종교는 내재적-초월적 신비(immanent-transcendent Mystery)의 경험을 통해 인간과 자연의 복리(eco-human well being)로서의 구원(soteria)을 추구한다. 이 구원은 모든 종교의 공통 관심사이며 궁극적 목표이며 종교들의 가치와 진리를 판단하는 기준이 된다. 구원을 추구하고 경험하는 방식은 종교마다 다르지만 어느 종교든 가난한 자들을 위한 정의와 해방, 그리고 지구 환경의 보존이라는 실천적 과제를 무시하면 참다운 종교라고 할 수 없다. 실천적 종교다원주의는 힉의 이론처럼 종교간의 초월적 일치를 우리가 현재로선 완전히 파악할 수 없는 어떤 궁극적 실재 그 자체에 두기보다는 그 실재와의 접촉에서 오는 구원과 해방적 실천에 둔다. 이 둘은 상호 연관되어 있으나 강조점이 다르다고 하겠다. 실천적 다원주의에서도 역시, 모든 종교가 구원을 추구하고 경험하지만 어느 종교도 구원을 독점하거나 완전히 구현하지는 못한다. 따라서 종교들은 실천적 과제와 이상을 놓고서 각기 자기의 한계를 의식하면서 타종교들과 대화하고 협력해야 한다.

　사실, 종교다원주의를 주장하는 가장 중요한 이유 가운데 하나는 종교간의 다툼과 갈등을 해결하려는 것이다. 상충하는 종교적 주장들과 대립 앞에서 다원주의는 한편으로는 자기 종교만이 옳다는 배타주의를 거부하며 다른 한편으로는 모든 종교가 다 그르다는 세속주의적 회의

주의를 거부하면서, 모든 종교가 제한된 형태로마나 다 타당성과 가치를 지니고 있음을 주장한다. 다원주의자들은 어떻게 하면 종교와 신앙의 이름으로 자행된 무수한 폭력과 증오의 문제를 신앙을 희생시키지 않으면서 해결할 수 있는가 하는 고민에서 나온 해결책이다. 아니, 궁여지책이라 해도 좋다. 그것이 할 수 없는 마지막 선택이라고 믿기 때문이다. 다원주의에는 이미 사랑과 평화, 이해와 관용, 그리고 정의 등의 가치와 규범에 대한 헌신이 포함되어 있다. "종교간 관계의 문제에 대하여 다원주의적 입장을 취하는 사람들도 모든 종교 전통들에 공통이라고 여겨지는 일련의 가치들 — 평화, 정의, 생태계의 건강 — 의 이름으로 그렇게 한다"는 록헤드(Lochead)의 지적은 실로 타당하다. 그는 이것을 특정한 종교 전통과는 별개의 '새로운 유일신 신앙'이라고까지 부른다.17)

6. 종교다원주의는 또 하나의 종교인가?

여기서 제기되는 문제는 종교다원주의자들은 결국 각 종교가 제시하고 있는 진리의 궁극성을 포기하고 어떤 추상적이고 종교 외적 진리 내지 가치를 더 궁극적인 것으로, 말하자면 자기가 믿는 종교는 물론이고 모든 특정한 종교 전통들을 초월하는 상위의 질서로 수용하고 있는 것이 아닌가 하는 의구심이다. 가령, 현대 다원화된 시민사회에서 시민으로서 가져야 하는 관용의 의무 같은 것 앞에서 다원주의자들은 쉽게 자기가 믿는 종교적 진리의 궁극성을 포기하고 타협해 버리는 것

17) David Lochead, "Monotheistic Violence", *Buddhist-Christian Studies*, vol.21, 2001, p.7.

이 아닌가 하는 의심이다. 종교다원주의는 결국 종교 외적 관점에 서서, 모든 종교를 초월한다고 여겨지는 또 하나의 진리 주장을 펴고 있다는 지적이다. 그리하여 다원주의자들은 결국 하나의 새로운 종교, 말하자면 그들만이 믿는 '신'과 종교를 만들어내고 있는 것은 아닌지 하는 의구심이다. 다원주의자들 외에는 아무 신도가 없는 공허한 종교라고나 할까.

사실 그렇다. 다원주의자들은 굳이 이를 부정하지 않는다. 이론적-인식론적 다원주의이든 실천적 다원주의이든 종교다원주의자들은 자신이 믿는 종교를 포함하여 특정 종교의 절대화를 거부한다. 자신이 믿는 종교적 진리를 포함하여 어떠한 종교의 절대적 진리 주장이나 권위도 인정하지 않는다. 다원주의는 특정한 종교들을 초월하는 새로운 권위, 모든 종교에 공통적이면서도 모든 종교를 초월하는 상위 질서로서의 새로운 권위, 새로운 진리 혹은 가치를 주장한다. 어느 종교도 배타적 독점권을 행사할 수 없으며 어느 종교의 전유물도 될 수 없는 초월적 진리와 가치를 상정한다. 그리고 이 초월적 진리와 가치 앞에서 각 종교들은 자기의 한계를 인식하고 스스로를 상대화하는 지혜와 겸손이 필요하다고 주장한다.

이론적-인식론적 다원주의의 경우, 어느 종교도 독점하지 못하는 초월적 실재 그 자체를 상정함으로써 종교들을 상대화한다. 어느 종교도 이 실재 자체를 인식할 수 없기 때문이다. 그것은 모든 종교들이 궁극적으로 지향하는 최종 목표이며, 어느 종교도 그 앞에서 인식적 특권이나 독점권을 행사할 수 없다. 종교다원주의는 어느 특정 종교의 제국주의적 진리 독점권을 인정하지 않는다. 인간의 역사성과 유한성, 그리고 종교와 문화의 상대성을 부정하기 어렵다고 생각하기 때문이다.

실천적 다원주의의 경우, 실재 대신 어떤 구원/해방적 가치를 모든 종교를 초월하는 상위 질서로서 내세운다. 가령 정의, 평화, 사랑, 자유, 해방의 경험으로 특징지어지는 구원의 이상은 보편적이고 초월적이다. 그 앞에서 모든 종교는 심판받아야 하며 상대화될 수밖에 없다. 실천적 다원주의는 만인의 자유, 평등, 인권에 기초한 근대 민주사회의 질서, 그리고 나아가서 자연과 인간의 건강한 공생관계를 존중한다. 아니, 존중하는 정도가 아니라 사실상 한 특정 종교의 배타적 진리 주장에 우선한다고 본다. 종교가 분쟁과 다툼을 유발하고 시민사회의 분열을 조장한다면 차라리 없는 것이 낫다고 여길 정도로 실천적 다원주의는 종교들의 특정한 배타적 진리 주장보다는 사랑의 실천적 덕목을 더 중시한다. 한마디로 말해, 실천적 다원주의에서는 사랑이 진리에 우선한다고 말할 수 있다. 자기 종교의 절대성을 포기하면서까지 사랑의 우선성을 믿기 때문이다. 진리의 이름으로 엄청난 독선과 폭력이 이루어졌던 역사를 감안할 때, 이해할 수 있는 입장이 아닐까?

그러나 다원주의자들이 종교 전통들을 상대화하기 위하여 반드시 종교 외적 시각을 도입하는 것은 아니다. 초월적 진리나 가치를 주장하지만 이러한 주장이 반드시 종교 외적 관점으로부터 도입되는 것은 아니라는 말이다. 가령 실천적 다원주의가 추구하고 있는 일련의 도덕적 가치들, 예컨대 사랑, 평화, 정의 같은 가치들은 모든 종교에 공통적이며, 교리나 사상 혹은 진리 주장보다도 더 우선적일 수 있다. 적어도 이렇게 주장하는 신학적 전통이 있으며 그렇게 믿는 신앙인들이 존재한다. 이론적-인식적 다원주의의 경우도 마찬가지이다. 각 종교의 신비주의 전통은 인간의 언어나 교리의 한계를 명확하게 인식하고 있으며, 초월적 실재 앞에서 자기 종교를 상대화하는 지혜를 가지고 있다.[18] 신앙인들 스스로가 자기 종교의 한계성을 뚜렷이 의식하고 있는 것이다. 종교는 결코 신이 아니다. 종교는 실재를 지향하고 가리키는 상징체계로서 달을 가리키는 손가락이지 달 그 자체는 아니라는 것이다. 이와 같은 의식은 비단 선불교에만 있는 것이 아니라 모든 종교들, 특히 신비주의자들에게서는 공통적으로 발견되는 현상이다. 종교의 교리와 사상, 의례와 전통은 어디까지나 수단이요 방편이며 상징 체계이지 실재 그 자체는 아니라는 의식이다.

따라서 종교다원주의는 한 특정한 종교의 시각에서 형성된 편향된 이론도 아니고 그렇다고 종교 외적인 초월적 시각을 도입해서 만들어 낸 추상적 이론도 아니다. 이미 각 종교 전통 내에 다원주의적 결론을 내릴만한 소지를 품고 있다고 믿기 때문이다. 이러한 소지가 비교종교학, 사회과학, 문화연구, 역사의식 등 현대 학문의 발달로 인해 더욱 명확하게 인식됨과 동시에 다원화된 현대의 사회문화적 상황에 부응하여 하나의 뚜렷한 입장과 이론으로 제시되기에 이른 것이다. 종교다원주의는 결코 종교다원주의자들이 고안해 낸 새로운 종교가 아니다. 그것은 자기 종교에 충실하면서도 자기 종교의 한계를 의식하는 모든 신앙인들의 의식을 대변하는 이론이다.

7. 이해와 사랑, 관용과 포용의 한계

배타주의자는 자기와 다른 신앙, 다른 이론적 입장을 가진 자를 어

---

18) 불교의 방편사상, 선불교에서 말하는 '달을 가리키는 손가락'의 비유, 힌두교 베단타 사상에서 말하는 인격적 속성을 지닌 브라흐만(saguna Brahman)과 인격적 속성을 초월한 브라흐만(nirguna Brahman)의 구별, 마이스터 엑카르트의 신(Gott)과 신성(Gottheit)의 구별, 노자 『도덕경』에 나오는 유명한 "道可道非常道"라는 말 등은 모두 종교에 있어서 교리와 사상의 한계를 의식하는 말이며, 궁극적 신비의 초월성을 의식하는 말들이다.

떻게 대할까? 배타주의자들은 기본적으로 차이라는 것을 긍정적으로 보지 않고 자기와 다른 신앙이나 입장을 가진 자를 배제 혹은 개종의 대상으로 삼는다. 배타주의자의 근본문제는 자기와 다른 자의 차이를 용납 못하는 데에 있다. 배타주의자는 자기와 다른 신앙이나 입장을 가진 자를 오류에 빠져 있는 자로서 개종의 대상으로 간주하기 때문이다. 배타주의자는 차이를 상호 보완보다는 대립의 관계로 봄으로써 자기와 다른 신앙과 입장의 사람을 진정으로 존경하기 어렵고 어쩌면 이미 마음 속에서 그들을 배제하고 있다. 그들을 용납하고 참고 기다린다 해도 결국은 개종을 해야 하는 존재로 간주하기 때문이다.

물론 배타주의의 입장을 취하는 사람이라고 해서 타종교인을 사랑하지 말라는 법은 없다. 우선, 배타주의자들도 광신적 신자가 아닌 한 타종교인들을 민주사회에서 함께 살아가야 하는 동료 시민으로서 존중하고 그들의 신앙의 자유를 존중할 수 있다. 또 타종교인들 가운데도 많은 사람들이 도덕적 삶을 살고 있다는 사실도 인정할 수 있을 것이다. 그러나 문제는, 배타주의자들의 관용에는 넘어서기 어려운 한계가 존재한다는 점이다. 곧 종교적 독선이다. 종교적 진리에 관한 한 배타주의자들은 타종교인들을 오류와 미신으로부터 건져내야 할 개종의 대상으로 간주하며, 그러는 한 마음 속에서 그들을 진정한 존경의 대상으로 삼기 어렵다. 배타주의자들은 다원주의자들처럼 타종교인들을 진리를 향한 도상에 있는 도반(道伴) 혹은 동료 구도자로 간주하기보다는 기회만 허락한다면 오류로부터 건져내야 할 선교의 대상으로 간주한다. 배타주의자들은 오히려 이것을 타종교인에게 베풀 수 있는 가장 큰 사랑이라고 믿는다. 그들의 영혼을 구해 주니까! 이것은 사람을 인격으로가 아니라 목적을 위한 대상으로 ─ 아무리 좋은 의도와 목적을 가졌다 하더라도 ─ 간주하는 비도덕적인 태도가 아닐까?

그렇다면 다원주의자들은 어떠한가? 타종교, 타신앙의 사람들을 대하는 다원주의자들의 태도가 배타주의자들과는 다름은 재언할 필요가 없다. 문제는 다원주의자들이 다원주의를 부정하는 배타주의자들도 포용할 수 있는가 하는 것이다. 다원주의자들의 포용의 한계는 어디까지인가? 우선 다원주의자들도 배타주의자들을 용납하는 데는 한계가 있을 수밖에 없다. 배타주의와 다원주의는 모순 관계에 있으며 배타주의자들과 다원주의자들은 상호 개종적 입장을 취할 수밖에 없음을 솔직히 인정해야 한다. 그리고 신앙인들의 대다수가 배타주의적 신앙인들이라면, 다원주의자들이 당면하고 있는 과제와 사명의 어려움은 쉽게 납득이 간다. 다원주의자들은 특히 극단적 형태의 근본주의(fundamentalism) 신앙인을 수용하는 데 어려움을 겪는다. 앞에서 언급하였듯이, 종교다원주의는 본래 인류의 도덕적 · 영적 일치를 믿고 증진하고 설명하기 위한 신학적 이론이다. 따라서 인격의 영적 · 도덕적 변화와 인간 공동체간의 정의, 평화, 그리고 나아가서 인간과 자연세계의 조화와 상생을 추구하는 모든 종교들을 긍정한다. 이러한 가치들을 실현하는 구체적 방식은 종교마다 다를 것이며 마땅히 존중되어야 한다. 그러나 그러한 가치들에 반하는 종교적 입장이나 가르침에 대해서는 다원주의자들은 분명히 선을 그을 수밖에 없다. 문제는 종교의 이름으로 증오를 부추기는 행위나 사상이다. 다원주의자들은 사랑을 부정하고 증오를 심는 어떠한 종교적 가르침이나 행동도 용납하기 어려울 것이다. 그것은 목적과 수단이 전도되었다고 보기 때문이다. 다원주의자들의 적은 바로 종교의 이름으로 불의와 억압을 행하고 증오를 부추기는 종교, 그리고 그러한 종교를 맹종하는 신자들일 것이다. 다원주의자들의 관용의 한계는 타인의 자유와 타자성을 인정하지 않고 차이를 존중하지 않는 불관용과 증오 그 자체이다.

결론적으로, 다원주의자들에게는 진리보다는 사랑이 우선한다. 진리 그 자체를 아는 종교는 없다고 다원주의자들은 믿기 때문이며, 인류는 진리의 이름으로 자행된 폭력을 너무나 많이 목격해 왔기 때문이다. 인간을 구원하는 것은 결국 사랑이기 때문이다. 그러나 바로 신앙의 이름으로 사랑을 부정하고 증오를 부추기는 신앙인들을 어떻게 사랑해야 하는가는 다원주의자들에게 남은 마지막 사랑의 도전이다.

8. 결론: 한국 사회와 종교다원주의

종교다원주의는 단지 하나의 이론이 아니다. 그것은 현대 다원사회를 사는 올바른 삶의 자세이며 신앙의 태도이다. 그렇다면 현대 세계에서 종교다원주의자로서 산다는 것은 구체적으로 무엇을 뜻하는가? 다원주의자들의 신앙 생활의 모습과 실천은 어떠한 것인가?

우리가 살고 있는 한국 사회는 자유민주주의라는 하나의 새로운 포괄적 질서 위에 구축되어 있다. '새로운'이라는 말은 과거 조선시대의 상황과 대비해 볼 때 그렇다는 말이다. 주지하다시피, 조선시대는 유교적 가치와 질서를 절대적인 것으로 간주하는 유교 사회, 유교 문화였다. 획일적인 유교 사회에 가톨릭이라는 새로운 종교가 들어옴으로 인해 야기된 비극은 우리 전통 사회의 성격을 잘 드러내주고 있다. 천주교가 당한 수난은 말하자면 한국이 종교다원사회로 진입하기 위한 첫 진통이었고 비싼 대가였다. 그후 불교에 대한 탄압도 완화되었으며 개신교의 전파, 그리고 천도교, 증산교, 원불교 등 한국 자생종교들의 출현은 우리 사회를 본격적인 종교다원사회로 만들었다. 여기에 법적·제도적 장치를 마련해 준 것이 정치와 종교의 분리 원칙에 입각하여 헌법으로 보장된 종교의 자유이며, 그 이념이 자유민주의의다.[19] 자유민주주의는 종교의 자유를 보장하는 종교다원사회를 가능하게 하는 이념적 틀이라는 점에서 사실상 모든 개별 종교의 권위를 넘어서는 상위 질서이며, 그 자체의 성스러운 가치와 권위를 보유하고 있다. 자유민주주의가 또 하나의 종교, 말하자면 초종교(superreligion)라 해도 무방하다. 우리가 전에 논한 다원주의의 역설이 여기서도 다시 확인된다.

종교다원주의자들은 이 점을 솔직히 인정하며 아무런 갈등도 느끼지 않는다. 왜냐하면 종교다원주의는 바로 다양성을 존중하고 살리는 민주적 다원 사회의 질서와 궤를 같이 하여 등장한 종교적 이념이기 때문이다. 종교다원주의가 종교다원사회라는 새로운 질서를 위한 종교 이론이라면, 자유민주주의는 종교다원사회를 위한 법적·제도적 장치이다. 정치와 종교의 분리, 그리고 종교의 자유를 원칙으로 하는 자유민주주의는 그 역사적 뿌리와 배경이 어떻든,[20] 어느 특정한 종교를 위한 제도가 아니며, 종교다원주의 역시 어느 특정한 종교를 선호하거나 전파하려는 이론이 아니다.[21] 종교에 대하여 중립성을 표방하는 자

---

19) 나는 여기서 '자유민주주의'(liberal democracy)라는 말을 굳이 사회민주주의라는 말과 구별하지 않고 넓은 의미에서 사용하고 있다. 적어도 종교와 정치를 분리하고 종교의 자유를 법적으로 보장하는 체제는 모두 자유민주주의의 이념에 부합하는 것으로 간주한다.

20) 자유민주주의가 성과 속, 종교와 정치, 교회와 국가를 철저히 분리하는 기독교 전통과 풍토를 지닌 서구 사회에서 제일 먼저 발달한 것은 결코 우연이 아니다. 기독교는 정치와 종교의 분리를 원칙적으로 거부하는 이슬람과 같은 종교와는 달리 사회, 문화, 정치의 세속화(secularization) 가능성을 출발 당시부터 이미 안고 있었다는 점에 유의할 필요가 있다. 그러나 설령 자유민주주가 역사적으로 기독교의 뿌리를 가지고 있다고 해서, 오늘날 그것을 기독교의 전유물이거나 혹은 기독교적 제도로 간주할 수는 없다.

21) 물론 이에 대하여 종교와 정치, 그리고 종교와 문화의 이분법적 구별을 거부하는 이슬람은 자유민주주의 그 자체가 본질적으로 반이슬람적이고 반종교적 세

유민주주의는 모든 종교들을 대등하게 보는 종교다원주의 이론과 궤를 같이 한다. 따라서 종교다원주의의 입장은 종교다원사회의 법적 장치인 자유민주주의 체제에 대해서 친화적이라고 말할 수 있다. 다만 하나는 종교를 배척하고 종교로부터의 자유(freedom from religion)를 누릴 자유마저 인정하는 반면, 다른 하나는 어느 종교이든 독선적이고 배타적이지 않는 한 모든 종교에 대하여 긍정적인 태도, 즉 종교를 위한 자유(freedom for religion)를 권장하고 증진하고자 한다.

종교다원주의를 수용하는 종교는 각기 자유민주주의적 질서와 가치를 공동으로 수호하고 증진해야 할 의무가 있다. 다시 말해서, 우리 사회의 각 종교는 자유, 평등, 인권, 사회정의, 건강한 자연환경의 보존 등 자유민주주의 사회가 추구하고 있는 여러 가치들을 타종교인들과 더불어, 그리고 특정 종교에 소속되어 있지 않는 일반 시민들과 함께, 시민적 의무로서 공동으로 보호하고 실현해 나갈 책임이 주어져 있다는 것이다. 물론, 자유민주주의적 가치를 얼마나 자발적으로 그리고 내면적으로 깊게 수용할 수 있을는지, 그리고 그 동기부여와 참여의 신앙적 근거는 종교마다 달리 제시될 것이다. 이러한 문제 자체가 현대 사회에서 종교 전통들이 당면하고 있는 중대한 과제이다. 현대 사회는 종교간의 대화 못지 않게 종교들과 근대 세속적 이념들과의 대화도 요구하고 있다. 이미 지적했듯이, 이슬람은 이러한 근대적 이념들과 가치

속주의(secularism) 이념이라고 비판할 수 있다. 그리고 이것이 현재 전 세계적으로 이슬람 국가들이 안고 있는 문제이자 세계를 향해 제기하고 있는 문제이기도 하다. 그러나 현대 사회에서는 이미 어느 한 특정한 종교의 특권적 지위를 제도적으로 보장하는 길은 존재하지 않으며, 이러한 뜻에서 이슬람도 예외가 될 수는 없다. 특히 한국과 같이 이슬람 전통이 약한 나라에서는 더욱 그러하다. 이슬람이 지배적인 사회에서 종교의 자유가 어떻게 보장될 것이며 자유민주주의적 가치들이 어떻게 존중될 것인지는 무슬림들이 결정할 문제이다.

들을 수용하는 데 큰 어려움을 겪고 있다. 그러나 이것은 이슬람에게만 국한된 문제는 아니다. 모든 종교가 다 근대성의 도전 앞에서 각자의 입장을 취하고 표명할 과제에 직면해 있는 것이다.

우리는 여기서 한국적 상황을 복잡하게 만드는 또 한 가지 사실을 지적하지 않을 수 없다. 우리나라는 법적으로는 세속화된 사회이며 세속국가(secular state)이지만, 사실상 아직도 유교 전통의 강한 영향 아래 있다. 유교가 조선시대처럼 국가 이데올로기의 역할을 수행하지는 않는다 해도 여전히 한국 사람들의 가치관, 인생관, 세계관에 큰 영향을 미치고 있는 것은 부인할 수 없는 사실이다. 이러한 의미에서 한국은 아직도 '세속화된'(secularized) 사회가 아니라고도 말할 수 있다. 마치 서구 사회가 고도로 세속화되었음에도 불구하고 서구인들에게 아직도 기독교적 가치관과 인생관이 관습으로 많이 남아 있듯이, 이보다도 훨씬 강하게 우리에게는 유교 전통이 사람들의 심성과 생활관습에 뿌리깊게 자리잡고 있다. 뿐만 아니라, 한국의 불교, 기독교, 천주교, 기타 민족종교들도 모두 유교의 영향 아래 있다. 유교는 한국적 종교다원사회에 하나의 통합적 힘으로 작용하면서 종교간의 갈등을 완화해 주는 역할을 하기도 한다. 유교는 말하자면 한국 사회의 시민종교(civil religion)와도 같은 것이다. 유교는 자유민주주의 체제와 더불어 한국이라는 종교다원사회를 뒷받침해 주고 있는 두 축인 셈이다. 양자는 때로는 갈등하고 때로는 상호 보완하면서 한국적 자유민주주의, 그리고 한국적 종교다원사회의 질서를 만들어가고 있는 것이다. 따라서 한국의 종교들은 자유민주주의적 질서와 가치들과의 대화와 더불어 유교전통에 대한 대화도 계속하지 않으면 안 된다. 우리들의 유교적 유산을 현대 기독교인들은 어떻게 볼 것이며, 현대 불자들은 어떻게 보아야 할 것인가?

종교 전통들과 자유민주주의의 대화는 쌍방적이다. 자유민주주의는 종교를 위해서 무엇을 할 수 있으며 종교에게서 무엇을 배워야 할지를 물을 수 있기 때문이다. 이것은 의무는 아니지만, 신앙인들의 입장에서 볼 때는 매우 바람직한 일이다. 자유민주주의는 종교에 간섭을 해서는 안 되지만, 때로는 적극적으로 종교를 보호하고 육성하기 위해 개입이 필요할 때도 있다. 예를 들어, 종교적 신앙의 이름으로 극단적인 광신적 행위가 자행될 때 종교의 자유는 국가의 개입에 의해 제한받을 수밖에 없기 때문이다. 그러나 이러한 불가피한 개입을 떠나서, 그리고 종교의 자유나 권리의 침해를 법적으로 방지해 주는 소극적 역할을 넘어서, 자유민주주의 국가는 문화재의 보호나 세금 감면 혹은 면제 등 조세정책을 통해 종교 단체들을 적극적으로 보호하고 장려하기도 한다. 더 나아가서 나라의 건전한 도덕적 질서를 세우고 보존하기 위해 청소년들의 종교 교육이나 활동을 장려할 수도 있으며 종교간의 연합 운동도 지원할 수 있다. 그러나 이러한 경우에도 종교를 차별하지 않기 위한 세심한 배려가 요청되는 것은 물론이다.

현대 다원사회에 적응하기 가장 어려운 집단은 역시 자기 종교의 절대성을 믿는 배타주의의적 신앙의 소유자 내지 집단들이다. 배타주의 자들에게는 그들이 믿는 종교의 절대적 권위와 가르침이 타종교의 가르침을 물론이요 민주사회의 질서와 규범에도 어긋날 가능성이 존재하기 때문이다. 예를 들어, 타종교인에 대한 배타성과 불관용이 어떤 식으로 표출되는가에 따라 민주적 가치와 상충할 가능성이 있으며,[22] 국

---

[22] 예를 들어, 일부 기독교인들의 지하철 전도 같은 것은 엄격히 말하면 종교 자유의 표현이기도 하지만 동시에 얼마든지 법적으로 문제삼을 수도 있는 행위이다. 직장에서 신자와 비신자를 차별하거나 하는 행위도 역시 심각한 문제를 야기한다.

가에 대한 충성이나 민주 질서에 대한 복종을 자기 종교에 대한 배신으로 간주할 가능성도 존재하기 때문이다.23) 자기 종교 이외의 사람들을 항시 선교나 개종의 대상으로 간주하는 한 배타주의적 신앙의 소유자들은 한 사회의 주도권과 지배권을 추구하기 마련이며, 이것이 사실상 성공하게 되면 소수 종교(minority religion)에 속한 신앙인들을 박해하거나 불이익을 주는 제도도 만들어낼 가능성이 존재한다. 이런 면에서, 배타주의와 자유민주주의는 항시 긴장관계에 놓여 있다고 할 수 있다.

이론적으로 말해서, 자유민주주의는 사람들로 하여금 자유민주주의 체제 자체를 사상적 혹은 정치적 투쟁을 통해서 거부할 자유와 권리까지도 보장한다. 따라서 종교적 배타주의자들도 자유민주주의의 질서를 비판하고 도전할 자유가 있다. 문제는 그러한 자유 자체가 바로 자유민주주의 체제에 의해 보장되고 있다는 사실이며, 그러기 때문에 적어도 민주적 절차에 따라서 이루어져야 한다는 점이다. 다수의 민의를 반영하여 수립된 합법적인 자유민주주의 체제를 민주적 절차에 따라 바꾸기 전까지는 그 질서는 지켜져야 하는 것이다.

종교의 자유가 보장되는 자유민주주의 사회에서 살고 있는 한 타종교인들에 대한 관용은 배타주의자에게도 하나의 시민적 의무이다. 자유민주주의 사회에서는 각자가 자기 책임 아래 자기의 가치관, 인생관을 선택할 자유가 보장되어 있다. 그러나 이 자유는 다른 사람들도 동일한 권리를 누릴 자유가 있다는 것을 인정하고 존중할 때만 누릴 수 있는 자유이다. 다른 사람이 나의 권리를 존중해 주기를 원하듯 나도

---

23) 종교적 양심에 따른 병역 거부의 문제나 국기에 대한 경례 거부 등의 문제, 혹은 자녀들로 하여금 세속주의적 교육을 받지 않도록 의무교육을 거부하는 예 등도 같은 문제에 속한다.

타인의 권리를 존중해야 하며, 이것이 민주사회에서의 관용의 정신이다. 종교에서도 마찬가지이다. 타인의 종교와 신앙에 대한 존중과 관용은 민주사회 구성원들 모두의 최소한의 의무이다.

그러나 종교다원주의자는 타종교인에 대하여 관용 이상의 태도를 보인다. 그는 단순히 관용이나 존중 정도로 만족하지 않고 타종교인과 그들의 신앙에 대하여 존경심을 가지고 적극적 관심을 보인다. 등산로가 다르기는 하나 가끔씩은 만나기도 한다. 아직은 산 정상이 완전히 보이지 않지만 같은 산정에서 만날 것이라는 믿음 아래 지금까지 가끔씩 훔쳐볼 수 있었던 산정의 모습들을 불완전하나마 전해 주면서 서로 험난한 산행을 독려한다. 시행착오도 많았고 길을 잃은 적도 한두 번이 아니었지만 여기까지 올라온 것만도 다행으로 여기면서 험난하지만 즐거웠던 등반의 경험도 나눈다. 지나온 등반로의 장단점들도 설명해 주면서 서로에게서 배운다. 때로는 본래 의도했던 길을 버리고 다른 사람을 따라가 보기도 한다. 심지어 중도에서 길을 아주 바꿀 수도 있다. 아직은 아무도 완전히 알지 못하고 잡지 못했지만 같은 실재, 같은 구원을 향해 가는 길벗(도반)으로서 서로 위로하고 격려하면서 구도의 행진을 계속한다. 남의 이야기에 귀기울이면서 남을 더 잘 이해할 뿐 아니라 자기 종교, 자기 신앙을 새로운 눈으로 바라볼 수 있어 더욱 좋다. 타종교에 대한 이해는 자기 종교의 전통에 대한 이해를 확대하고 심화시킨다. 일체의 초월적 시각을 거부하는 세속주의에 대항해서 함께 투쟁하며, 사회의 공동선을 위해 함께 노력한다. 이것이 현대 종교다원사회 속에서 다원주의적 시각과 신념을 가지고 사는 신앙인들의 겸허하고 아름다운 모습이 아닐까?

다원화시대의 종교간의 화합

| 진 옥 | 여수 석천사 |

1. 들어가는 말

현대사회의 교통 발달은 이미 국경이라는 개념을 희미하게 만들었으며 민족과 대륙간의 이해의 폭을 넓게 만들기 시작했다. 불과 1세기 전만 해도 유색인종을 동물로 생각했던 시대는 이미 지나갔다. 인종과 지역들에 대한 삶을 다양하게 인정하려 하고 있고, 문명과 야만이라는 이분법적인 사고들마저도 버려야 할 정도까지 되었다. 그뿐만 아니라 통신의 발달은 서로의 삶을 이해하는 데 너무나 큰 혁명을 가져오게 되었다. 지구 저편과 바로 대화할 수 있고 수만 킬로미터 바깥에서 일어난 일들을 바로 내 옆에서 일어나는 일들로 접하게 되었다. 그래서 이제는 나 중심의 사고와 집단 중심의 이기심만으로는 살기가 어려운 넓은 세상을 살게 될 것이다. 거기에다 요즈음에 들어서 컴퓨터의 발달과 아울러 민주주의의 진보로 각종의 정보가 공개되고 또한 누구나 그 정보를 접해서 살 수 있는 정보화시대가 되면서 진정으로 이제는 인류의 보편적인 철학과 신앙이 어떤 것인가를 갈망하게 된 것도 사실이다. 한 지역의 문화와 관습이 세계 모든 문화와 관습을 비판하고 지배할 수 없으며, 따라서 인류보편의 가치와 모든 인간이 평등성을 확보할 수 있는 진실이 무엇인가에 관심을 갖기 시작했다. 이러한 인류문명의 진보에 따라 결국 과거 국수적인 민족주의와 이기주의, 또는 지역적 문화현상들은 한편으로는 존중되겠지만 한편으로는 해체되는 과정을 겪을 수밖에 없을 것으로 보인다.

이제는 내 것만이 최고이고 내 종교만이 모든 지식을 담고 있다는 종교 이기적인 발상은 전 인류의 이방인으로부터 비판받을 수밖에 없을 것이고, 따라서 종교가 진실로 어떤 모습과 생각들이 미래의 인류에게 빛이 될 것인지 깊이 논의해야 할 단계가 된 것 같다. 그런 의미에서 본다면 유럽에서 불교를 받아들인다든지 미국에서 동양 종교와 철학을 받아들인다든지 동양에서 기독교를 받아들이고 있는 현상들은 매우 좋은 현상들이라 생각된다.

2. 종교 갈등

미래학자들의 여러 염려 가운데 미래사회에서의 종교 충돌을 말한 것이 있다. 이는 매우 적절한 지적으로 보인다.

과거 문화권간의 충돌의 내면에는 항상 종교가 있었다. 종교간의 갈등은 최악의 경우 수많은 생명을 살상하고 전쟁이라는 극단적인 방식을 선택했던 불행한 일이 많았다. 그런 측면에서 본다면 종교가 과연 인류에게 좋은 점만을 주었다고 말하기 어렵고 오히려 부정적 측면이 더 많을 수 있다는 점도 간과해서는 안 될 것이다. 이를테면 힌두 문명과 아랍 문명의 충돌은 현재까지도 계속되고 있는 것이다. 그리고 지역에서 소규모 민족간의 충돌도 또한 종교가 그 깊숙이 항상 갈등의 요인으로 작용하고 있어서 그 문제를 낳고 있는 것이다. 보스니아 사태, 팔레스타인과 이스라엘, 파키스탄과 인도, 쿠르드족 분쟁, 스리랑카 타밀족, 동티모르 사태 등은 현대를 살아가는 종교인들이 깊이 반성해야 하는 부분이기도 하다. 이러한 충돌 요인은 여러 가지가 있겠지만, 과거 소지역주의와 국수적 종교 민족주의의 아집(我執)으로부터 벗어나지 못한 데서 기인한다고 본다.

한국도 그 종교 갈등의 상황에서 예외가 아니라는 데 문제가 있다. 지정학적으로 문명의 중심이 아닌 문명과 문명이 흐르는 여울목과 같은 반도에서 수많은 종교가 그 문화의 흐름들 속에서 받아들여지고 서로를 이해할 시간이나 주변여건이 갖추어지지 않은 채 갈등의 골들을 깊이 만들어온 것을 역사에서 볼 수 있다. 이러한 갈등들을 과거의 거울로 삼아, 어떻게 하면 다원화된 종교사회를 형성화하면서 살 수 있을지가 중요한 과제이기도 하고 풀어나갈 문제이기도 하다.

3. 불교교리의 융화의 철학

이러한 종교의 갈등과 그로 인한 전쟁을 미연에 막고 종교가 진정으로 인류의 행복을 위하여 본연의 자세로 돌아갈 수 있겠는가라는 물음을 우선 불교에 던져볼 때, 그 가능성을 불교가 갖고 있는 철학과 수행체계를 통해서 간단히 살펴보고자 한다. 다시 말하면, 다양화되고 다원화된 종교사회 내지 일반사회에서 철학적 내지 관습적인 충돌 없이 과연 서로를 인정하면서 행복을 추구할 수 있는 요소가 불교에는 있는지를 간략히 요약해 보고자 한다.

우선 충돌의 원론적인 이유가 무엇이냐가 먼저 논의되어야 한다. 불교에서는 두 가지 이유를 들고 있다.

하나는 아집(我執)이고, 그 다음은 법집(法執)이다. 즉 내가 본래부터 있었던 존재이며 나를 중심으로 한 나의 주변이 내 것이라는 욕망으로부터 나에 대한 욕망과 집착이 일어나고 내 것이 아닌 것과 충돌하게 되는 것을 말하고, 내가 작아서 상대와 대응이 되지 않을 때는 집단 아(我)를 만들어 대응하게 되는데 이를 집단 이기라고 하는 것이다. 소아(小我)와 소아(小我)의 충돌은 개인의 충돌이나 싸움이겠지만 집단 아가 형성되어 싸우면 집단 이기심이 발동해서 단체와 단체, 국가와 국가, 문화권과 문화권이 싸우고 갈등하게 되는 것이다. 불교에서 법집(法執)은 종교나 또는 이데올로기에 의해 집단이 생겨나고 그 반대쪽과 싸우는 갈등의 관계를 만드는 것을 말한다. 따라서 불교의 철학과 수행(修行)에서 이러한 집착의 요인들을 해소할 수 있는 신행적인 근거가 있느냐라는 것을 살펴보면 불교가 다원화된 종교사회에서 화합을 하면서 인류 보편가치인 인류에게 행복을 줄 수 있는지를 알 수 있을 것이다.

불교교리의 가장 중요한 핵심 가운데 하나가 무아(無我)사상이다. 무아란 제법무아(諸法無我)의 줄임말로 이 세상 모든 존재는 나라고 고정 지울 수 있는 것이 하나도 없다는 말이다. 다시 말하면 모든 존재는 서로의 연관성 위에 존재하고 그 연관성이 해체될 경우에는 그 존재도 없어진다는 것이다(因緣起滅: 緣起法). 그 존재를 형성하는 힘인 업(業, karma)에 의해 형성되었다가 그 업의 힘이 다하면 흩어지는 지극히 평범한 존재라는 데서 불교철학은 출발한다. 따라서 불교수행은 내가 본래 있지 않았다는 인식과 주변에서 일어나는 모든 것과 내가 변화하는 시간 속에서 끝없이 변화하면서 살아가는 존재라는 의미이다. 그래서 나에 대한 집착을 하는 것이 바로 고통을 불러일으키는 원인이며 나의 주변에 대한 집착 또한 그것들이 변화할 때 고통이라고 보는 것이다. 그래서 우선 불교는 나의 집착을 비우는 수행부터 하게 되며(모든 수행이 나의 집착을 비우는 행위) 주변의 욕망적 이기심으로 뭉쳐진 집단으로부터의 탈출을 출가의 행위라 하는 것이다. 따라서 불교는 개인 아(我)나 집단 아(我)를 강화하여 이익을 도모하고 추구하는 단체나 개인이 아니다. 단지 승가단체는 수행(修行) 집단 이외에는 아무 것도 이익을 위해 움직이지 않는 것을 원칙으로 한다. 예를 들면 인도 나란다대학에 이슬람교도가 쳐들어와 6만여 명의 스님들을 학살할 때에도 전혀 무력적으로 대응하지 않은 데에서도 볼 수 있고 역사에서도 폭력과 대응하지 않았던 수많은 예를 볼 수 있다.

불교가 역사에서 모든 종교와 융화하고 지내왔던 이유는 불교의 이러한 철학 체계 때문이다. 심지어 부처님께서는 금강경에서 "내가 말한 법도 비법(非法)이어니 하물며 다른 법이야"라고 말하면서, "내가 말한 법은 뗏목과 같아서 강을 건넌 다음에는 버릴지니라"라고 말해 당신이 말한 법마저도 집착해서는 안 되며, 절대시해서 상대를 업신여긴다면 그 자체가 불법이 아니라고 하여 기존의 종교가 갖고 있는 절대성마저도 버리라고 했던 것이다. 그리고 또 한 가지 중요한 점은 불교는 상대성(相對性)에 그 철학적인 바탕을 둔다. 그것은 연기법(緣起法)이라는 이름으로 우리에게 잘 알려져 있는데 이는 모든 존재의 절대성은 없다는 것으로 모든 존재는 그 존재의 순간부터 상대성(相對性)이라는 것이다. "이것이 있으면 저것이 있고 저것이 없어지면 이것은 없어진다"라고 하는 원칙이다. 따라서 이 세상 독존할 수 있는 것은 그 아무것도 없다. 설사 종교도 그 원칙에서 보면 독립된 개체가 아니라 서로가 영향을 주며 서로의 존재 속에 있다. 예를 들면 브라만교에서 불교가 탄생했고 유대교에서 기독교가 탄생했고 주역 속에서 유교와 도교가 탄생했던 것이다. 서로의 존재는 서로를 도와주는 상생(相生)의 관계이지, 어느 한 종교만이 이 세상에 있어야 하고 다른 모든 종교는 전쟁을 통해서라도 없어져야 한다는 것은 매우 위험한 생각이다. 따라서 불교는 충돌의 원인이고 고통의 발생지인 아집과 법집을 끊임없이 비워나가는 수행(修行) 집단이며 따라서 상대를 상호인정하는 인류보편적인 생각을 끊임없이 해왔다고 볼 수 있다. 집착은 그것이 아집이건 법집이건 소유이며, 소유하기 위해서는 끊임없이 싸울 수밖에 없고 싸운다는 것은 상대를 인정치 않는 것이다.

4. 불교의 비폭력성

종교간의 갈등을 말하면서 불교에서 과연 역사적으로 2,600여 년의 불교사 가운데 종교전쟁을 한 역사적 사실이 있는지, 또한 다른 종교들을 종교적 토론이나 평화적 방법이 아닌 무력으로 개종을 강요한 일이 있는지, 타종교와 문화, 관습을 무시하고 파괴한 일이 있는지를 살펴보면 불교의 비폭력성과 모든 삶의 형태를 인정하는 다원성을 수용하고 있는지를 알 수 있을 것이다. 우선 불교가 전래된 곳에는 그 어떤 곳에서도 기존에 있어 왔던 모든 종교를 말살시키고 일방적으로 불교도로 획일되게 개종시키지 않았다는 점을 들 수 있다. 중국에 당나라 시대에는 불교가 국교였지만, 도교와 유교가 그대로 있었고 신라와

고려도 불교국가였지만 유교와 도교, 전통종교가 그대로 있었던 다원
종교사회였다. 일본, 미얀마, 태국, 스리랑카 등 그 어느 불교 전래 국
가에서도 다른 종교를 말살하지 않았다. 오히려 다른 종교와의 적극적
인 화합을 모색했으며 융화하면서 살아왔던 것을 알 수 있다. 이러한
불교의 철학과 경험은 미래사회에서 충분한 대안이 될 수 있을 것이
다. 또한 불교의 자비심의 실천은 불교를 믿는 같은 교도들에 한정되
거나 또는 같은 민족, 인간에게만 한정 지워지는 것이 아니라 모든 생
명체를 같이 동일시하기 때문에 근래에 들어 환경문제 등의 해결 모티
브를 제시할 수 있을 것으로 보인다.

한반도에 불교가 전래되면서 전통종교와 대립하지 않고 오히려 융
화하기 위한 노력들을 했는데, 당시 원효(元曉)의 화쟁사상(和諍思想)
이나 고려시대의 정혜쌍수(定惠双修), 조선시대 면산(面山)의 삼가귀
일도(三家歸一道) 등은 조화와 화합 불교의 노력이라고 볼 수 있다.

최근 국제적으로 관심의 대상이 되었으며, 철학과 실행에 대해 인정
받은 달라이라마의 자비 실천과 비폭력·무저항 평화주의는 불교철학
을 바탕으로 한 수행법 실천이라고 할 수 있다. 달라이라마는 티베트
가 중국 공산정부에 강제 점령당한 뒤 난민 130만을 이끌고 인도의 다
람살라에서 50여 년간 망명정부를 이끌고 있는 티베트의 지도자이다.
티베트는 불교 수행을 중심으로 살아가는 독특한 체제를 갖고 있는 나
라이다. 엄연한 독립국임에도 중국에 의해 130만 이상의 티베트인들이
살해당하고 7천여 개 사찰이 파괴되는 그러한 민족적 비극을 맞았으면
서도, 그는 테러, 전쟁 그리고 무력을 동원한 그 어떠한 형태의 운동도
반대하며 오직 비폭력, 평화, 생명존중, 상호존중이라는 일관된 철학으
로 망명정부를 이끌면서 티베트인들 뿐만 아니라 세계의 이목을 집중
시키고 있다. 2000년에 다람살라에서 그를 직접 만났을 때 필자가 "중

국인들이 밉지 않느냐? 티베트를 그렇게 식민지로 만들었는데 …"라고 묻자 "그들은 우리와 같은 친구이다. 다만 무엇을 잘못 알고 있다(無知). 그러므로 그들에게 생명의 소중함과 아울러 상호존중이 무엇인지를 빨리 깨우치게 해야 한다. 티베트의 독립을 논하는 것이 아니라 티베트인들이 마음껏 수행하면서 살 수 있게끔 되었으면 하는 바람이다. 중요한 인류 정신문화 중의 하나인 티베트문화의 약화는 인류에게 큰 손실이다"라고 말씀하시는 것을 들으면서 진정한 자비가 무엇이고 상호존중하기 위해서 아집과 집단 자아를 해체하지 않으면 안 된다는 것을 느낄 수 있었다.

미래시대에는 누가 더 이타적(利他的)이며 어느 집단이 자기 집단 욕망을 포기하고 생명을 위해 봉사하는지가 더 중요하며, 얼마 전에 타계한 인도의 테레사 수녀의 삶이 이러한 미래시대의 대안이라고 할 수 있을 것이다.

5. 종교간의 대화

대화의 요체는 상호인정이며 상호존중이다. 대화는 상대를 이해하기 위한 노력이며 가장 중요한 작업이다. 우선 상대와 대립각을 세우고 경쟁하거나 상대를 인정치 않는 발언들은 대화하는 자세가 아니다. 필자의 견해로는 서로를 인정해야 하는 부분과 서로의 공통점을 찾아가는 두 가지 부분, 그리고 서로 다른 부분을 인정하는 자세가 필요하다고 본다. 불교에서는 존재를 파악할 때 불변(不變)과 수연(隨緣)의 관점에서 본다.

불변은 변하지 않는 정체성을 말하고, 수연은 시간, 상황, 장소에 따라 말할 수 있는 조건들을 말한다. 즉 그 종교가 갖고 있는 절대성(絶對性)도 있지만 상대성(相對性)도 있는 것을 말한다. 그 종교가 갖고 있는 모든 것이 절대성이라고 한다면 (물론 그렇게 될 수 없겠지만) 다른 종교와 문화, 관습들과는 큰 마찰을 일으킬 수밖에 없고 이러한 갈등은 결국 구성원들을 불행하게 만드는 요인이기도 하다.

필자의 견해로는 기독교의 하나님에 대한 믿음, 불교의 깨달음, 유교의 천리(天理) 등은 그 종교가 갖고 있는 절대성으로서, 종교인들이 서로의 절대성과 정체성에 대해 비하하거나 무시한다면 그 논쟁은 영원히 끝날 수 없는 비극이 될 것이다. 따라서 그 종교현상이 세계종교가 아니더라도, 또한 토속적 샤머니즘이나 토테미즘이라도 그 종교가 갖고 있는 정체성에 대해서는 공격하거나 무시하는 자체가 아니라 인정하고 상호존중해 주는 과정이 필요하며 이는 대화의 전제조건이 되어야 한다.

절대성이 같으냐, 다르냐 하는 것은 또 다른 논쟁거리가 될 수 있다. 흔히들 "모든 종교는 궁극에는 하나다"라고 하는 말에 나는 동의하기 힘들다. 그들이 하는 말을 이해하지만 같다라고 했을 때에 같지 않은 수많은 문제들을 안고서 같다고 할 수는 없는 것이다. 같다는 유일적인 말보다는 서로가 다르다는 것을 인정하고, 다른 부분이 왜 나와 같지 않은가, 그러면 그것은 틀린 것이 아닌가라는 인식보다는 다른 또 하나의 다양성으로 받아들여야 한다고 본다. 현상은 같을 수가 없다. 단지 공통점을 찾아가는 것일 뿐이다. 따라서 이제 종교인들끼리 인류를 위해 종교인들이 무엇을 그리고 어떤 역할을 공통으로 해야 할 것인가를 찾는 것이 중요하다. 화합을 위한 화합은 문제가 있지만 모든 생명들을 위하여 공동의 선(善)을 찾아나간다면 종교가 더 나은 인류를 위한 일들을 해나갈 수 있을 것이다.

유교, 하나와 여럿의 형이상학
― 종교다원주의의 성리학적 기초 ―

| 최 영 진 | 성균관대 유학 · 동양학부 |

1. 문제의 제기

'종교다원주의'는 형식논리상 모순이다. 종교는 본질적으로 절대적 신념체계이다. 절대는 '하나'일 수밖에 없다. 그런데 형이상학적 이론으로서의 다원주의는 '여럿'의 궁극적 실재를 인정한다.[1] 그러므로 '종교'와 '다원주의'를 결합시키면 '하나인 절대가 여럿이다'라는 모순적 명제가 성립되고 만다.

그러나 현실은 모순적이다. 현실에는 자기 신념체계의 절대적 신성을 강조하는 여럿의 종교가 존재하기 때문이다. 종교의 절대성 · 유일성은 현실이라는 장에서 필연적으로 상대화될 수밖에 없는 것이다.[2]

---

1) 류성민, 「종교다원주의와 종교윤리」, 『종교다원주의와 종교윤리』, 서울대 종교문제연구소 편, 집문당, 1994, 101쪽.

이 모순이 바로 종교적 갈등의 근본 요인이다. 여럿의 절대는 공존할 수 없다. 절대적인 것은 타자의 절대성을 인정하지 않는다. 인정한다면 그 자신의 절대성은 무너진다.[3] 하지만 여럿의 종교가 공존하는 현실에서 그들의 다원성을 인정하지 않는다면 인류는 엄청난 재난에 봉착할 것이다. 이것은 역사적 사실일 뿐만 아니라 지금 여기에서 진행되고 있는 현재형 사건이다.[4] 21세기 문명세계에서 벌어지고 있는 테러와 응징의 야만적 파괴 행위에는 자기 종교와 신만이 유일하며 다른 종교나 신앙은 우상이며 악마라는 편견이 깊이 자리잡고 있다.[5] 그러므로 종교다원주의는 존재론적·인식론적 시각에서 제기된 것이 아니라 종교간의 갈등을 해소하기 위하여, 윤리적인 견지에서 인간 행위의 적합성을 모색하려는 노력의 산물이다.[6] 종교다원주의는 역사적·현실적 요청인 것이다. 종교가 다원주의를 수용하여 서로 대화하고 함께 사는 문화를 이룩하지 못하고, 반목하고 질시하며 소외시키는 배타적 관계가 극대화된다면 21세기는 무서운 전쟁과 파멸의 세기가 될 것이다.[7]

종교다원주의는 종교간의 조화로운 공존을 위하여 타종교에 대한 객관적 우월성을 주장하지 않고 그 다양성을 긍정하자는 것이다.[8] 이

---

2) 윤이흠, 「종교다원주의에 대한 경험적 접근」, 『종교다원주의와 종교윤리』, 23쪽.

3) 같은 책, 49쪽.

4) 이삼열, 「상생의 세계와 문명간의 대화」, 『철학과 현실』, 2002 봄호, 70-78쪽 참조.

5) 같은 책, 77쪽.

6) 류성민, 위의 책, 101쪽.

7) 이삼열, 위의 책, 70쪽.

8) 류성민, 위의 책, 108쪽.

종교다원주의의 이론적 기초를 유교, 특히 성리학에서 모색해 보려는
것이 본 논문의 목적이다.

2. '하나'의 지향

萬川明月主人翁은 말한다. 태극이 있은 뒤에 음양이 있다. 그러므로 복
희는 음양으로 이치를 밝혔다. 음양이 있은 뒤에 오행이 있다. 그러므로 우임
금은 오행으로 세상 다스리는 법을 밝혀 놓았다. (이들은) 물과 달의 상을 관
찰하여 태극·음양·오행의 이치를 깨달은 것이다. 달은 하나이며 물의 종
류는 만개이지만, 물로서 달을 받으니 앞시내에도 달이요 윗시내에도 또한
달이다. 달의 수와 시내의 수는 같으니 시내가 만 개이면 달도 또한 이와 같
지만, 하늘에 있는 달은 본디 하나일 따름이다.[9] (「萬川明月主人翁自序」)

조선조 역대 왕 가운데 유일하게 문집을 남겼을 만큼 '好學君主'였
던 정조의 「萬川明月主人翁自序」의 첫 부분이다. 이 글은 '10,000개
의 시냇물에 비친 10,000개의 달과 하늘에 떠 있는 하나의 달'을 기본
구도로 구성되어 있다.[10] 이 구도는 새삼스러운 것이 아니라 주자가
이미 설정해 놓은 것이다.

질문 : 「理性命」 주에서 '그 근본으로부터 말단에 이르기까지 하나의 이

---

9) 萬川明月主人翁曰 有太極而後有陰陽 故犧繇以陰陽而明理 有陰陽而後
   有五行 故禹範以五行而喇治 觀乎水與月之象 而悟契於太極陰陽五行之
   理焉 月一也 水之類萬也 以水而受月 前川月也 後川亦月也 月之數與
   川同 川之有萬 月亦如之 若其在天之月 則固一而已矣(正祖, 『弘齋全
   書』 卷10「萬川明月主人翁自序」)
10) 이 글이 갖고 있는 정치적 함의에 대해서는 이태진, 「민본에서 민주까지」(『한
    국사시민강좌』, 제26집, 2000), 24-27쪽 참조.

치가 실한데 만물이 그것을 나누어 본체로 삼는다. 그러므로 만물이 각각 하나의 태극을 갖는 것이다'라고 말씀하셨습니다. 이와 같다면 이것은 태극이 분열되는 것입니까?

답 : 본래 단지 하나의 태극인데 만물이 각각 품수받는 것이며, 또한 스스로 각각 하나의 태극을 온전히 갖추고 있을 뿐이다. 마치 달이 하늘에 떠 있는 것은 하나일 뿐인데, 흩어져 강과 호수에 있으면 곳에 따라 나타나지만 '달이 나누어졌다'라고 말할 수 없는 것과 같다.[11]

달은 태극을 상징하고 물(시내·강·호수)은 현상계의 사물을 상징한다. 태극은 리의 궁극성을 언표하는 용어임은 말할 필요도 없다. 이 글의 요지는, 궁극적 존재인 태극은 하나이지만 만물 속에 내재하여 각각 그 본체를 이룬다는 것이다. 주자는 성리학의 형이상학 이론인 '理一分殊說'을 비유를 통하여 설명한 것이다. 이 이론은 두 가지 방향성을 갖는다. 첫째, 하늘에 떠 있는 하나의 달이 시내·강·호수에 비쳐 수천 수만의 각각 다른 모습의 달로 나타나듯이 궁극적 존재가 각 개체에 내재한다는 것이다. 둘째, 물 속에 비친 각양각색의 달은 하늘에 떠 있는 하나의 달로 귀일하듯이, 사물에 내재된 각각의 태극은 궁극적 일자인 하나의 태극으로 수렴된다는 것이다. 이 가운데 앞에서 인용한 정조의 글은 두 번째 방향을 취하고 있다. 그는 이 글의 중간 부분에서 다음과 같이 말한다.

한치라도 남에게 양보하지 않고 모든 선이 모두 나에게 돌아오게 한다. 사물마다 태극이 있으니 그 본성을 거슬리지 말고 이루어진 성을 보존하고 또

---

11) 問理性命注云 自本而之末 則一理之實 而萬物分之以爲體 故萬物各有一太極 如此則是太極有分裂乎 曰本只是一太極 而萬物各有稟受 又各自全具一太極爾 如月在天只一而已 及散在江湖 則隨處而見 不可謂月已分也(『朱子語類』卷94)

보존하여 모두 내가 갖도록 한다. 태극으로부터 미루어 가면 나뉘어 만물이 되지만 만물로부터 궁구하여 오면 다시 하나의 태극이 된다.[12]

이 글은 성리학의 형이상학 체계가 궁극적 일자의 지향을 기축으로 하여 구성되어 있음을 명시한다. 이와 같은 사유의 원형은 이미 『논어』에 나타나 있다.

　공자께서 말씀하셨다. "賜야, 너는 내가 많이 배우고 그것을 기억하는 것으로 여기느냐?" 자공이 대답하였다. "그렇습니다. 아닙니까?" 공자께서 말씀하셨다. "아니다. 나는 하나로써 꿰뚫은 것이다."[13]

여기에서 지식의 다양성과 그 근본이 되는 하나의 원리라는 구도가 나타난다. '一以貫之'는 『論語』「里仁」편에도 보인다.

　공자께서 말씀하셨다. "參아, 나의 도는 하나로써 꿰뚫고 있다." 曾子가 "예"라고 대답했다. 공자께서 나가시자 문인들이 "무슨 말씀입니까"라고 물었다. 증자가 말했다. "선생님의 도는 충서일 뿐이다."[14]

이 글에서, 앞에서 인용한 '하나'가 바로 공자의 도로 나타나는데 그 구체적 내용을 증자는 '충서'로 이해한 것이다. 주자는 '一以貫之'를 다음과 같이 해석한다.

---

12) 寸長不讓於人 萬善都歸於我 物物太極 罔咈其性 成性存存 皆爲我有 自太極而推往 則分而爲萬物 自萬物而究來 則還復爲太極(정조, 위의 책)
13) 子曰賜也 女以予爲多學而識之者與 對曰然 非與 曰非也 予一以貫之 (『論語』「衛靈公」)
14) 子曰參乎 吾道一以貫之 曾子曰唯 子出 門人曰何謂也 曾子曰夫子之道 忠恕而已矣(『論語』「里仁」)

‘至誠無息’[지극히 성실함은 그침이 없다]이란 도의 본체이니 만가지 다름이 하나에 근본을 두는 근거이며, ‘萬物各得其所’[만물이 각각 제자리를 얻음]는 도의 작용이니 하나의 근본이 만 가지로 다르게 되는 근거이다. 이것으로써 보면 ‘일이관지’의 실상을 볼 수 있을 것이다.15)

  주자는 ‘일이관지’를 만 가지 다름[殊]이 하나에 근본을 두고, 하나의 근본이 만 가지로 다르게 된다는 ‘理一分殊’의 논리로 해석한 것이다.

  ‘많이 배워서 얻은 것으로 보이는 다양한 지식에는 실상 하나의 원리가 통관하고 있다’라는 공자의 말은 ‘하나로의 지향성’을 내함하고 있다. 이 지향성이 극단적으로 강조된 것이 송대 성리학의 태극론이다. 태극은 우주의 궁극자로서 더 이상 전제할 수 없는 극치를 의미하는 용어이다. 이것은 전 존재의 근거가 되는 실체이다.16) 성리학 형성기에 태극이 화두로 부상한 것은 노장과 불교를 비판·극복하기 위하여 無나 空보다 상위의 형이상학적 실체개념이 요구되었기 때문이다.17) 태극의 강조는 당시의 주류 이념이었던 노·불의 도를 이단사설로 비판하고 유가의 도를 유일한 진리로 정립하려는 송대 사대부들의 의식이 발로된 것이다.

  노·불에 대한 비판과 유교의 우월성/정통성의 확보(이른바 道統論)는 이미 당말의 한유에게서 나타나는데,18) 이것은 주자에게 그대로 계승

---

15) 蓋至誠無息者 道之體也 萬殊之所以一本也 萬物各得其所者 道之用也 一本之所以萬殊也(朱子, 『論語集註』)

16) 유승국, 『동양철학연구』, 근역서재, 1983, 187쪽.

17) 성리학 본체론의 특성 가운데 하나는 無에 대한 有의 존재론적·윤리적 우위성을 주장하는 데에 있다(장원목, 「성리학 본체론의 형성에 관한 연구」, 서울대 박사논문, 1998, 21쪽 참조).

18) 시마다 겐지, 김석근 외 역, 『주자학과 양명학』, 까치, 1985, 23-40쪽 참조.

된다. 그 대표적인 예가 『中庸集註』의 서문이다. 이 글에서 주자는 "상고시대 聖神이 하늘을 이어 極을 세움으로부터 도통이 유래하게 되었다"19)라고 하여 도통의 시작을 상고시대로 잡고 있다. 그는 공자 이전 도통의 전승 계보를 다음과 같이 설정한다.

堯-舜-禹-湯-文王·武王
(皐陶·伊尹·傅說·周公·召公)

이어서 주자는 "우리 공부자께서 비록 그 자리를 얻지는 못하였으나 지나간 성인을 잇고 오는 후학을 열어주신 것은 그 공이 요순보다 더하다"20)라고 공자의 공을 높이 평가한다. 공자가 이은 도통의 종지는 증자를 거쳐 자사에 이르러 『중용』의 저술로 나타나고 이것이 맹자에게 전해진다.

이로부터 다시 전하여 맹자가 이 책을 미루어 밝혀 先聖의 도통을 이으셨다. 그런데 맹자가 죽어 그 전함을 잃어버리니 우리 도가 의탁한 것은 언어 문자를 넘지 못하고 이단의 학설이 날로 새롭고 달로 성하여 노·불의 무리가 나옴에 이르러서는 더욱 이치에 가까워 크게 진리를 어지럽혔다.21)

이 대목에서 우리가 주목할 것은 '우리 도'[吾道]와 '이단'과의 대립 의식이다. 춘추시대 공자에 의하여 정립된 유교는 전국시대에 이르러 타 학파와 대립하게 된다. 『맹자』의 다음과 같은 기록이 그 단적인 예

---

19) 蓋自上古聖神 繼天立極 而道統之傳有自來矣
20) 若吾夫子 則繼往聖開來學 其功反賢於堯舜者
21) 自是而又再傳 而得孟氏 爲能推明其書 以承先聖之統 及其沒而遂失其傳焉 則吾道之所寄 不越乎言語文字之間 而異端之說 日新月盛 以至於老佛之徒出 則彌近理而大亂眞矣

이다.

　　성왕이 나오지 않으니 제후들이 방자해지고 재야의 선비들이 멋대로 논의
하여 양주·묵적의 말이 천하에 가득 차서 천하의 말이 양주에게 돌아가지
않으면 묵적에게 돌아간다. 양주는 자기만을 위하니 군주가 없는 것이고 묵
적은 똑같이 사랑하니 부모가 없는 것이다. 부모가 없고 군주가 없는 것은
바로 금수이다. … 양주·묵적의 도가 그치지 않으면 공자의 도가 드러나지
않으니 이것은 사악한 학설이 백성을 속여 인의를 막은 것이다.[22]

　　여기에서 양주·묵적의 도는 금수와 같은 것으로서 공자의 도와 병
립할 수 없는 배타적 모순관계로 설정된다. 맹자는 "나는 이것을 두려
워하여 선성의 도를 보호하고 양주·묵적을 배척하며 부정한 말을 추
방하여 사악한 학설이 일어나지 못하게 하는 것이다"[23]라고 하여 유
가의 도를 지키고 양주·묵적을 배척하는 것이 자신의 사명이라고 주
장하였다.

　　대립적인 타 학파에 대한 비판/배척을 '闢異端論'이라고 하는데, 비
판의 대상이 되는 이단은 시대에 따라 다르다. 맹자 당시에는 양주·
묵적이었고 주자 당시에는 노장과 불교, 특히 불교인데 불교는 고도의
이론체계를 갖추고 있었기 때문에 당시 사대부들은 더욱 위험시하였
다. 위의 인용문에서 '노·불의 무리가 나옴에 이르러서는 더욱 이치
에 가까워 크게 진리를 어지럽혔다'라는 말은 이 점을 지적한 것이다.

　　이단에 대한 비판은 성리학의 중요한 과제이다. 『근사록』에도 「異

---

22) 聖王不作 諸侯放恣 處士橫議 楊朱墨翟之言盈天下 天下之言 不歸楊則
　　歸墨 楊氏爲我 是無君也 墨氏兼愛 是無父也 無父無君禽獸也 … 楊墨
　　之道不息 孔子之道不著 是邪說誣民 充塞仁義(『孟子』「滕文公」下)
23) 吾爲此懼 閑先聖之道 距楊墨 放淫辭 邪說者不得作(위와 같음)

端之學」이「道體」「爲學之要」 등과 함께 편집되어 있다. 그 첫 구절
은 다음과 같다.

　　명도선생께서 말씀하셨다. "양주와 묵적의 해는 법가인 신불해보다 심하
　　고, 불교와 노장의 해는 양주·묵적보다 심하다. … 불교와 노장은 그 말이
　　이치에 가까워 양주·묵적에 비할 바가 아니니 이것이 해가 더욱 심한 까닭
　　이다."24)

　맹자가 양주와 묵적을 배격하고 공자의 도를 지키는 것을 자신의 사
명으로 여긴 것과 같이 송대의 사대부들은 불교를 비판하고 유교를 새
롭게 재구성하는 것을 사명으로 삼았다. 조선 개국의 일등공신인 정도
전의「心氣理」「佛氏雜辨」 등도 같은 맥락에서 나온 것이다.
　벽이단의 전형적인 양상이 18, 19세기 조선의 ‘衛正斥邪論’이다. 여
기에서 ‘正’은 유교의 도통이며 ‘邪’는 서학(천주교)과 서양의 문물이다.
특히 천주교에 대해서는 그 교리에 대한 이론적 비판으로 끝난 것이
아니라, ‘廢祭毁主’한 珍山事件을 계기로 ‘廢倫亂常’의 사교로 규정되
어 엄청난 박해를 가하게 된다.25)
　유교의 벽이단론은, ‘吾道’[우리 유교의 도]를 절대적인 유일한 진리
로 보고 이와 대립하는 사상 내지 종교 — 양주·묵적·법가·도가·
불교·서학— 를 이단으로 규정하여 비판하는 배타주의이다. 이것은
‘만 가지 선이 모두 나에게로 돌아온다’라고 자부한 정조가 "九州萬國
이 하나의 왕에 의하여 통솔되고, 千流百波가 하나의 바다로 돌아오며

---

24) 明道先生曰 楊墨之害 甚於申韓 佛老之害 甚於楊墨 … 佛老其言近理
　　又非楊墨之比 此所以爲害尤甚(『近思錄』 卷13「異端之學」)
25) 최기복,「유교와 서학의 사상적 갈등과 상화적 이해에 관한 연구」, 성균관대 박
　　사논문, 1989, 50-64쪽 참조.

千紫萬紅이 하나의 태극으로 합치된다"26)라고 간파한 바, '하나의 지향'과 그 맥락을 같이 한다.

3. '여럿'의 세계

달은 자연 그대로 밝다. 그 달이 아래로 물에 비추어 빛을 내는 것이다. 龍門의 물은 넓고 빠르며, 雁宕의 물은 맑고 여울지며, 염계의 물은 검푸르고 … 강물은 담담하고 바닷물은 짜며, 涇水는 흐리고 渭水는 맑지만 달은 그 형태를 따라 비춘다. 물이 흐르면 달도 함께 흐르고, 물이 멎으면 달도 함께 머문다. 물이 거슬러 올라가면 달도 함께 거슬러 올라가고, 물이 소용돌이치면 달도 함께 소용돌이친다. 그러나 물의 근본을 총괄하면 달의 정기이다.27) (「萬川明月主人翁自序」)

하늘에 떠 있는 달은 그대로 밝게 빛나는 달이다. 그러나 물은 모두 다르다. 넓고 빠른 물이 있는가 하면 느리고 좁은 물이 있다. 맑은 물이 있는가 하면 흐린 물이 있다. 이 세상 모든 강과 시내는 각각 다른 빠르기와 넓이·깊이를 가지고 있다. 이 물이 비친 달은 그 물에 따라 각각 다른 모습을 띠게 된다. 맑은 물에 비친 달은 맑고 흐린 물에 비친 달은 흐리다. 그러나 그 달은 여전히 하늘에 떠 있는 달이다.

여기에서 달은 태극, 곧 理이며 물은 氣를 비유한다. 기의 청탁수박

---

26) 九州萬國統於一王 千流百波歸於一海 千紫萬紅合於一太極(정조, 위의 책)

27) 月固天然而明也 及夫赫然而臨下 得之水而放之光也 龍門之水洪而駛 安宕之水淸而漪 濂溪之水紺而碧…河淡海鹹 涇淸渭濁 而月之來照 各隨其形 水之流者 月與之流 水之渟者 月與之渟 水之溯者 月與之溯 水之洄者 月與之洄 摠其水之大本則 月之精也(正祖, 위의 책)

에 따라 여기에 내재한 리가 다르게 된다는 것이 '理一分殊'(리는 하나 이지만 나뉘어 다르게 된다)이다. 이것을 율곡은 '理通氣局說'로 다음 과 같이 설명한다.

'理通'이라는 것은 천지만물이 동일한 리이며 '氣局'이라는 것은 천지만물 이 각각 기를 하나씩 하는 것이다. 이른바 '이일분수'라는 것은 리는 본래 하 나인데 기가 고르지 않기 때문에 그 깃들인 바를 따라 각각 하나의 리가 되 는 것이다. 이것이 리가 나뉘어 다르게 되는 까닭이지 리가 본래 하나가 아 닌 것은 아니다.[28]

만물은 동일한 리와 상이한 기로서 이루어진다. 기가 각각 다르기 때문에 세계는 '千流白派 千紫萬紅'의 다양한 사물들로 가득하게 되고, 리는 같기 때문에 만물은 보편성을 갖는다.

하늘에 떠 있는 달은 '하나'의 리를, 각각 다른 물에 비친 달은 각각 다른 '여럿'의 리를 상징한다. 그런데 주자는 앞에 인용한 글에서 각각 의 사물들이 태극을 '온전히 갖추고 있다'[全具]라고 말한다. 그렇다면 사물의 리(물에 비친 달)와 하나의 리(하늘에 있는 달)는 같은 것인가. 주자는 「태극도설」을 주석하는 곳에서 다음과 같이 말한다.

합하여 말하면 만물이 하나의 태극을 온전히 본체로 하며, 나누어서 말하 면 하나의 사물은 각각 하나의 태극을 갖추고 있다.[29]

관점에 따라 만물에 내재한 태극과 하나의 태극은 같기도 하고 다르

---

28) 理通者 天地萬物同一理也 氣局者天地萬物各一氣也 所謂理一分殊者 理本一矣 而由氣之不齊 故隨所寓 而各爲一理 此所以分殊也 非理本不 一也(『栗谷全書』「聖學輯要」<窮理章>)
29) 蓋合而言之 萬物統體一太極 分而言之 一物各具一太極

기도 하다는 것이다. 남당한원진의 다음 문장을 검토해 보자.

태극의 전체가 혼연하여 흠이 없는 것은 '리의 일'[理之一]이요, 기를 타고 유행하여 만 가지 실마리가 같지 않은 것은 '나뉨의 다름'[分之殊]이다. 혼연하여 흠이 없는 가운데 찬연한 것이 이미 갖추어져 있으니 '理一' 가운데 '分殊'가 본래 이미 갖추어진 것이다. 하나의 사물이 각각 하나의 태극을 갖추고 있으나 태극이 같지 않은 적이 없으니 '分殊' 가운데에 '理一'이 있지 않은 적이 없는 것이다. 리와 기는 '不雜不離'이다. 不離이기 때문에 '분수'가 있고 不雜이기 때문에 리가 하나가 아닌 적이 없다. 분수를 보려면 不離上에 나아가 合看해야 하고, 理一을 보려면 不雜處에 나아가 分看해야 한다. 그러나 不雜·不離는 다만 한 곳의 일이니, '理一'이 하나의 위치가 되고 '분수'가 하나의 위치가 되는 것이 아님을 반드시 알아야 한다. 주자가 이른바 "'같음' 가운데에서 '다름'을 알아야 하고 '다름' 가운데에서 '같음'을 보아야 한다"라고 한 것이 바로 이것을 말한 것이다.[30]

사물에 내재하여 그 사물의 기질로 인해 '나뉘어 다르게 된 리' 가운데에 보편적인 하나의 리가 관류하고 있으며 하나의 리에는 나뉘어 다르게 된 리가 이미 전제되어 있다는 것이다. 그러므로 '理一'과 '분수'는 둘이 아니라 동일한 사태를 分看/合看함에 따라 다르게 인식된 것에 불과하다. 따라서 '理一'의 같음과 '분수'의 다름은 둘이 될 수 없다. 같음 속에 다름이 있고 다름 속에 같음이 있는 것이다.

요컨대, 성리학의 형이상학에 의하면, 세계는 다양한 사물들로 이루

---

30) 蓋太極之全體 渾然無欠者 理之一也 承氣流行 不齊萬緖者 分之殊也 渾然無欠之中 燦然者已備 則理一之中 分殊者固已具矣 一物各具一太極 而太極未有不同者 則分殊之中 理一者亦未嘗不在也 大低理氣不雜 不離 不離也故有分之殊 不雜夜故理未嘗不一 要見分殊 當就不離上合而看之 要見理一 當卽不雜處 分而看之 然又須知不雜不離 只是一場位事 而非理一是一個地頭 分殊是一個地頭也 朱子所謂 同中識異 異中見同者 正謂此爾(韓元震,『南塘集』卷30,「雜著」<理一分殊說>)

어져 있으며 그 사물에는 각각 다르면서도 동시에 하나인 태극이 온전히 내재되어 우주적인 보편성을 갖는다. 궁극자인 태극은 하나이면서 동시에 여럿인 것이다.

4. 다름 · 같음 · 어울림

근래 다행히 태극 · 음양 · 오행의 이치를 깨달았으며 또한 사람에 대해서도 꿰뚫게 되었다. 사람을 쓰는 데 있어서 대들보감은 대들보로 쓰고 기둥감은 기둥으로 쓰고 오리는 오리대로, 학은 학대로 그 삶을 이루게 하고 각각 그 사물에게 알맞은 것을 부여하였다. 사물이 오면 순응하여 이에 단점을 버리고 장점을 취하며 … 규모가 큰 자는 신출시키고 협소한 자는 포용하고 재주보다 뜻을 소중히 여겨 양 극단을 잡아 그 중을 썼다. (「萬川明月主人翁自序」)

정조가 깨달은 태극 · 음양 · 오해의 이치는 무엇인가. 그것은 같은 나무에도 기둥감과 대들보감의 다름이 있으며, 같은 새라도 오리와 학의 다름이 있다는 것과 그 다름이 각각의 쓰임새를 갖는다는 사실이다.

'다름과 같음'은 조선 후기 유학사상의 화두이다. 그 대표가 되는 호락논쟁은 '未發心體는 純善한가'[未發心體純善論爭]라는 심의 문제와 아울러 '성인과 범인의 마음은 동일인가 동일하지 않은가'[聖凡心同不同論], '인간과 物의 본성은 같은가 다른가'[人物性同異論] 등 '같음과 다름'이 그 쟁점이었다. 이 논쟁은 당시의 정치적 현실 및 대외인식과의 함수관계 속에서 진행되며 실학사상과도 밀접한 연관성을 갖게 된다.31) 호락논쟁은 이후 같음과 다름의 지양이라는 방향으로 귀결된다.

조선 말기의 대표적 성리학자인 鹿門 任聖周와 蘆沙 奇正鎭은 다음과 같이 말한다.

하나면서 만이고 만이면서 하나이니 같으면서 능히 다르지 않을 수 없고, 다르면서 일찍이 같지 않은 적이 없는 것이 바로 리의 전체이다.[32]

리는 하나이지만 실로 만 가지로 나누어지니 다를수록 더욱 같은 것이다. 하나이면서 나누어지니 실제로 다른 것이 아니며 다르면서 같아야 진실로 같은 것이다.[33]

세계는 '다름'의 전시장이다. 자연과 인간이 다르고, 남/녀가 다르고 인종과 피부색이 다르며 언어·관습·문화가 다르다. 그 다름이 차별과 억압과 적대의 원인이 되고 있다. 특히 종교적 이질성은 정치적 이데올로기의 차이보다 더 극단적이고 폭력적인 형태로 표출된다. 카쉬미르 지역에서의 힌두교와 회교도 사이의 전쟁, 인도네시아에서 벌어지고 있는 회교도와 기독교 사이의 살육전이 그것이다. 그 폭력성은 같은 초월적 하느님을 신앙하며 같은 선지자들의 자손인 기독교와 회교도 사이에서 오히려 극렬하게 나타난다.[34] 이들 종교 사이의 작은 이질성이 서로를 용납할 수 없는 증오심을 야기하여 잔인한 전쟁이 끊이지 않고 있는 것이다.

---

31) 유봉학, 「18-19세기 연암일파 북학사상의 연구」, 서울대 박사논문, 1992, 78-92 쪽 참조.
32) 一而萬 萬而一 同而不能不異 異而未嘗不同者 乃理之全體也(任聖周, 『鹿門集』 卷19 「鹿廬雜識」)
33) 理者一實萬分 愈異而愈同者也 一而分 非實異也 異而同 乃眞同也(『蘆沙集』 卷12 「納凉私議」)
34) 이삼렬, 위의 책, 76쪽.

'다름'이 적대적 관계의 요인이 된다는 점은 『주역』睽卦에서도 확인된다. '睽'는 '서로 어긋나고 상이함'(乖異)이라는 뜻이다. 괘상은, 불이 위로 타오르고 연못의 물은 아래로 흐르는 모습으로서 서로 방향이 상이한 관계를 상징한다. 이것은 同人卦가 하늘과 불이라는 동일한 상향성을 갖는 사물로 구성된 것과 대비된다. 또한 中女(離卦)와 少女(兌卦)가 한집에 살면서도 뜻이 같이 갈 수 없는 상황이다.[35] '같이 갈 수 없는'[其志不同行] 상황이 극대화되어 '시기하고 다투는'[猜狠] 상황으로 악화된 것이 上九爻이다.[36] 이것은 연못(물)과 불이 내함하고 있는 상극관계가 표출된 것이다.[37] 상효는 강한 양효가 모순이 극대화된 단계에 처해 있는 것이다. 六三爻와 正應의 관계이지만, 삼효가 九二와 九四 두 개의 양효에 둘러싸여 호응하지 않기 때문에 상효가 삼효를 증오하고 있다. 이 상황을 "서로 어긋나 상이한 때에 외로워, 돼지가 진흙을 뒤집어쓰고 귀신이 수레에 실려 있는 것을 본다"[38]라고 효사는 묘사한다. 이 구절을 정이천은 다음과 같이 주석한다.

상효와 삼효는 비록 정응이지만 어긋나 상이한 상황의 극한 점에 이르러 의심하지 않는 것이 없다. 삼효를 더러운 돼지가 진흙을 뒤집어쓴 것처럼 보니 증오가 심한 것이다. 증오심이 심해지면 시기함이 죄악을 저질러 귀신이 수레에 가득한 것처럼 본다.[39]

---

35) 象曰 火動而上 澤動而下 二女同居 其志不同行(睽卦「象傳」)
　　睽乖異也 爲卦上火下澤 性相違理 中女少女志不同歸(朱子,『周易本義』)
36) 以剛處明極 睽極之地 又自猜狠而乖離也(朱子,『周易本義』)
37) 火澤不交 而炎上滲下 各率其性 終於不交也 澤上火下 澤欲息火 火亦欲息澤 交相息也(錢澄之,『田間易學』, 黃山書社, 1998, 424쪽.)
38) 上九睽孤 見豕負塗 載鬼一車
39) 上之與三 雖正應 然居睽極也 無所不疑 其見三如豕之汚穢 而又背負泥

그러나 증오의 대상인 삼효는, 나(상효)와 서로 반대가 되기 때문에 원수로 알고 활을 당기지만 실상은 혼인할 짝이다. 효사는 다음과 같이 말한다.

> 먼저 활을 당겼다가 뒤에 놓으니 원수가 아니라 혼인할 짝이다. 가서 비를 만난다면 길할 것이다.[40]

나와 상이할 뿐만 아니라 상반되는 되는 타자야말로, 언뜻 원수로 보이지만 실은 감응하여 새로운 생명과 가치는 창조하는 소중한 짝임을 규괘는 강조한 것이다. 여기에는 '다름'과 '같음'에 대한 다음과 논리가 그 기저를 이루고 있다.

> 천지가 어긋나 다르지만 그 일은 같고, 남녀가 어긋나 다르지만 그 뜻은 통하고, 만물이 어긋나 다르지만 그 일은 비슷하니 규의 때와 작용이 위대하다.[41]

하늘/땅, 남/녀는 서로 다르고 반대되는 성향을 갖지만 서로 감응하여 생성의 주체가 된다는 점에서 다르지 않다. 『田間易學』에서 "두 여자는 모습이 갖지만 그 뜻이 다르고 남/녀는 모습이 다르지만 그 뜻은 통한다"[42]라고 하였듯이 같음이 다름이 되고 다름이 같음이 되며, 다름이야말로 서로 감통하는 계기이다. 만물은 '千紫萬紅'으로 각각 다르

塗 見其可惡之甚也 旣惡之甚 則猜成其罪惡 如見載鬼滿一車也

40) 先張之弧 後說之弧 匪仇婚媾 往遇則吉也

41) 天地暌而其事同也 男女暌而其志通也 萬物暌而其事類也 暌之時用大矣哉

42) 二女同形 而其志異也 男女異形而其志通也(錢澄之, 위의 책, 425쪽.)

기 때문에 세계는 아름답다. 그러므로 같으면서도 달라야 되고 다르면서도 같아야 한다고 『주역』은 주장한다.

> 위는 물이고 아래는 연못인 것이 규괘이다. 군자는 이 괘상을 본받아서 같으면서 달라야 한다[同而異].[43]

'同而異'는 문맥상 '異而同'으로 보아야 한다는 견해도 있는데,[44] 규괘 「상전」이 강조하는 바는 같음과 다름을 동시에 시야에 놓고 생각하는 제3의 관점이다. 정이천의 다음과 같은 주석은 이 점을 잘 지적하고 있다.

> 크게 같이 할 수 없는 자는 상도를 어지럽히고 이치를 거슬리는 사람이며, 홀로 다르게 하지 못하는 자는 세속을 따르고 그릇됨에 물든 사람이다. 요컨대 같음에서 능히 다르게 할 수 있어야 한다.[45]

다름에서 같이 할 수 있고 같음에서 달리 할 수 있어야 한다. "다름으로 인하여 같음이 되고, 같음으로 다름을 건져내는 도"[46] 이것이 『주역』의 길이다.

그러나 이 같음은 무차별의 동질화가 아니다. 다름을 인정하지 않는 제국주의적 획일화를 유교는 극히 경계한다. 공자는 다음과 같이 말한다.

---

43) 象曰 相火下澤暌 君子以 同而異
44) 李正浩, 『周易正義』 참조.
45) 不能大同者 亂常拂理之人也 不能獨異者 隨俗習非之人也 要在同而能異(『易傳』)
46) 因異爲同 以同濟異之道(錢澄之, 위의 책, 426쪽.)

군자는 '和'[어울림] 하지만 '同'[같음]하지 않으며, 소인은 '동'하지만 '화'
하지는 않는다.47)

'和'와 '同'의 개념은 엄밀하게 구분된다.

　　召公이 "양구거는 나와 '화'한다"라고 말하자 晏子가 "양구거는 '동'합니
다. 어찌 '화'할 수 있겠습니까"라고 대답했다. 공이 " '화'와 '동'은 다른가"라
고 물었다. 안자가 대답했다. "다릅니다. '화'는 국과 같습니다. 물과 불, 초·
육장·소금·매실을 넣고 어육을 삶고 장작으로 불을 때는 요리사가 조화시
키고 그 맛을 알맞게 하여, 모자란 것은 보태주고 지나친 것은 덜어냅니다.
군자가 그것을 먹고 마음을 화평하게 합니다. 군신 관계도 또한 그러합니다.
군이 '可'하다고 한 바에 '否'가 있으니 신하가 그 '부'를 드려 그 '가'를 이루
며, 군이 '부'라고 한 바에 '가'가 있으니 신하가 그 '가'를 드려 그 '부'를 제
거합니다. 그래서 정치가 화평하게 되어 충돌이 없어지고 민심이 다투지 않
게 됩니다. … 지금 양구거는 그렇지 않습니다. 군이 '가'라고 한 바에 거도
또한 '가'라고 하며 군이 '부'라고 한 바에 거도 또한 '부'라고 합니다. 마치
물에 물탄 듯하니 누가 먹겠으며 비파와 거문고가 한 가지 소리만 내는 것과
같으니 누가 듣겠습니까. '동'이 불가한 것은 이와 같습니다."48)

'和' 곧 어울림은 초의 신맛, 육장의 짠맛, 소금의 짠맛 등 여러 가지
다른 맛들을 지나치거나 모자라지 않게 배합하여 요리를 만드는 것과
같다. 이때에 여러 맛들이 조화되어 최상의 맛을 내게 된다. '同' 곧 같

---

47) 君子 和而不同 小人同而不和(『論語』「子路」)
48) 公曰 唯據與我和夫 晏子對曰 據亦同也 焉得爲和 公曰 和與同異乎 對
　　 曰異 和如羹焉 水火醯醢鹽梅 以烹魚肉 燀之以薪 宰夫和之 齊之以味
　　 濟其不及 洩之其過 君子食之 以平其心 君臣亦然 君所謂可 而有否焉
　　 臣獻其否 以成其可 君所謂否而有可焉 臣獻其可 以去其否 是以政平而
　　 不干 民無爭心. … 今據不然 君所謂可 據亦曰可 君所謂否 據亦曰否
　　 若以水濟水 誰能食之 若琴瑟之專壹 誰能聽之 同之不可也如是(『春秋
　　 左傳』召公20年)

276

음은 신맛 또는 짠맛 등 하나의 맛만 나는 요리와 같은 것이다.

우리는 이 글에서 可/否, 즉 긍정/부정49)으로서 동과 화를 설명한 점에 주목한다. 안영은 군주의 긍정을 신하가 긍정하고 부정을 부정하는 것을 동, 군주의 긍정을 신하가 부정하고 부정을 긍정하는 것을 화라고 본다. 가와 불가 즉 긍정과 부정은 단순히 '다를' 뿐만 아니라 배타적인 '모순'관계이다. 그런데 안영은 군주의 '가'에 이미 '부'가 내포되어 있으며 '부'에 '가'가 내포되어 있음을 지적하고 신하가 군주의 긍정을 부정하고 부정을 긍정함으로써 보다 더 높은 차원에서 긍정을 완성할 수 있다고 주장한다. 그리고 이것이야말로 화평한 정치를 이루는 요제임을 강조한다. 나와 다름/모순됨을 받아들이는 태도야말로 어울림의 정치학이 된다는 것이다.50) 이것이 서로 '반대가 되어야 서로를 이루어 준다'(相反相成), '서로 반대가 되어야 감응하여 합해진다'(相反應合)라고 하는 陰陽對待의 논리이다.51)

5. 결 론

유교는 양면성을 갖고 있다. 하나의 태극 = 절대를 지향하면서 동시에 만물에 내재한 여럿의 태극 = 절대를 인정한다. 하나의 지향은 타 사상체계나 종교적 신념을 배척하는 '벽이단론', '위정척사론' 그리고 중심주의로 표출될 수 있다.52) 반면에 여럿의 절대를 인정하는 측면은

---

49) 否不可也(『左傳會箋』卷24, 注)

50) 君能納其所獻 而去否 成可故也(같은 책)

51) 졸고, 「역학사상의 철학적 탐구」, 성균관대 박사논문, 1989, 29-38쪽.

52) 유교의 벽이단론과 조선조의 위정척사론이 갖는 기능과 의미에 대해서는 김문

다원주의의 형이상학적 기초가 될 수 있다. 세계는 다양한 사물들로 구성되어 있으며 각 사물들마다 태극을 온전히 구비하고 있기 때문에 그 자체로서 절대적인 가치와 진리성을 갖는다.[53] 그리고 세계에는 여럿의 중심이 존재하게 된다. 성리학이 '內佛外儒'로 비판받을 만큼 불교이론을 선별적으로 수용한 것이라든지,[54] 조선조가 공식적으로는 排佛정책을 시행하였으나 내적으로는 불교는 용인하였으며, 사대부들이 노장사상을 연구하는 등 타 종교·사상에 대하여 유연한 입장을 취한 것은 이와 무관하지 않다.

이와 같은 유교의 양면성 가운데, 시대에 따라 그리고 학자에 따라 어느 한 면이 보다 더 강조되는 현상이 나타난다. 그러나 균형성을 추구하는 것이 유교사상의 근본 입장이다. 지금 우리에게는 후자의 측면이 요구되지만, 다원주의가 상대주의로 전락하지 않기 위해서 다원성과 일원성의 통일이라는 문제도 소홀히 할 수 없을 것이다.

현실세계의 다양성은 기의 차이에 의하여 나타나는 현상이다. 그 다름은 '차별'의 논리가 될 수도 있지만, 다름에는 같음이 내재되어 있기 때문에 이것은 상대적이다. 오리는 다리가 짧고 학은 다리가 길기 때문에 세상은 아름다운 것이며, 짠맛·신맛·단맛 등 각각 상이한 맛들이 있기 때문에 음식이 맛나는 것이다. 맑은 소리/탁한 소리, 큰소리/작은 소리, 높은 소리/낮은 소리 등 반대되는 소리가 함께 울려 나올 때 화음이 이루어진다.[55] 그리고 다양한 개체들이 갖고 있는 각각의

준, 「尤庵 宋時烈의 哲學思想에 관한 연구: 春秋義理를 중심으로」, 성균관대 박사논문, 1996, 12-47쪽 참조.

53) 조선 후기 人物性同異論은 인간을 제외한 동물과 식물에도 인의예지라는 도덕적 가치를 인정할 수 있는가의 여부를 둘러싼 논쟁이었다.

54) 荒木見悟, 심경호역, 『불교와 유교: 성리학, 유교의 옷을 입은 불교』, 예문서원, 2000, 13-18쪽 참조.

본성이 피어날 때에 우주적 조화가 달성된다.56)

지금 이 시간에도 종교적 신념을 달리하는 집단들 사이에 갈등과 분쟁, 테러와 응징의 악순환이이 계속되고 있다. 이들은 나와 다름을 이단＝악으로 규정하는 양자택일적인 이분법적 논리에 얽매어 있다. 이 악마적 논리57)를 극복하고 성리학에서 말하는 바, 다름 속에서 같음을 보고 같음 속에서 다름을 보아야 한다. 그리고 모든 강물에 달이 비치듯이 각 종교에는 나름대로 진리성이 내함되어 있음을 인정해야 하고 나와 같은 신앙을 강요해서는 안 된다. 오리의 다리가 짧다고 길게 만들려고 하지 말고 학의 다리가 길다고 자르지 말아야 한다. 뿐만 아니라 나의 신앙과 모순되고 상극관계에 있는 타신앙이야말로 나를 완성시켜 주는 소중한 존재라고 하는 인식의 전환이 요구된다.58) 이것이 앞에서 강조한 바 '相反相成'의 對待的 論理이다. 증오하는 적, 활로 쏘아 죽이려는 원수가 바로 나와 혼인할 짝인 것이다[匪仇婚媾].

---

55) 淸濁大小長短疾徐哀樂剛柔遲速高下出入周疎 以相濟也 君子聽之以平其心 心平德和(『春秋左傳』召公 20년)

56) 各正性命保合大和(『周易』乾卦「彖傳」)

57) 하이젠베르크, 김용준 역, 『부분과 전체』, 1988, 322-324쪽.

58) 河圖는 水生木 木生火 火生土 土生金 金生水의 상생관계를 기본으로 한다. 그러나 상하좌우를 대립시켜 보면 水/火 金/木의 상생관계가 된다. 낙서는 그 반대이다. 상생 속에 상극이 있고 상극 속에 상생이 있는 것이다.

필자 약력

(게재 순)

이 상 화   이화여자대학교 영어영문학과를 졸업하고, 동대학원 기독교학과 에서 종교철학 전공으로 석사, 독일 튀빙겐(Tübingen)대학 철학 부에서 Magister 학위 및 박사학위를 받았다. 현재 이화여대 인 문대학 철학 전공 교수. 주요 논문으로는 「여성주의 인식론에 대 한 비판적 성찰」, 「성과 권력 — 철학에서의 의미」, 「하버마스의 사회분석틀에 대한 여성주의적 비판」, 「철학에서의 페미니즘 수 용과 그에 따른 철학체계 변화」 등이 있다.

허 라 금   이화여자대학교 대학원 철학과를 졸업하고, 서강대학교 철학과에 서 박사학위를 받았다. 현재 이화여대 여성학과 교수. 여성주의 관점에서 다양한 철학의 주제들을 분석하고 재구성하는 연구를 계속하고 있으며, 여성주의 윤리학을 주전공으로 논문을 발표해 오고 있다.

장 은 주   서울대학교 철학과 및 동대학원을 졸업하고, 독일 요한 볼프강 괴테 대학에서 박사학위를 받았다. 현재 영산대학교 교양학부 교 수. 주요 저서 및 논문으로 『큰 물음, 작은 철학』, 『전환시대의

한국사회: 21세기 진보, 지성, 대안』(공저), 『니체가 뒤흔든 철학 100년』(공저), 「문화적 차이와 인권: 동아시아의 맥락에서」, 「인권과 민주적 연대성: 유가전통과 자유주의-공동체주의 논쟁」 등이 있고, 역서로 『의사소통의 사회이론』(하버마스 저) 등이 있다.

이상하 고려대학교에서 물리학을 전공한 후 독일 괴팅겐대학에서 철학, 물리학, 수학을 공부하였다. 현재 고려대 강사. 저서로는 박사학위 논문을 개작한 *Die realistische Perspektive*(1999)가 있으며, 주요 논문으로 「세계관의 변화로서 진보: 뉴턴역학과 특수 상대성이론의 비교연구」, 「디랙(P. Dirac)과 수학적 아름다움」 등이 있다.

서동욱 서강대학교 철학과 및 동대학원을 졸업하고, 벨기에 루뱅대학 철학과에서 석사·박사 학위를 받았다. 현재 서강대 강사. 주요 저서로 『들뢰즈의 철학: 사상과 그 원천』, 『차이와 타자: 현대 철학과 비표상적 사유의 모험』, 『니체가 뒤흔든 철학 100년』(공저), 『라깡의 재탄생』(공저) 등이 있으며, 역서로 『칸트의 비판철학』, 『프루스트와 기호들』 등이 있다.

한승완 고려대학교 독문과를 졸업하고, 고려대 대학원 철학과에서 석사, 독일 브레멘(Bremen)대학에서 철학박사 학위를 받았다. 고려대, 경희대, 한양대, 한림대, 동국대, 이화여대에서 강의하였다. 현재 국가안보정책연구소 선임연구원. 주요 저서 및 논문으로 *Marx in epistemischen Kontexten*, 「비판적 사회이론의 방법론적 전략」, 「통일 민족국가 형성을 위한 시론」, 「전통 공동체에서 민주공동체로」, 「정보화 시대와 공론장」, 「다원주의 시대의 합리성으로서 논의적 이성」 등이 있다.

길희성 　서울대학교 철학과와 미국 예일대학 신학과를 졸업하고 하버드대
학에서 비교종교학 박사학위를 받았다. 미국 St. Olaf 대학 종교
학과 조교수, 서울대 철학과 조교수를 역임하였다. 현재 서강대학
교 종교학과 교수. 주요 저서로는 『인도철학사』, 『포스트모던 사
회와 열린 종교』, *Chinul: The Founder of the Korean Sŏn
Tradition, Berkeley Buddhist Studies Series, Understanding
Shinran: A Dialogical Approach, Asian Humanities Pr.*, 『선불
교와 그리스도교』(공저), 『전통, 근대, 탈근대의 철학적 조명』(공
저), 『오늘에 풀어보는 동양사상』(공저) 등이 있다.

진　옥 　1975년 조계종 출가하여 불교전문강원과 중앙승가대학을 졸업하
였다. 현재 여수 석천사 주지.

최영진 　성균관대학교 유학과를 졸업하고 동대학원 동양철학과에서 철학
박사 학위를 받았다. 공주사대, 전북대 조교수를 역임하였다. 현
재 성균관대 유학·동양학부 교수. 주요 저서 및 논문으로는 『유
교사상의 본질과 현재성』, 「인물성동이론의 생태학적 해석」, 「다
산 인성물성론의 사상사적 위상」 등이 있다.

다원주의, 축복인가 재앙인가
·
2003년 2월 20일 1판 1쇄 인쇄
2003년 2월 25일 1판 1쇄 발행

엮은이 / 한국철학회
발행인 / 전 춘 호
발행처 / 철학과 현실사
서울시 서초구 양재동 338-10
TEL 579-5908 · 5909
등록 / 1987.12.15.제1-583호

ISBN 89-7775-423-2 03160
값 12,000원

엮은이와의 협의에 의해 인지는 생략합니다.
잘못된 책은 바꾸어 드립니다.